ZEITEN UND MENSCHEN

Geschichte

Einführungsphase Oberstufe
Nordrhein-Westfalen

Lehrerband

Herausgegeben von:
Hans-Jürgen Lendzian

Autoren:
Lambert Austermann
Siegfried Bethlehem
Ulrich Henselmeyer
Hans-Jürgen Lendzian
Jürgen Möller
Thomas Ostermann

Bildquellen
Umschlag vorne: akg-images/Gerard Degeorge; Umschlag hinten: picture-alliance (dpa)
S. 122: Bridgeman Art Library Ltd., Berlin

© 2014 Bildungshaus Schulbuchverlage Westermann Schroedel Diesterweg Schöningh Winklers GmbH,
Georg-Westermann-Allee 66, 38104 Braunschweig
www.westermann.de

Das Werk und seine Teile sind urheberrechtlich geschützt. Jede Nutzung in anderen als den gesetzlich zugelassenen bzw. vertraglich zugestandenen Fällen bedarf der vorherigen schriftlichen Einwilligung des Verlages. Nähere Informationen zur vertraglich gestatteten Anzahl von Kopien finden Sie auf www.schulbuchkopie.de.

Für Verweise (Links) auf Internet-Adressen gilt folgender Haftungshinweis: Trotz sorgfältiger inhaltlicher Kontrolle wird die Haftung für die Inhalte der externen Seiten ausgeschlossen. Für den Inhalt dieser externen Seiten sind ausschließlich deren Betreiber verantwortlich. Sollten Sie daher auf kostenpflichtige, illegale oder anstößige Inhalte treffen, so bedauern wir dies ausdrücklich und bitten Sie, uns umgehend per E-Mail davon in Kenntnis zu setzen, damit beim Nachdruck der Verweis gelöscht wird.

Druck A^5 / Jahr 2022
Alle Drucke der Serie A sind im Unterricht parallel verwendbar.

Umschlaggestaltung: Schöningh Verlag, Paderborn
Druck und Bindung: Westermann Druck GmbH, Georg-Westermann-Allee 66, 38104 Braunschweig

ISBN 978-3-14-**024947**-8

Inhaltsverzeichnis

Erfahrungen mit Fremdsein in weltgeschichtlicher Perspektive 4

1. Übersicht über das Unterrichtsvorhaben in diesem Kapitel 4
1.1 Zur Konzeption 4
1.2 Synopse 4

2. Hinweise und Erläuterungen 8
... zu Teilkapitel 1: „Fremdsein" – das Beispiel Römer und Germanen 8
... zu Teilkapitel 2: Weltsicht im Mittelalter 14
... zu Teilkapitel 3: Die Europäer in den neuen Welten – der Fremde als Exot 18
... zu Teilkapitel 4: Fremdsein, Vielfalt und Integration – Migration am Beispiel des Ruhrgebiets im 19. und 20. Jahrhundert 23
... zu „Zusammenfassende Arbeitsvorschläge" 27

Islamische Welt – christliche Welt: Begegnung zweier Kulturen in Mittelalter und früher Neuzeit 30

1. Übersicht über das Unterrichtsvorhaben in diesem Kapitel 30
1.1 Zur Konzeption 30
1.2 Synopse 30

2. Hinweise und Erläuterungen 36
... zu Teilkapitel 1: Zusammenleben zwischen Christen und Muslimen 36
... zu Teilkapitel 2: Weltreich und Weltreligion – Die islamische Welt im Mittelalter 39
... zu Teilkapitel 3: Das Verhältnis von Religion und Staat im lateinisch-römischen Westen 42
... zu Teilkapitel 4: Die Kreuzzüge – Krieg im Namen Gottes 46
... zu Teilkapitel 5: Die Blüte der arabischen Kultur im Mittelalter 50
... zu Teilkapitel 6: Das Osmanische Reich und Europa in der frühen Neuzeit 53
... zu „Zusammenfassende Arbeitsvorschläge" 58

Die Menschenrechte in historischer Perspektive 61

1. Übersicht über das Unterrichtsvorhaben in diesem Kapitel 61
1.1 Zur Konzeption 61
1.2 Synopse 61

2. Hinweise und Erläuterungen 66
... zu Teilkapitel 1: Menschenrechte 66
... zu Teilkapitel 2: Das Zeitalter der Aufklärung – Keimzelle eines neuen Menschenbilds und Staatsverständnisses 68
... zu Teilkapitel 3: Die Französische Revolution 75
... zu Teilkapitel 4: Die Durchsetzung der Menschenrechte bis in die Gegenwart 87
... zu „Zusammenfassende Arbeitsvorschläge" 92

Klausurentraining 100

Erfahrungen mit Fremdsein in weltgeschichtlicher Perspektive

1. Übersicht über das Unterrichtsvorhaben in diesem Kapitel

1.1. Zur Konzeption

Das vorliegende Unterrichtsvorhaben stellt anhand ausgewählter Beispiele die Problematik von Erfahrungen mit Fremdsein in weltgeschichtlicher Perspektive dar. Dabei ist die Fragestellung, in welcher Weise die Begegnung mit dem Fremden jeweils erfolgte, die erkenntnisleitende Perspektive. Die Begegnung mit Fremden wurde häufig durch Stereotype und Vorurteile geprägt, die dazu führten, dass das Bild des Fremden eher ein Konstrukt darstellte als den Realitäten entsprach. Beispielhaft deutlich wird dies im Teilkapitel 1, in dem die Begegnung von Römern und Germanen thematisiert wird. Durch die Arbeit an diesem Teilkapitel sollen die Schülerinnen und Schüler den Konstruktcharakter von Bezeichnungen wie „der Barbar", „der Römer" und „der Germane" erklären können. Zugleich sollen sie in die Lage versetzt werden, die Darstellung der Germanen in römischen Quellen im Hinblick auf immanente und offene Selbst- und Fremdbilder zu beurteilen und damit einhergehende Zuschreibungen normativer Art zu ermitteln.

Die Auseinandersetzung mit Fremden wird auch durch die Art des Weltbildes bestimmt, das in einer bestimmten Gruppe oder Gesellschaft herrscht. Dieser Aspekt der Erfahrungen mit Fremdsein wird in Teilkapitel 2 aufgegriffen, in dem Weltbilder aus Europa und Asien erklärt und ihre Bedeutung für die jeweilige Sicht auf das Fremde dargelegt werden. In diesem Zusammenhang sollen die Schülerinnen und Schüler auch den Einfluss wissenschaftlicher, technischer und geografischer Kenntnisse auf Weltbilder aus der Vergangenheit und von heute erkennen und beurteilen.

Die Art und Weise, wie Fremde wahrgenommen werden, hängt auch stark davon ab, welches Selbstbild Menschen haben, die mit dem Fremden konfrontiert werden. Diese Facette des Themas wird im Teilkapitel 3 aufgegriffen, in dem die Schülerinnen und Schüler multiperspektivisch die Wahrnehmung der Fremden und das Selbstbild analysieren, wie sie sich in Quellen zu den europäischen Entdeckungen, Eroberungen oder Reisen in Afrika und Amerika in der frühen Neuzeit dokumentieren. Vor dem Hintergrund dieser Analyse werden in den Lerngruppen beispielhaft der Erkenntniswert und die Funktion eurozentrischer Weltbilder in der Neuzeit erörtert.

Fremden begegnen wir nicht nur in der Fremde, sondern zunehmend auch in der eigenen Heimat, die auch für die ehemals Fremden zur Heimat werden kann. Dieser Prozess wird im Teilkapitel 4 anhand der Loslösung der von Arbeitsmigration betroffenen Menschen von ihren traditionellen Beziehungen und der Eingliederung in ihre neue Arbeits- und Lebenswelt an Rhein und Ruhr behandelt. Dabei erörtern die Schülerinnen und Schüler vor dem Hintergrund differenzierter Kenntnisse in diesen Bereichen die in Urteilen über Menschen mit persönlicher oder familiärer Zuwanderungsgeschichte enthaltenen Prämissen.

Neben diesen Sach- und Urteilskompetenzen werden die Schülerinnen und Schüler in methodischer Hinsicht in die Analyse zeitgenössischer Textquellen und historischer Darstellungen eingeführt. Des Weiteren erwerben sie die Fähigkeit, aufgabenbezogen Sachzusammenhänge strukturiert für Präsentationen aufzubereiten und diese sach- und adressatenbezogen durchzuführen.

1.2. Synopse

> Die folgende tabellarische Übersicht ermöglicht einen Überblick über die Teilkapitel (1. Spalte: Info, Thema/Forum, Methoden); zugeordnet sind in der 2. Spalte die Leitfragen der Thema/Forum-Einheiten sowie die jeweiligen Vorschläge zur Präsentation der Lernergebnisse; in der 3. Spalte sind die zugeordneten Kompetenzen ausgewiesen.

Konkretisierte Unterrichtssequenzen	Leitfragen / *Präsentation der Lernergebnisse*	Zugeordnete Kompetenzen
„Fremdsein" – das Beispiel Römer und Germanen (S. 18–38) **Info:** Die Begegnung mit dem Fremden – Selbst- und Fremdbilder (S. 19–26) ■ Selbst- und Fremdwahrnehmung ■ Römer und Germanen – Auseinandersetzung mit äußeren Fremden **Thema:** „Germania" – der römische Schriftsteller Tacitus über die „Barbaren" aus den Wäldern des Nordens (S. 27–30) **Thema:** „Germania" – im Spiegel wissenschaftlicher Diskussion (S. 31–33) **Thema:** „Hermann" – ein Mythos wird zum Selbstbild (S. 34–38)	➔ *Mindmap* *Strukturskizze* *Kommentierte Stichwortliste* *Schriftliches Statement* *Tabellarische Auflistung* ● Was sind nach Tacitus charakteristische Merkmale des Volkscharakters, der Lebenswelt und Lebensweise der Germanen? ● Fremd- und Selbstwahrnehmung: Welche Klischees und Stereotypen bedient Tacitus in seinen Ausführungen? ➔ *Mediengestützter Kurzvortrag, anschließend Diskussion im Kreisgespräch* ● Wie beschreiben heutige historische Darstellungen die Tacitusdarstellung der Germanen? ● Ist die „Germania" aus heutiger wissenschaftlicher Sicht eine realistische Beschreibung des Wesens des fremden Volkes der Germanen? ● Warum sprechen heutige Wissenschaftler bei der „Germania" des Tacitus von einem Beispiel für den Konstruktcharakter einer Selbst- und Fremdwahrnehmung? ➔ *Thesenpapiere, anschließend Erörterung im Kursgespräch* ● Was sind die charakteristischen Merkmale des Mythos um Hermann und die Varusschlacht? ● Welche Botschaften sollte der Mythos der Öffentlichkeit in späteren geschichtlichen Epochen vermitteln? ➔ *Wandzeitung*	**Konkretisierte Sach-/Urteilskompetenzen** **Die Schülerinnen und Schüler können …** ✓ die Bedeutung von Selbst- und Fremdbildern für das Leben von Menschen darstellen. ✓ den Konstruktcharakter von Bezeichnungen wie „der Germane", „der Römer" und „der Barbar" erklären. ✓ die Darstellung der Germanen in römischen Quellen und die darin erkennbar werdenden Selbst- und Fremdbilder erläutern und beurteilen. ✓ den Hermann-Mythos erklären und seine Bedeutung für das deutsche Selbstverständnis seit dem 19. Jahrhundert darstellen. **Konkretisierte Methoden-/Handlungskompetenzen** **Die Schülerinnen und Schüler können …** ✓ aufgabengeleitet zeitgenössische sprachliche Textquellen analysieren. (MK 6) ✓ angeleitet grundlegende Schritte der Analyse heutiger historischer Darstellungen anwenden und dazu inhaltlich Stellung nehmen. (MK 6) ✓ aufgabenbezogen Sachzusammenhänge strukturiert (Strukturskizze, Stichwortliste, Statement, Mindmap, Tabelle, Thesenpapier) für Präsentationen aufbereiten. (MK 8) ✓ erarbeitete Sachzusammenhänge sach- und adressatenbezogen präsentieren. (MK 9)

Konkretisierte Unterrichtssequenzen	Leitfragen *Präsentation der Lernergebnisse*	Zugeordnete Kompetenzen
Weltsicht im Mittelalter (S. 39–53) Info: Im Spiegel von Karten – Weltbild des europäischen Mittelalters (S. 40–44) ■ Kartografie im Mittelalter ■ Das Wissen wächst – Karten ändern sich **Thema:** Geschichte digital – Weltkarten spiegeln das Weltbild (S. 45–48) **Methode:** Historische Karten recherchieren, lesen und verstehen (S. 46) **Thema:** Perspektivwechsel – Weltbilder und Weltkarten aus der arabischen Welt (S. 49–53)	☛ *Ausformuliertes Statement* *Handout* *Kommentierte Stichwortliste* *Beamergestützte Präsentation* • Was erzählen die Ebstorfer Weltkarte und die Londoner Psalterkarte über die geografische Weltvorstellung? • Welche Bedeutung hat das christlich geprägte Weltbild des europäischen Mittelalters für den Aufbau und die Gestaltung historischer Weltkarten? ☛ *Internetbasierter Expertenvortrag* • Wie stellten arabische Karten die Welt aus islamischer Sicht dar? • Welche Einflüsse prägten dieses Weltbild? • Welche Unterschiede gab es zu europäischen Weltbildern? ☛ *Wandplakat, anschließend Diskussionsrunde*	**Konkretisierte Sach-/Urteilskompetenzen** **Die Schülerinnen und Schüler können …** ✓ anhand von Weltkarten die unterschiedlichen Weltbilder der Menschen in ihren jeweiligen Kulturkreisen erklären. ✓ die Bedeutung des christlich geprägten Weltbildes des europäischen Mittelalters für den Aufbau und die Gestaltung historischer Karten erläutern. ✓ die realen geografischen Kenntnisse der Menschen im Mittelalter und ihre Umsetzung in Weltkarten beschreiben. ✓ die Darstellung und Bedeutung von Fremden bei der Gestaltung von Weltkarten des Mittelalters beschreiben und erläutern. **Konkretisierte Methoden-/Handlungskompetenzen** **Die Schülerinnen und Schüler können …** ✓ aufgabengeleitet fachgerecht und zielgerichtet Informationen zu mittelalterlichen Weltkarten recherchieren. (MK 2) ✓ unter Anleitung historische Karten lesen und verstehen. (MK 7) ✓ aufgabenbezogen Sachzusammenhänge strukturiert (Statement, Stichwortliste, Handout, Wandplakat) für Präsentationen aufbereiten. (MK 8) ✓ fachspezifische Sachverhalte adressatenbezogen und problemorientiert, internetbasiert sowie unter Nutzung elektronischer Datenverarbeitungssysteme darstellen und präsentieren. (MK 9)
Die Europäer in den neuen Welten – der Fremde als Exot (S. 54–69) Info: Neue Zeiten – neue Welten (S. 55–58) ■ Das Zeitalter der Entdeckungen ■ Technische Voraussetzungen und Erfindungen ■ Gründe für den Aufbruch in ferne Welten ■ Neues Wissen über die Fremden **Thema:** Europäer und Indianer – Perspektiven gegenseitiger Wahrnehmung (S. 59–64)	☛ *Strukturskizze* *Stichwortliste* • Wie nahmen die Europäer die ihnen vorher völlig unbekannten Einwohner der neuen Welt wahr? • Welche Einstellungen entwickelten sie gegenüber den Einwohnern der neuen Welt? • Wie wirkten die Europäer auf die Indianer?	**Konkretisierte Sach-/Urteilskompetenzen** **Die Schülerinnen und Schüler können …** ✓ die Eigenschaften und Leistungen beschreiben, die die Europäer bei den Indianern und Afrikanern wahrnahmen. ✓ Perspektiven und Wahrnehmungsmuster, mit denen die Europäer den Völkern in Afrika und Amerika begegneten, darstellen und sie erklären. ✓ die Selbst- und Fremdwahrnehmung aufseiten der Europäer, der Afrikaner und Indianer beschreiben und erläutern. ✓ Erkenntniswert und Funktion eurozentrischer Weltbilder in der Neuzeit erörtern.

Konkretisierte Unterrichtssequenzen	Leitfragen / *Präsentation der Lernergebnisse*	Zugeordnete Kompetenzen
Thema: Die Europäer in Afrika – der bedrohliche Fremde (S. 65–69)	• Welche Einstellung hatten die Indianer hinsichtlich der europäischen Eroberer? *Stafettenpräsentation (Poster), anschließend Kreisgespräch* • Wie nahmen die Europäer die Bewohner Afrikas im Zuge ihrer kolonialen Expansion wahr? • Wie sieht die Selbstwahrnehmung der Afrikaner gegenüber der Sichtweise der Europäer aus? *Fiktives Zeitzeugeninterview*	**Konkretisierte Methoden-/Handlungskompetenzen** Die Schülerinnen und Schüler können … ✓ aufgabengeleitet zeitgenössische Quellen sachgerecht analysieren. (MK 6) ✓ aufgabengeleitet zeitgenössische Bilder sachgerecht analysieren. (MK 7) ✓ aufgabenbezogen Sachverhalte und Sachzusammenhänge strukturiert (Poster, Strukturskizze, Stichwortliste) darstellen. (MK 8) ✓ addressatengerecht Sachverhalte und Sachzusammenhänge mithilfe verschiedener Präsentationsformen anschaulich darstellen. (MK 9) ✓ Ferner: HK 5
Fremdsein, Vielfalt und Integration – Migration am Beispiel des Ruhrgebiets im 19. und 20. Jahrhundert (S. 70–84) Info: Der Fremde nebenan – Arbeitsmigration am Beispiel des Ruhrgebiets (S. 71–75) ■ Die Ruhrpolen – Ankommen und Fuß fassen ■ „Die Gastarbeiter" – Kollegen, fremde Nachbarn, neue Mitbürger	*Stichwortliste* *Strukturskizze* *Schriftliches Statement* *Lernplakat* *Concept Map*	**Konkretisierte Sach-/Urteilskompetenzen** Die Schülerinnen und Schüler können … ✓ die Gründe beschreiben, die Menschen dazu bewegen, ihre Heimat zu verlassen. ✓ Möglichkeiten und Schwierigkeiten der Integration in die neue Heimat darstellen. ✓ die Reaktion der einheimischen Bevölkerung auf die Migranten beschreiben und erklären. ✓ die Selbstwahrnehmung der Migranten unter den Bedingungen der neuen Lebenswelt beschreiben und erläutern. ✓ die in Urteilen über Menschen mit persönlicher oder familiärer Zuwanderungsgeschichte enthaltenen Prämissen erörtern.
Thema: „Go west" – der Zug in den „goldenen Westen": Das Zuwanderungsbeispiel Ruhrpolen (S. 76–79)	• Unter welchen Bedingungen entwickelte und vollzog sich die Einwanderung der Ruhrpolen? • Wie gestaltete sich die Integration der polnischen Arbeiter vor dem Hintergrund der ihnen entgegengebrachten Vorurteile? • Wie entwickelten die Ruhrpolen ihre Identität in der Fremde? *Radiofeature*	**Konkretisierte Methoden-/Handlungskompetenzen** Die Schülerinnen und Schüler können … ✓ aufgabengeleitet sprachliche Quellen analysieren. (MK 6) ✓ aufgabenbezogen unter Anleitung Bildquellen (Foto, Karikatur) sachgerecht analysieren. (MK 7) ✓ aufgabenbezogen Sachzusammenhänge strukturiert (Strukturskizze, Statement, Lernplakat, Concept Map) für Präsentationen aufbereiten. (MK 8) ✓ fachgerecht und zielgerichtet Informationen zu Möglichkeiten und Problemen der Integration recherchieren. (MK 2) ✓ Sachverhalte und Sachzusammenhänge mithilfe verschiedener Präsentationsformen (Radiofeature, Diskussionsbeiträge) adressatengerecht darstellen. (MK 9) ✓ Ferner: HK 1, HK 2, HK 6
Thema: „Gastarbeiter" – Selbst- und Fremdwahrnehmung von Arbeitsmigranten in der Bundesrepublik (S. 80–84)	• Was bedeutet das Ankommen und Verbleiben in der Fremde? • Wo komme ich her und wo gehöre ich hin? • Wie werden die Einwanderer von der Aufnahmegesellschaft wahrgenommen? • Wie beurteilen und bewerten Sie dieses Bild von Selbst- und Fremdwahrnehmung aus persönlicher Sicht? *Gesprächsbeiträge für ein Kreisgespräch*	

2. Hinweise und Erläuterungen

> Im Folgenden erhalten Sie – gegliedert nach Teilkapiteln (TK) – sowohl Hinweise bzw. Vorschläge zur Konzeption und zur Unterrichtsgestaltung als auch Hinweise bzw. Erläuterungen zu den Fragen und Aufgaben.

S. 18–38 — TK 1: „Fremdsein" – das Beispiel Römer und Germanen

2.1. Zur Konzeption

Die Auftaktdoppelseite des Gesamtkapitels und der darauf folgende „Fokus" sollen den Schülerinnen und Schülern deutlich machen, dass der Umgang mit Fremden heutzutage selbstverständlich zur eigenen Lebenswirklichkeit gehört. Weiterhin wird aufgezeigt, dass und in welcher Weise Fremde das eigene Handeln beeinflussen und wie sie mit uns zusammenleben. Dadurch wird ein Fragehorizont eröffnet, der die weitere Arbeit mit dem Schulbuch strukturiert.

Das erste Teilkapitel greift die Erfahrung des Fremdseins am Beispiel des Umgangs mit dem „äußeren Fremden" auf, wie er sich beispielhaft im Verhältnis von Römern und Germanen festmachen lässt. Zugleich damit können die Schülerinnen und Schüler erarbeiten, wie sehr Vorurteile und Stereotypen, in diesem Fall das des „Barbaren", die Wahrnehmung des Fremden beeinflussen und prägen. Abschließend soll in diesem Teilkapitel gezeigt werden, in welchem Maße Fremdbilder über den „Umweg" eines Mythos zu Selbstbildern werden und somit wichtig für die Identitätsbildung eines Volkes werden können.

2.2. Hinweise zur Unterrichtsgestaltung

Anhand des Infotextes zum ersten Teilkapitel werden die Lerngruppen mit dem Zusammenhang von Selbst- und Fremdwahrnehmung vertraut gemacht und es wird verdeutlicht, inwieweit das Eigene und das Fremde sich wechselseitig beeinflussen und prägen. Spezifiziert wird diese Beziehung durch das Beispiel des Verhältnisses von Römern und Germanen, das zugleich das Verhältnis einer Gruppe oder eines Volkes zum „äußeren Fremden" aufgreift. Dabei wird zunächst das Selbstbild der Römer erarbeitet, dann längsschnittartig das Verhältnis von Römern und Germanen sowie der Blick der Römer auf die Germanen als Fremde. Abschließend wird aufgezeigt, wie ein Ereignis aus einer fernen Vergangenheit für die politische Einigung und die Identitätsbildung einer Nation in Dienst genommen werden kann, und zwar am Beispiel des Mythos „Hermann", der seinerseits durch die Begegnung der Römer mit den Germanen als äußeren Fremden entstand.

Die besonderen Aspekte des Verhältnisses von Römern und Germanen werden neben dem Infotext, der eine grundlegende Information bereitstellt, in drei thematischen Einheiten behandelt, die das jeweilige Thema differenziert entfalten. Dabei werden im ersten Thema die zeitgenössischen Quellen analysiert und aus ihnen ein erster Zugriff in Bezug auf das Verhältnis Römer und Germanen gewonnen. Im zweiten Thema werden diese Ereignisse aus der Sicht der modernen Wissenschaft untersucht, wodurch die Schülerinnen und Schüler in die Lage versetzt werden, erste Erkenntnisse einer Überprüfung zu unterziehen, und auf diese Weise erfahren, dass und inwieweit Geschichte nicht berichtet, „wie es war", sondern aus jeweils unterschiedlichen Perspektiven heraus konstruiert wird. Dieser Charakter wird nochmals verdeutlicht, indem im letzten Themenbereich der Mythos „Hermann" in seiner Entstehung beschrieben und dekonstruiert wird.

2.3. Hinweise zu Fragen und Aufgaben

Zu den Arbeitsanregungen zum Infotext (S. 26)

1. Mindmap als Grundlage für einen Kurzvortrag

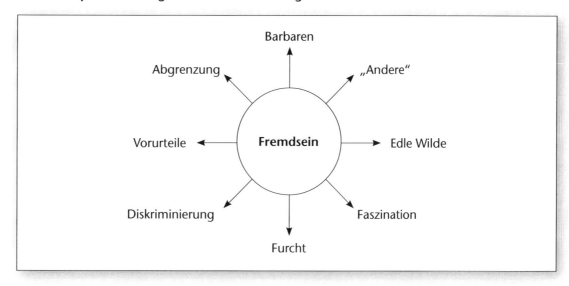

2. Strukturskizze als Visualisierung für einen Kurzvortrag

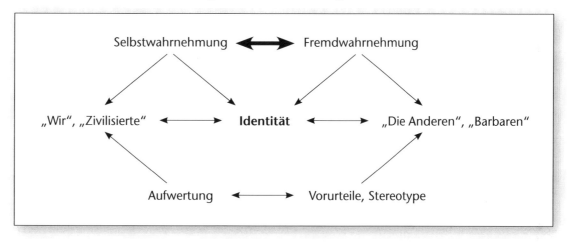

3. Stichwortliste zur Persönlichkeitsentwicklung und zum Selbstbild von Gruppen

Identität durch Bezüge zur unmittelbaren Umwelt (Gruppe, Gesellschaft, Nation); Identität aber auch durch Abgrenzung gegenüber inneren und äußeren Feinden; Eingehen auf das Fremde erweitert das eigne Gesichtsfeld und trägt zur Persönlichkeitsentwicklung bei; differenzierte Weltsicht ermöglicht erfolgreiches Leben in der globalisierten Welt, Selbstwertgefühl der eigenen Gruppe kann durch Abgrenzung gegen Fremde stabilisiert und erhöht werden; Abgrenzung geschieht durch Vorurteile und Stereotype und hat häufig Diskriminierung zur Folge.

4. Statement zum römischen Selbstbild

„Das eigene Volk ist immer das Beste"; mos maiorum; virtus: Tapferkeit, Standhaftigkeit, Ehrlichkeit, Mut; Dienst für den Staat, die „gemeinsame Sache"; gerechter Krieg: bellum iustum; Rom als Haupt der Welt, das diese zu ihrem eigenen Besten regiert.

5. Tabellarische Übersicht zum Verhältnis Römer – Germanen

Germanen	Römer
Kampf und Krieg	Kampf und Krieg
Invasionen in das Römische Reich, Eroberung Roms	Expansion des Imperiums bis zur Rheingrenze, Versuch der Eroberung rechtsrheinischer Gebiete

Germanen	Römer
Zusammenleben in der Grenzregion des Limes	Zusammenleben in der Grenzregion des Limes
Kulturkontakte	Kulturkontakte
Begegnung und Vermischung der Lebensformen	
Germanische Staatsgründungen auf dem Boden des Römischen Reiches	

6. Stichwortliste: Römischer Blick auf die Germanen

Römer als Bewohner des Imperiums und Germanen als Bewohner des Barbaricums; Germanen als Prototyp des Barbaren; Hervorhebung der Wildheit und Unzivilisiertheit, sichtbar durch den „furor teutonicus"; Elemente des „edlen Wilden"; politisch-propagandistische Aspekte des Germanenbildes; Mischung von Furcht und Faszination.

Zur Aufgabenstellung im Thema S. 27 – 30: „Germania" – der römische Schriftsteller Tacitus über die „Barbaren" aus den Wäldern des Nordens

A. Folie zu den Leitfragen

> **Die Germanen**
> - **Volkscharakter:** wild, naturverbunden, unzivilisiert, legen keinen Wert auf Äußeres, leben einzeln und für sich, lieben aber die Geselligkeit und sind gastfreundlich, heiraten später und leben eher enthaltsam, sind starke Trinker und streitbar, aber auch ehrlich und unverstellt.
> - **Lebenswelt:** Die Germanen leben in einem wilden und unwegsamen Land, in dem kein zivilisierter Mensch freiwillig leben würde, sie sind die Ureinwohner ihres Landes.
> - **Lebensweise:** Sie sind keine Städter, sondern wohnen in kleinen Dörfern, sie leben als Gleiche ohne besonders ausgeprägte Standesunterschiede, einfache und gesunde Ernährungsweise, führen oft Kriege, in denen sie Ehre, Ruhm und Beute gewinnen.
> - **Klischees/Stereotype:** Barbaren, groß, wild, abgehärtet gegen die Natur, Trinker, faul; aber auch: offen und ehrlich, tapfer, treu, gleich.
> - **Resumee:** Es wird ein insgesamt durchaus differenziertes Bild der Germanen gezeichnet, in dem sie einerseits durchaus als Prototypen des Barbaren dargestellt werden, der durch Wildheit, Rohheit, Gewalt, Primitivität und Ähnlichem gekennzeichnet ist. Andererseits werden auch Züge des „edlen Wilden" deutlich, der offen, ehrlich, treu, tapfer im Krieg ist und ein eher sittenstrenges Leben führt.

B. Hinweise zu den Arbeitsanregungen

M1 S. 28

a) Germanien liegt nordöstlich von Donau und Rhein, wird weiterhin vom „Weltmeer" (Nord- und Ostsee) sowie von Gebirgen (Böhmerwald, Erzgebirge, Sudeten, Hohe Tatra) begrenzt und hat unklare Begrenzungen in den Ebenen Ostmitteleuropas.

b) Germanen sind Ureinwohner, weil sonst niemand in diesem Land leben würde; sie haben sich niemals mit anderen Völkern vermischt, sind ein „Menschenschlag von eigener Art" mit einer deutlich erkennbaren äußeren Erscheinung: „wild blickende blaue Augen, rötliches Haar und große Gestalten"; sie haben keine große Ausdauer, sind aber „gegen Kälte und Hunger abgehärtet".

c) Die Bezeichnung „Germanien" ist zur Zeit des Tacitus erst kürzlich aufgekommen und wurde von einem speziellen Stamm auf das ganze Volk übertragen, das sich dann auch selbst so nannte.

M2 S. 29

1. Germanen sind keine Stadtbewohner, sie leben in Dörfern und legen Wert darauf, einzeln zu leben; Germanen legen keinen Wert auf das Äußere; sie wachsen weitgehend ohne Standesunterschiede auf; sie leben zusammen mit dem Vieh; Germanen heiraten eher spät und leben enthaltsam; sie lieben die Geselligkeit und sind verschwenderische Gastfreunde; die Germanen sind starke Trinker und streitbar; sie sind offen und unverstellt und versuchen, Entscheidungen im Konsens zu treffen; sie ernähren sich von einer einfachen und gesunden Kost.

2. Es wird ein durchaus differenziertes Bild gezeichnet, in dem sich sowohl Elemente des „Barbaren" als auch des „edlen Wilden" finden (zu den Details vgl. Aufgabe 1).

M3
S. 30

1. Bewaffnung: Speere und Schilde, weniger Panzer und Helme und kaum Schwerter; Kampfesweise: die Stärke liegt eher beim Fußvolk, der Angriff erfolgt in einer Keilformation, taktisches Verhalten ist üblich und kein Zeichen von Feigheit.
2. Könige werden gewählt, sie können nicht unumschränkt befehlen, sie kämpfen in der vordersten Linie und können so durch ihr Beispiel wirken und ihre Position stärken.
3. Kriege bringen Ruhm, Macht, Ehre und ein großes Gefolge und werden oft als Beutezüge durchgeführt, die materiellen Gewinn bringen sollen; Reichtum durch Krieg gilt mehr als Reichtum durch Arbeit.

Zur Aufgabenstellung im Thema S. 31–33: „Germania" – im Spiegel wissenschaftlicher Diskussion

A. Thesenpapiere zum Thema „Germania im Spiegel wissenschaftlicher Diskussion"

Heutige historische Darstellungen

Meier: Der Begriff „Germane" sowie seine Herkunft sind unklar; das alte Germanenbild war das Ergebnis einer Mythisierung; Germanen sind zu einem guten Teil „Konstrukte", die von Caesar erfunden wurden, der dieses Konstrukt propagandistisch nutzte.

Saltzwedel: Die Germanen erscheinen bei Tacitus eher als Barbaren mit bestimmten körperlichen Merkmalen, aber es gibt auch positive Aspekte; eventuell sollen sie als Spiegel bzw. positives Beispiel für seine römischen Zeitgenossen dienen; Tacitus hat den Germanen eine Art Volkscharakter gegeben.

„Germania" – realistische Darstellung

Teilweise beruhen die Beschreibungen der Germanen in der „Germania" durchaus auf Fakten, z. B. in Bezug auf eine eigene Sprache und religiöse Aspekte, auch „Könige" sind durch andere Quellen belegt. Auch die Beschreibung des Äußeren und der Gewohnheiten der Germanen treffen wohl in gewissem Maße zu.

Konstruktcharakter

Bei der Darstellung der Germanen finden sich auch deutliche Anzeichen dafür, dass es sich um ein Konstrukt handelt; dies beginnt schon mit der bis heute unklaren Bezeichnung als „Germanen", auch die verschiedenen Beschreibungen, die das Barbarische und Wilde hervorheben, beinhalten zu einem großen Teil Klischees, mit denen Römer und Griechen die Fremden als Barbaren von sich abgrenzten.

B. Hinweise zu den Arbeitsanregungen

M1
S. 33

1. Der Begriff Germane und seine Herkunft sind unklar: Herleitung aus verschiedenen Sprachwurzeln, Frage der Perspektive: Sprachverband oder geografischer Zusammenhang; bis 1945 klare Vorstellung von den Germanen als Ergebnis einer Mythisierung; die Germanen sind eine Art Konstrukt: Kriegsberichte als Propaganda für das eigene Vorgehen, wenige echte Fakten erkennbar, Bezug auf Klischees; Germanen als Gesellschaft von Freien und Unfreien mit einer eher informellen Herrschaft: Siedlungsweise, Quellen der Spätantike.
2. Meier ist der Meinung, dass vieles im Bereich der Darstellung der Germanen auf Klischees und der Übernahme von Stereotypen über die Barbaren beruht. Weiterhin dient die Darstellung der Germanen bei den Römern und speziell bei Caesar auch durchaus anderen, politischen Zwecken und nicht einer vorurteilslosen Information. Wichtig ist der Zusammenhang von römischem Imperium und den Germanen, die sonst kaum denkbar wären. Aber es gibt auch reale Fakten in den Darstellungen.

M2
S. 33

1. Die Germanen erscheinen bei Tacitus eher als „Störenfriede" und Barbaren: Aufweis bestimmter körperlicher bzw. charakterlicher Merkmale; teilweise wird aber auch eine differenzierte Sichtweise deutlich: Mut, Freiheitssinn, Genügsamkeit, Treue, Familiensinn; unklarer Zweck des Werkes

"Germania", eventuell Spiegel für seine Zeitgenossen: Kontrastierung von Germanen und Römern mit teils positiver Bewertung der Germanen, aber vieles bleibt auch vage; mit seiner Schrift hat Tacitus den Germanen einen langlebigen Volkscharakter zugeschrieben bzw. gegeben.

2. Saltzwedel ist der Meinung, dass eine klare Intention in Bezug auf die „Germania" des Tacitus nicht festgestellt werden kann. Es gibt Aspekte, die dafür sprechen, dass den eigenen Zeitgenossen ein Spiegel vorgehalten werden soll, es gibt aber auch Passagen, in denen das Klischee vom Barbaren entfaltet wird, aber auch realistische Informationen sind erkennbar.

Zur Aufgabenstellung im Thema S. 34–38: „Hermann" – ein Mythos wird zum Selbstbild

A. Wandzeitungen zum Mythos Varusschlacht und seiner Wirkmächtigkeit im 19. und 20. Jahrhundert

---

Bau und Entstehungsgeschichte des Denkmals – *Was lange währt, wird endlich gut*

- Plan des Architekten Ernst von Bandel für ein Hermannsdenkmal
- Beginn der Bauarbeiten des Denkmals im Jahre 1838
- Schleppender Fortgang der Bauarbeiten durch fehlende Geldmittel
- 1869 finden die Bitten von Bandels um staatliche Unterstützung erstmals Gehör: Wilhelm I. spendet einen höheren Betrag.
- Nach der Reichsgründung 1871 sichern 10.000 Taler aus dem Reichstag und weitere Spenden Kaiser Wilhelms I. und des bayrischen Königs Ludwigs II. die Fertigstellung des Denkmals.
- 1875 Einweihung des Denkmals im Beisein Kaiser Wilhelms

Kaiserreich und Erster Weltkrieg: *Durch Einigkeit zu neuer Größe*

- Das Hermannsdenkmal ist ein Wahrzeichen deutscher Eintracht und deutschen Brudersinns, den es bereits vor der nationalen Einheit gab.
- Das Denkmal erinnert nicht nur an die Befreiung von den Römern, sondern verweist auch auf die Befreiung von Napoleon Anfang des 19. Jahrhunderts.
- Gerade in Zeiten, in denen die Hoffnung auf ein geeintes Deutschland gering war, sollte das Denkmal ein Zeichen dafür sein, an diesem Ziel weiterhin festzuhalten.
- Diese Hoffnung erfüllte sich schließlich doch durch die Einigung Deutschlands unter Führung Preußens im Kampf gegen einen „übermütigen Erbfeind" (Frankreich) durch einen „Heldengreis" (Wilhelm I.) in der Tradition Hermanns, der wie dieser die „deutschen Stämme" einte.
- In der Folge dieses Sieges entstand wieder ein neues mächtiges Kaiserreich in Deutschland, das wieder eine bedeutende Rolle in der Welt spielen kann.
- Vergangenheit und Gegenwart stehen nun wieder ebenbürtig nebeneinander, Deutschland ist wieder stark wie zu Zeiten Hermanns, was durch die Einweihung des Denkmals des alten Helden im neuen Reich dokumentiert wird.

Weimarer Republik: *Hermann der Befreier*

- Das fünfzigjährige Jubiläum des Hermannsdenkmals wird gefeiert, und zwar in einer dunklen Zeit.
- Die Zeit ist dunkel, weil Verbrecher das Vaterland verraten und in ein beispielloses Chaos verwandelt haben.
- Ehrliche und treue deutsche Soldaten haben sich zu einem Bund („Stahlhelm") zusammengeschlossen, um die deutsche Ehre wiederherzustellen und an der Wiedergeburt des Vaterlandes mitzuwirken.
- Die Feier zum Denkmalsjubiläum erinnert an die Schmach, die in der fernen Vergangenheit den Vorfahren wiederfahren ist.
- Aber wie diese Vorfahren sich unter der Führung Hermanns gegen die Feinde erhoben und diese besiegt haben, so wird auch in Erinnerung an diese Tat Hermanns einmal der Tag kommen, an dem die neue Knechtschaft abgeschüttelt und die deutsche Wiedererweckung stattfinden wird.
- Das Beispiel Hermanns gibt die Gewissheit, auch in der Zukunft siegen zu können.

> **Zeit des Nationalsozialismus:** *Hermann und Hitler – Deutschlands Befreier*
>
> - Das Hermannsdenkmal ist ein Symbol für den ersten Vorkämpfer der deutschen Freiheit, geplant in einer Zeit größter Zersplitterung und vollendet im neuen Kaiserreich.
> - Das Hermannsdenkmal ist ein Ruf, der aus ferner Vergangenheit zwingend an eine neue nationale Zukunft ergeht, die im Sinne dieses germanischen Heldengeistes gestaltet werden soll.
> - Vergangenheit und Gegenwart Deutschlands treffen sich an diesem Ort wie sonst kaum an einer anderen Stelle in Deutschland, denn im „lippischen Lande" kam die nationale Welle erneut zum Durchbruch.
> - Die deutsche Freiheitsbewegung der Jetztzeit und das Denkmal stehen in einem engen Zusammenhang, deshalb soll das Denkmal zu einer „nationalen Wallfahrtsstätte" erklärt werden.
> - Gerade die Jugend soll auf dieses „nationale Heiligtum" hingewiesen werden, um durch das Beispiel der Vergangenheit die Zukunft im nationalen Sinne zu gestalten.

B. Hinweise zu den Arbeitsanregungen

M1 S. 36

1. Textsorte: Festrede, Autor: Geheimer Justizrat Otto Preuß, Entstehungszeit: 1875, Adressat: Publikum der Einweihungsfeier, interessierte Öffentlichkeit
2. Zeit vor der Reichsgründung: loser Staatenbund, Zwiespalt, Objekt feindlicher Eroberungsgelüste, spielt keine große Rolle in der Welt, hat seine einstige Geltung verloren; nach der Reichsgründung: Einheit, mächtiger als je zuvor, Wiedererrichtung des Kaiserreichs, Ruhm und Bedeutung nun auch in der Gegenwart; Vergleich: Die Zeit vor der Reichsgründung war eine Zeit von Uneinigkeit, Niedergang und Ausgeliefertsein an mächtige Nachbarn, die Zeit nach der Reichsgründung ist eine Zeit der Einheit, der erneuerten Macht und des erneuerten Ruhms.
3. Denkmal schon vor seiner Vollendung ein Zeichen für das Zusammengehörigkeitsgefühl der Deutschen, für den Wunsch nach nationaler Einheit und die Erneuerung eines deutschen Reiches, nach der Fertigstellung „ein Sinnbild ... der wiedererstandenen Einigkeit und Macht unseres Volkes".

M2 S. 37

1. Postkarte mit patriotischem Motiv, Aufruf- und Appellcharakter.
2. Vordergrund: z. T. noch angekettete Person, die sich halb aufrichtet, Kette an der rechten Hand ist schon gelöst, hebt den freien Arm in Richtung „Hermann"; Mittelgrund: großes Gesicht eines bärtigen Kriegers mit Flügelhelm („Hermann"), entschlossener Gesichtsausdruck, hält ein Schwert in der erhobenen rechten Hand, blickt nach links (nach Westen); Hintergrund: rechts oben Teil einer strahlenden Sonne.
3. Hermann als Befreier, der dem gefesselten Deutschland, das sich allerdings schon zum Teil befreit hat, Hoffnung auf eine bessere Zukunft gibt und zeigt, dass ein einiges Deutschland nichts zu fürchten hat und sich gegenüber den Feinden (vor allem Frankreich im Westen) durchsetzen wird.

M3 S. 37

1. Textsorte: Ansprache anlässlich der „Hermannstagung", Autor: unbekannt, Entstehungszeit: 1925, Adressaten: Teilnehmer der „Hermannstagung" der Vaterländischen Verbände, interessierte Öffentlichkeit des eher rechten Spektrums.
2. Die Niederlage wird als durch einen Verrat verursacht dargestellt, für den „verbrecherische Volksverführer" verantwortlich sind; das Ergebnis dieser Niederlage ist eine Republik, in der ein noch nie da gewesenes Chaos herrscht.
3. Das Hermannsdenkmal ist ein Symbol eines geeinten deutschen Reiches und ein Beispiel dafür, dass ein Land aus der Niederlage neu entstehen kann und die Unterdrückung durch Feinde abzuschütteln vermag, zugleich gibt das Denkmal durch die Erinnerung an die großen Taten der Vergangenheit den Zeitgenossen die Gewissheit, dass auch sie in diesem Sinne erfolgreich handeln können.

M4 S. 38

1. Postkarte mit patriotischem Motiv und Appellcharakter.
2. Vordergrund: Darstellung Adolf Hitlers mit zum Führergruß erhobenem rechtem Arm unter einem teilweise entblätterten Baum auf steinigem Untergrund; Hintergrund: Abbild des Hermannsdenkmals vor einer waldigen Landschaft; die Haltung des Denkmals wird durch die Haltung Hitlers wieder aufgegriffen.
3. Hitler und Hermann werden auf eine Stufe gestellt, was auch durch die Unterschrift bestärkt wird. Beide sind die Retter des Volkes in einer sehr schwierigen Situation, dadurch wird eine Aufwertung Hitlers erreicht, der in eine Traditionslinie mit einer großen Gestalt aus der deutschen Vergangenheit gestellt wird.

M5 S. 38

1. Denkschrift, Zeitungsartikel, Autor: unbekannt, Entstehungszeit: 1933, Adressaten: Reichsminister für Volksaufklärung und Propaganda Dr. Goebbels, Leser der „Neuen Westfälischen Volkszeitung".

2. Das Denkmal ist Symbol „für das Zeitalter der Kämpfe um die deutsche Einheit mit der heißen Sehnsucht nach dem nationalen Staate", das Denkmal strahlt einen Ruf germanischen Heldengeistes aus reiner Vergangenheit aus, es ist ein Symbol der deutschen Freiheitsbewegung; aus dem „lippischen Lande", in dem das Denkmal bei Detmold steht, kam die nationale Welle erneut zum Durchbruch.

S. 39–53 TK 2: Weltsicht im Mittelalter

2.1. Zur Konzeption

Die jeweilige Wahrnehmung des bzw. der Fremden wird auch maßgeblich durch das Weltbild geprägt, das die Weltsicht einer bestimmten Gruppe oder einer Nation bestimmt. Dieser Aspekt der Erfahrung des Fremdseins wird im zweiten Teilkapitel abgehandelt. Dabei wird das Weltbild einer Gemeinschaft ganz konkret anhand der Weltkarten untersucht, die in dieser Gesellschaft existieren. Für das Mittelalter gilt in diesem Zusammenhang, dass Karten als Weltbilder keineswegs nur geografische Informationen enthalten, sondern dass sich in ihnen auch Elemente der Religion, der Mythologie und schlicht und einfach der Legende finden lassen. Dabei ist die geografische Genauigkeit, zumindest was das christliche Abendland betrifft, nicht das Wichtigste, viel bedeutsamer ist der heilsgeschichtliche Hintergrund, sodass das Paradies in vielen Karten als realer Ort erscheint. Dies sah in der arabischen Welt z. T. ganz anders aus, bedingt auch durch die arabischen Kenntnisse der griechischen Wissenschaft. Die Unterschiede, aber auch Gemeinsamkeiten dieser Weltsicht in der Form von Weltkarten sollen in dem vorliegenden Kapitel beispielhaft herausgearbeitet werden.

2.2. Hinweise zur Unterrichtsgestaltung

Durch den Infotext zu diesem Teilkapitel erhalten die Schülerinnen und Schüler grundlegende Informationen zu einem für sie nicht auf den ersten Blick ohne Weiteres verständlichen Inhaltsfeld. Diese Grundkenntnisse erlauben dann die vertiefte Auseinandersetzung mit dem mittelalterlichen christlichen bzw. islamischen Weltbild, die in den beiden Themen geleistet wird. Dabei wird deutlich, inwieweit die Lebensräume, aber auch die wissenschaftlichen und technischen Kenntnisse eines Kulturkreises ein Weltbild strukturieren und dementsprechend in die Gestalt einer Weltkarte eingehen. Auf diese Weise wird den Lerngruppen ein Perspektivwechsel und damit auch eine Form von Alteritätserfahrung ermöglicht.

Ein besonderer Schwerpunkt bei der Arbeit wird in diesem Kapitel auf das eigenständige Vorgehen der Schülerinnen und Schüler gelegt, das vor allem durch die Internetrecherche zu den vorliegenden Karten und durch die besondere Form der Präsentation der Arbeitsergebnisse gefördert wird. Auf diese Weise sollen moderne Formen des Wissenserwerbs in den Unterricht integriert werden, was bei einem Thema wie den mittelalterlichen Weltkarten und ihrer Behandlung des Fremden einen ganz eigenen Reiz hat.

2.3. Hinweise zu Fragen und Aufgaben

Zu den Arbeitsanregungen zum Infotext (S. 44)

1. Stichworte für ein Statement zu Aufgaben und Funktion einer mittelalterlichen Weltkarte

Mittelalterliche Weltkarten dienten nicht unbedingt zur Orientierung in einem bestimmten Raum, sie spiegelten in erster Linie das Weltbild dieser Zeit, das vor allem durch die Heilsgeschichte geprägt war. In mittelalterliche Weltkarten gingen darüber hinaus Elemente aus der (antiken) Mythologie und aus teilweise „sagenhaften" Reiseberichten mit ein, die dem Betrachter die Einordnung seines Lebens in einen größeren Zusammenhang ermöglichten und auf diese Weise doch einer Art Orientierung dienten, die sich von der Orientierung, die moderne Karten bieten, grundlegend unterscheidet.

2. Handout zu Merkmalen und Besonderheiten mittelalterlicher Weltkarten

Mittelalterliche Weltkarten sind oft nach dem T-O-Schema aufgebaut, wobei die drei bekannten Kontinente Asien, Afrika und Europa die einzelnen Bestandteile des „T" bilden und häufig mit den Namen der Söhne Noahs versehen werden. Die Karten werden häufig, in Anlehnung an antike Vorbilder, kreisförmig dargestellt, wobei der äußere Rand durch einen Ring aus Wasser gebildet wird. Zudem sind sie in unterschiedliche Klimazonen geteilt, wobei es hier fünf oder auch neun geben kann. Auf mittelalterlichen Karten gibt es keine „weißen Flecken", d. h., dass überwiegend Festland dargestellt wird und Wasserflächen eher schematisch als in ihrer realen Gestalt und Größe abgebildet werden. Weiterhin finden sich auf diesen Karten auch nicht reale Orte, die in Religion und/oder Mythologie eine wichtige Rolle spielen, z. B. das Paradies.

3. Stichwortliste als Vortragskonzept zur Darstellung des Fremden/Unbekannten

Fremdes und Unbekanntes wurde häufig in der Form von Fantasiewesen dargestellt, wie sie sich am Rande der Weltkarte des Hartmann Schedel finden. In die Art und Weise, wie diese Figuren gestaltet waren, gingen sagenhafte Reiseberichte und mythologische Kenntnisse aus der Antike mit ein. Eine reale Beschreibung der/des Fremden war eher selten.

4. Stichwortliste als Konzept für eine Präsentation zur Veränderung der Weltkarten am Ende des Mittelalters

Die spanische Karte von Westafrika zeigt eine relativ genaue geografische Darstellung des abgebildeten Raumes, vor allem die Küstenlinien sind sehr klar und genau abgebildet; für die Darstellung des Inlandes werden allerdings eher Klischees und europäisierende Elemente verwendet. Die zunehmende Genauigkeit ergab sich aus besseren geografischen Kenntnissen im Zusammenhang der Entdeckungsreisen sowie dem damit verbundenen Bedürfnis nach einer genaueren Orientierung in den neu entdeckten Gebieten.

Zur Aufgabenstellung im Thema S. 45 – 48: Geschichte digital – Weltkarten spiegeln das Weltbild

A. Stichwortliste für den Expertenvortrag

Schritt 1/Leitfragen: Die Ebstorfer Weltkarte bzw. die Londoner Weltkarte enthalten im Detail (vgl. Hinweise zu Arbeitsanregungen) durchaus zutreffende geografische Angaben, grundsätzlich zeigen sie jedoch, dass die Geografie weltanschaulichen und heilsgeschichtlichen Aspekten untergeordnet wird, z. B. durch die Gestaltung des Zentrums der Karten (Jerusalem) und durch die Verortung des Paradieses auf den Karten.

Schritt 2/Äußere formale Merkmale: Thema beider Karten ist die Darstellung der Welt als Ganzer; die Londoner Psalterkarte entstand vermutlich im 13. Jahrhundert, die Ebstorfer Weltkarte um 1300; gezeigt wird die ganze Welt, konkret die damals bekannten drei Kontinente Europa, Afrika und Asien; beide Karten entstammen dem mittelalterlichen christlichen Kulturkreis; der jeweilige Zeichner ist unbekannt.

Schritt 3/Karte beschreiben und erläutern: Auf den Karten sind die drei bekannten Kontinente Europa, Afrika und Asien dargestellt sowie verschiedene Meere (vgl. Hinweise zu den Arbeitsanregungen); Besonderheiten sind das grundsätzliche T-O-Schema, die Darstellung als Erdkreis sowie die Einbeziehung mythologischer und religiöser Aspekte (vgl. Hinweise zu den Arbeitsanregungen); als Sachwissen können Informationen aus dem Infotext sowie aus der Internetrecherche eingebracht werden (vgl. Hinweise zu den Arbeitsanregungen).

Schritt 4/Gesamteinschätzung: Die geografische Weltvorstellung ist mit der realen Geografie nur teilweise identisch, dies gilt vor allem in Bezug auf die Gebiete, die in räumlicher Nähe zu dem Entstehungsort der Karte liegen; das christlich geprägte Weltbild prägt den Aufbau und die Gestaltung der historischen Weltkarten in maßgeblicher Weise, die Karte will in erster Linie über heilsgeschichtliche Aspekte informieren, nicht über die Geografie der Erde; offen bleiben Fragen zur Verbindung des realen Wissens um die Gestalt der Erde mit religiösen Aspekten sowie die Frage nach dem exakten Stellenwert realer geografischer Kenntnisse.

B. Hinweise zu den Arbeitsanregungen

1. In der Karte wird das T-O-Schema grundsätzlich erkennbar, wenngleich nicht so ausgeprägt wie bei anderen Weltkarten aus dieser Zeit, sie ist „geostet", wobei Asien im Osten, also oben, liegt, Europa im Nordwesten (links) und Afrika im Südwesten (rechts).

2. Im Zentrum der Karte findet sich die Stadt Jerusalem, die durch die Farbgebung (sie wird von einer goldenen Mauer umgeben) nochmals hervorgehoben wird; dies ist ein Hinweis darauf, dass mit Jerusalem nicht nur die reale Stadt gemeint ist, sondern auch das „neue Jerusalem", also eine himmlische Stadt, was auch durch die Auferstehungsszene deutlich wird, die innerhalb der Mauern abgebildet wird.
3. Asien wird sehr groß dargestellt und dort gibt es viele Orte, die aus der Bibel bekannt sind, z. B. das Paradies, die Arche Noah, der Turm zu Babylon, aber auch Tiere wie Löwen; Europa wird relativ klein dargestellt, wobei die geografischen Proportionen nicht eingehalten werden, da Orte wie Braunschweig, Lüneburg, Aachen oder Köln sehr groß abgebildet werden; auch ist beispielsweise die Insel Sizilien so groß wie die Stadt Rom; Afrika ist kleiner als Europa dargestellt, dort finden sich nur wenige geografische Details wie der Oberlauf des Nils oder die Städte Alexandria und Karthago.
4. Die geografische Realität wird nur ansatzweise wiedergegeben, z. B. in Bezug auf die Küsten oder Inseln des Mittelmeers; es dominieren heilsgeschichtliche oder mythologische Elemente.
5. Auf der Karte sind viele Stationen aus dem Alexanderroman zu sehen, z. B. der Ganges weit oben im Osten unterhalb des Paradieses, damit wird auf die auch im Mittelalter noch sehr bekannten Eroberungszüge Alexanders des Großen verwiesen; des Weiteren wird Christus in Jerusalem abgebildet.
6. Auf der Karte finden sich eine Vielzahl biblischer Elemente wie die Darstellung der Auferstehung Christi in Jerusalem, das Paradies ganz oben im Osten, der Turmbau zu Babylon und die Arche Noah sowie die Tatsache, dass die Karte insgesamt durch Christus eingefasst wird; insgesamt wird damit verdeutlicht, dass das Leben der Menschen auf der Erde in einem umfassenden heilsgeschichtlichen Kontext gestellt ist.
7. Christus ist einmal derjenige, der die ganze Welt umfasst, wobei der Kopf am Rand der Karte oben im Osten zu sehen ist, die ausgestreckten Hände rechts und links am Rand der Karte zu erkennen sind und die Füße unten; weiterhin steht er auch im Zentrum der Karte mit der Auferstehungsszene in Jerusalem, er ist also die zentrale Figur im Heilsgeschehen; direkt benachbart dem Haupte Christi ist die Darstellung des Paradieses mit dem Sündenfall, wodurch der heilsgeschichtliche Zusammenhang nochmals deutlich wird; am Rand der Karte werden zum einen Hände und Füße Christi abgebildet, aber auch die verschiedenen aus der antiken Mythologie bekannten Winde, wie z. B. der Süd- oder Ostwind; schließlich werden hier auch fremde und fantastische Menschen und Völker dargestellt (vgl. M1,8).
8. Am rechten Rand der Karte wird eine Vielzahl fremder und fantastischer Menschen dargestellt, unter denen manche solche großen Lippen haben, dass sie sich damit gegen die Sonne schützen können, andere z. B. waren gegen Schlangengift immun, zudem finden sich dort auch Vogelmenschen; am linken Rand in der oberen Hälfte werden die Amazonen dargestellt, darüber befinden sich die Völker Gog und Magog, die Blut trinken und Menschenfleisch essen. Insgesamt werden die Fremden an den Rand gerückt und durch vielerlei legendenhafte Elemente beschrieben, wodurch nochmals deutlich wird, wie wenig reale anthropologische Kenntnisse hier verarbeitet werden.

M2
S. 48

1. In der Karte ist ebenfalls das T-O-Schema zu erkennen, wobei Asien im Osten (also oben), Europa im Nordwesten (links) und Afrika im Südwesten (rechts) liegt, diese drei Kontinente sind durch das (Mittel-)Meer getrennt und von einem weiteren Meer umflossen, das den Rand der Welt bildet.
2. Im Kartenzentrum ist wiederum Jerusalem abgebildet, in dessen Umgebung das „Heilige Land" abgebildet wird, u. a. Bethlehem als Geburtsort Christi und der See Genezareth mit einem Fisch – wohl ein Zeichen für den Apostel Petrus.
3. Asien wird als deutlich größter Kontinent dargestellt, wobei hier auch wieder mythologische Elemente eine Rolle spielen; Europa und Afrika sind gemäß dem T-O-Schema als etwa gleich groß dargestellt, wobei in Bezug auf Europa die größte Realitätsnähe festzustellen ist, wenngleich diese in keiner Weise mit modernen Karten verglichen werden kann.
4. Auch in Bezug auf die Londoner Psalterkarte gilt, dass die geografische Realität kaum angemessen wiedergegeben wird, weil auch hier ganz andere, ebenfalls heilsgeschichtliche Aspekte, die Hauptrolle spielen.
5. Historische Ereignisse im eigentlichen Sinn werden nicht dargestellt, wenngleich südlich (rechts) des Paradieses der Sonnen- und Mondbaum dargestellt werden, die im Roman über Alexander den Großen erwähnt werden, womit ein indirekter Bezug zu historischen Ereignissen bzw. Personen hergestellt werden kann.

6. Als biblische Elemente werden wiederum das Paradies mit Adam und Eva ganz im Osten (oben) sowie im Nordosten (halb links) auf einem Berg im Land „armenie" die Arche Noah dargestellt; des Weiteren findet sich, wie bereits oben erwähnt, der See Genezareth; zur Darstellung Christi vgl. Punkt 7 und 8.
7. Das Paradies steht ganz im Osten, es ist von einer Art Wall umgeben und fünf Flüsse fließen in es hinein; Christus selbst ist in der Karte nicht enthalten, er erscheint über dem Paradies über der Karte, also außerhalb der Welt, die er jedoch in der Gestalt einer Weltkugel wiederum in der linken Hand hält, während er mit der rechten die Welt segnet; an den Rändern der Karte finden sich wieder die Winde in einer symbolischen Darstellungsform.
8. Auch bei der Gestaltung dieser Karte wird deutlich, dass Christus der Herr der Welt ist und alles Geschehen auf der Erde letztlich auf ihn ausgerichtet ist.
9. Im Süden der Karte am Rande Afrikas (links) finden sich wieder Darstellungen fantastischer bzw. monströser Wesen, die ebenfalls fremde Völker abbilden, von denen man vor allem aus Legenden weiß, auch hier stehen die Fremden ganz am Rande der Welt.

Zur Aufgabenstellung im Thema S. 49–53: Perspektivwechsel – Weltbilder und Weltkarten aus der arabischen Welt

A. Wandplakat zu arabischen Weltkarten

Perspektivwechsel – Weltkarten aus der arabischen Welt

Die Welt der Mitte	Die Weltkarte des al-Idrisi
• Das Zentrum dieser Welt ist nicht das Mittelmeer, sondern die Landmasse zwischen Ägypten, Mesopotamien, Zentralasien und Indien, also zwischen Indus und Istanbul. • Die Welt der Mitte liegt zwischen den Kulturräumen Europa und China und hat einen ganz eigenen Charakter. • Die Welt der Mitte ist geprägt von Landwegen im Gegensatz zur Welt des Mittelmeers mit ihren Seewegen. • In der Welt der Mitte entwickelte sich schließlich die Welt des Islams. • Die Welt der Mitte und der Mittelmeerraum stellen „interkommunizierende Regionen" dar.	• Die Karte ist im Gegensatz zu Karten des christlichen Mittelalters „gesüdet". • Die Karte des al-Idrisi ist in Bezug auf die Darstellung des Nahen Ostens und Europas deutlich realistischer als christliche Karten dieser Zeit. • Die Darstellung Afrikas ist eher schematisch, das „Horn von Afrika" sehr weit nach Osten verschoben. • Zentrum dieser Weltkarte ist die arabische Halbinsel. • Auch auf dieser Weltkarte wird die Welt als eine Scheibe dargestellt, die von Wasser umgeben ist.

Zum Begleitkommentar vgl. Hinweise zu den Arbeitsanregungen.

B. Hinweise zu den Arbeitsanregungen

1. Die vorliegende Karte ist eine moderne Karte mit einer realistischen Darstellung Europas und der Mittelmeerwelt; die Karte enthält keine besonderen topografischen Angaben, sondern zeigt nur die großen Flüsse und Gewässer.
2. Auf der Karte sind vor allem die Seewege verzeichnet, womit die Besonderheit der Mittelmeerwelt dargestellt wird, in deren Zentrum das Meer als verbindendes Medium steht, das die Geschicke der Mittelmeervölker miteinander verband.
3. Anhand der Karte wird deutlich, dass sich die Welt des Mittelmeerraumes von der Welt der Landwege, die die Welt der Mitte prägen, fundamental unterscheidet; des Weiteren liegt diese Welt aus der arabischen Sicht eher an der Peripherie; Einflüsse, die diese Sichtweise prägen, ergeben sich vor allem aus der Geschichte und der Geografie.

M 2
S. 51

1. Die vorliegende Karte ist eine moderne Karte mit einer realistischen Darstellung des Vorderen Orients, Osteuropas und Zentralasiens; die Karte enthält keine besonderen topografischen Angaben, sondern zeigt nur die großen Flüsse und Gewässer.
2. Auf der Karte sind vor allem die Landwege verzeichnet, womit die Besonderheit der großen Landmasse „zwischen Istanbul und dem Indus" dargestellt wird, in deren Zentrum die arabisch geprägte Welt steht, die die Geschicke der dort lebenden Völker miteinander verband.
3. Anhand der Karte wird deutlich, dass sich die „Welt der Mitte" als Drehscheibe zu Lande von der Welt des Mittelmeerraumes deutlich unterscheidet; die Welt der Mitte liegt im Zentrum zwischen den beiden anderen großen Kulturräumen des Fernen Ostens und Europas.

M 3
S. 52 f.

1. Zur Welt des Mittelmeeres zählen die Küsten dieses Meeres, vor allem diejenigen Kleinasiens und der Levante, Nordafrikas, Griechenlands und Italiens, zur Welt der Mitte zählen Ägypten, Mesopotamien, das iranische Hochland und Zentralasien, wo sich schließlich die islamische Welt entwickelte.
2. Die Welt des Mittelmeeres und die Welt der Mitte stehen zueinander im Verhältnis „interkommunizierender Regionen", d. h., „dass ihre interne Kommunikation wichtiger war als die Kommunikation mit der jeweils anderen Region", zudem stellte die Welt des Mittelmeeres für die Welt der Mitte eher eine periphäre Region dar; dennoch gab es zwischen beiden Räumen durchaus Beziehungen.
3. Die Welt des Mittelmeeres ist in erster Linie durch die Seewege geprägt, wodurch das Mittelmeer zu einem Medium der Verbindung wurde; die Welt der Mitte ist eine Drehscheibe der Landwege zwischen dem Fernen Osten und Europa.
4. Das Weltverständnis der Welt des Mittelmeers wurde durch den Bezug zum Meer geprägt; dieses erscheint geradezu als „Akteur", der verschiedene Völker miteinander verbindet und auf diese Weise die westliche Zivilisation schuf.
Für die Welt der Mitte ist der Dreh- und Angelpunkt das Wegenetz, das Ägypten, den Nahen Osten, das Hochland von Iran und Zentralasien miteinander verbindet; durch die auf diesen Wegen verbreiteten vielfältigen materiellen und kulturellen Erzeugnisse gewann auch diese Welt eine eigene Prägung, die schließlich zur Zivilisation des Islam führte.

M 4
S. 53

1. In Bezug auf die geografische Genauigkeit ist die Karte zeitgleichen europäischen Karten deutlich überlegen und für das Mittelalter z. T. von erstaunlicher Präzision.
2. Besonders genau stellt die Karte Europa und Vorderasien dar, auch die Küste Nordafrikas mit dem Nildelta wird recht genau dargestellt ebenso wie die Tatsache, dass der Nil in der Bergen Äthiopiens entspringt; allerdings hat er keine Verbindung zum Atlantik.
3. Neben der Darstellung des Nils werden auch Gebirgszüge dargestellt, sodass die Karte schon so etwas wie moderne topografische Element enthält.
4. Verglichen mit europäischen Karten der gleichen Zeit ist die Karte ausgesprochen modern, was u. a. auf die geografischen und astronomischen Kenntnisse der Araber zu jener Zeit zurückzuführen ist.

S. 54–69 | **TK 3: Die Europäer in den neuen Welten – der Fremde als Exot**

2.1. Zur Konzeption

Das dritte Teilkapitel untersucht die Erfahrungen mit dem Fremdsein vor dem Hintergrund der europäischen Expansion in der Frühen Neuzeit. Diese Erfahrungen waren insofern neu, als dass durch die Entdeckung Amerikas Fremde in den Horizont Europas gerieten, von denen man vorher noch nie gehört hatte. Dementsprechend wurden diese Menschen vor allem als Exoten betrachtet, womit ganz neue Erfahrungsdimensionen eröffnet wurden, was sich auch in den ersten Berichten der Europäer aus der „Neuen Welt" deutlich widerspiegelt. Der Versuch, diese Erfahrungen einzuordnen, geschah vor dem Hintergrund eines ganz bestimmten Selbstbildes der Europäer. Die Untersuchung diese Selbstbildes, seiner Auswirkungen für den Umgang mit den Fremden sowie der Rückwirkungen, die die neuen Erfahrungen auf das Selbstbild hatten und es teilweise auch massiv infrage stellten, bilden einen Schwerpunkt der Arbeit im dritten Teilkapitel. Dabei soll auch thematisiert werden, dass die Fremden als „edle Wilde" als Spiegel für die Europäer dienten, wobei dieser Begriff in der damaligen Zeit überhaupt erst aufkam. Dies gilt auch für die Betrachtung des Umgangs der

Europäer mit den Fremden in den neu entdeckten Gebieten Afrikas, wobei hier nicht so sehr das Exotische im Vordergrund steht, denn Farbige waren in Europa durchaus bekannt, sondern das Bedrohliche, das für viele Europäer mit der Vorstellung vom „Schwarzen Mann" verbunden war. Dass hierbei Vorurteile und Stereotype ebenfalls eine ganz wesentliche Rolle spielten, ist offenkundig und zeigt einmal mehr die Bedeutung, die diese Einstellungen für die Auseinandersetzung mit dem Fremden besitzen.

2.2. Hinweise zur Unterrichtsgestaltung

Erste grundlegende Kenntnisse bezüglich der europäischen Sichtweise auf die neue Welt werden durch den Infotext vermittelt. Hierbei geht es auch um die Erarbeitung der Voraussetzungen, die es den Europäern überhaupt erst ermöglichten, die mit der Frühen Neuzeit einsetzende Expansion durchzuführen. Weiterhin soll anhand des Infotextes erarbeitet werden, wie die Europäer das neu gewonnene Wissen über die Fremden verarbeiteten und publizierten und welche Auswirkungen das für Europa selbst hatte.

Dies soll dann vor allem in den beiden Themen erfolgen, wobei die erste Themeneinheit sich mit den Europäern in Amerika befasst, weil die Auseinandersetzung mit den Einheimischen dort die Europäer mit ganz unbekannten Lebensweisen und Kulturen konfrontierte. Gerade in Bezug auf den Umgang mit den Fremden in Amerika kam es auch zu einer kritischen Betrachtungsweise der eigenen Normen und Werte aufseiten der Europäer, wozu nicht zuletzt die Sichtweise der Indianer auf ihre Eroberer beitrug, durch welche den Europäern ein wenig schmeichelhafter Spiegel vorgehalten wurde.

Im Zentrum der zweiten Themeneinheit steht die Kontrastierung der europäischen Sichtweise der Völker Afrikas mit deren Selbstwahrnehmung, wobei wiederum sehr deutlich wird, inwieweit Klischees und Zuschreibungen die Wahrnehmung fremder Menschen beeinflussen. Methodisch besonders gefördert werden soll in diesem Zusammenhang, gerade auch vor dem Hintergrund heute noch virulenter Vorurteile gegenüber Farbigen, eine Perspektivenübernahme, durch die die Schülerinnen und Schüler zum einen die Sichtweise von Europäern im Zeitalter der Expansion nachvollziehen sollen, zum anderen aber auch diejenige der Einheimischen, die durch gerade die europäische Sichtweise diskreditiert und in ihrem Selbstverständnis schwer getroffen werden.

2.3. Hinweise zu Fragen und Aufgaben

Zu den Arbeitsanregungen zum Infotext (S. 58)

1. **Strukturskizze zu den Voraussetzungen der Entdeckungen**

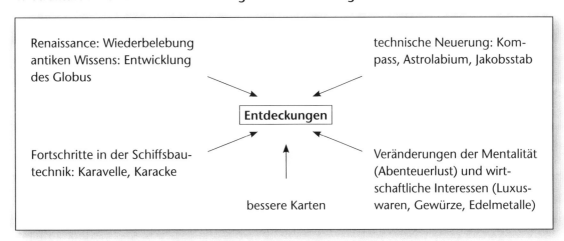

2. **Stichwortliste zu den neuen Wissensformen über Fremde im Entdeckungszeitalter**
Chroniken, Reiseberichte, Kollektionen, Kosmografien.

Zur Aufgabenstellung im Thema S. 59–64: Europäer und Indianer – Perspektiven gegenseitiger Wahrnehmung

A. Poster für eine Stafettenpräsentation zu den Perspektiven gegenseitiger Wahrnehmung

Entdecker	Missionare	Eroberer	Indianer
– treten den Indianern mit Interesse gegenüber; – sehen in den Indianern eher naive, unschuldige Kinder, die offen und vertrauensselig sind; – weisen durchaus auch auf den exotischen Charakter hin; – vermerken die natürliche Lebensweise und die natürliche Schönheit; – sehen ein wenig auch den „edlen Wilden".	– bemühen sich um eine realitätsnahe Beschreibung; – stellen aber doch auch eine gewisse Primitivität und Einfältigkeit fest; – sehen auch eine Sündhaftigkeit bei den Indianern, deren Grund deren Triebhaftigkeit ist.	– eine gewisse Form von Bewunderung der Leistungen der Indianer auf kulturellem und sozialem Gebiet wird deutlich; – sind beeindruckt von dem Reichtum, der Macht und Würde des Herrschers und vom höfischen Zeremoniell; – dennoch werden die Indianer als Barbaren bezeichnet.	– stellen sehr klar die Gier und Rohheit der Spanier heraus; – sehen die Entmenschlichung, die das Gold bei den Spaniern hervorruft; – stellen das unrechtmäßige Handeln der Spanier heraus; – bezeichnen die Spanier als Sklaven ihrer eigenen Gier.
Intention: Weckung von Interesse, genaue Beschreibung der exotischen Fremden	**Intention:** genaue Darstellung der Lebensverhältnisse, Befreiung von der Sünde	**Intention:** Schilderung der Macht und Stärke der Indianer bzw. des Herrschers	**Intention:** Hervorhebung der Gier und Rohheit der Spanier, Verweis auf deren Barbarei

B. Hinweise zu den Arbeitsanregungen

M 1 S. 60

1. a) Bei der vorliegenden Quelle handelt es sich um einen Reisebericht. b) Der Bericht wird vom Schreiber des Seefahrers Pedro Alvares Cabral für den König von Portugal verfasst.
2. Angenehmes Äußeres, von großer Unschuld, haben keine Kleidung, exotischer Schmuck, sind offen und freundlich, kennen anscheinend keine Religion.
3. Sieht die Eingeborenen eher als naive und unschuldige Menschen (Z. 3–5, Z. 32ff., Z. 49ff.); bemerkt einen gewissen exotischen Reiz (Z. 6ff., Z. 15ff.); sieht in den Eingeborenen durchaus mögliche Christen, wenn man ihnen gewisse Kenntnisse vermittelt, sie also „zivilisiert" (Z. 36–45).
4. Der Blickwinkel ist der eines überlegenen Europäers; es wird damit zum einen eine gewisse Unterlegenheit der Indianer konstatiert, die z. B. der Hilfe und Leitung der Europäer bedürfen, um Christen werden zu können, also das Heil zu erreichen. Zum anderen erscheinen die Indianer aber auch wie die Einwohner des Paradieses, sind damit den Europäern also auch voraus. Die Intention besteht darin, den Europäern ihre Aufgabe als Zivilisationsbringer zu verdeutlichen, ihnen aber auch einen Zustand paradiesischer Unschuld vor Augen zu führen, an der sie sich ein Beispiel nehmen könnten.

M2 S. 61

1. a) Bei der vorliegenden Quelle handelt es sich um eine Beschreibung der Indios durch einen Missionar. b) Der Jesuit schreibt an seine Ordensbrüder.
2. Beschreibung der Dörfer und der Sozial- und Familienstrukturen, Beschreibung der genauen Wohnverhältnisse in den einzelnen Hütten, Beschreibung des Todes der Indios, Beschreibung des Sexuallebens.
3. Das Bild ist zwiespältig; zum einen entsteht das Bild einer insgesamt intakten Gesellschaft bzw. Gemeinschaft, zum anderen das von grundsätzlich erlösungsbedürftigen Menschen.
4. Das Leben der Indios wird als eher armselig bezeichnet (Z. 14 ff.); sie leben und sterben aber auch sittsam und in Frieden, sind also genügsam und zufrieden (Z. 33 ff.); sie sind aber auch von Trieben gesteuert und daher erlösungsbedürftig (Z. 49 ff.).
5. Berichtet wird aus dem Blickwinkel eines überlegenen Europäers, der als Missionar aber auch um das Seelenheil der Eingeborenen besorgt ist; die Intention liegt in der Rechtfertigung der Leitung der Indios durch die Jesuiten.

M3 S. 62

1. a) Bei der vorliegenden Quelle handelt es sich um einen Brief des Konquistadors Cortés. b) Cortés schreibt an den spanischen König und deutschen Kaiser Karl V.
2. Beschrieben werden besonders die Größe der Stadt, die in ihr liegenden Plätze, die Vielfalt des Angebots auf den Märkten, die Gerichtsbarkeit, die vielen Tempel und die besondere Form der Wasserversorgung.
3. In der Beschreibung des Cortés lässt sich durchaus eine gewisse Bewunderung erkennen (Z. 9 ff., Z. 24 ff., Z. 42 ff., Z. 49 ff.), zugleich bezeichnet er die Azteken jedoch auch als „Barbaren" (Z. 49).
4. Als Barbaren werden die Azteken von Cortés vor allem in Bezug auf den „Götzendienst" bezeichnet, der für die Spanier, in völliger Unkenntnis der religiösen Vorstellungen der Azteken, als ausgesprochen grausam und eben „barbarisch" erschien.
5. Die Einschätzung des Cortés erscheint vor dem Hintergrund heutiger Kenntnisse als sehr eindimensional und von Vorurteilen geprägt.
6. Berichtet wird aus dem Blickwinkel eines Eroberers, der seinem Herrscher seine Leistungen deutlich machen will; die Intention liegt in dem Wusch nach Anerkennung und auch Belohnung für die erbrachten Leistungen.

M4 S. 63

1. a) Zum ersten Teil der Quelle vgl. Material 3, der zweite Teil stellt einen Augenzeugenbericht von Bernal Diaz dar. b) Cortés schreibt an Kaiser Karl V.; Diaz verfasst einen Bericht als Augenzeuge, der keinen explizit genannten Adressaten im Auge hat.
2. Cortés beschreibt vor allem die äußere Macht und Pracht, mit der Moctezuma auftritt, und seine Stellung, die ihn hoch über alle anderen erhebt; Diaz beschreibt seine schöne und wohlproportionierte Gestalt und die Güte, aber auch die Strenge, die seine Persönlichkeit charakterisieren; auch in diesem Bericht wird deutlich, wie weit Moctezuma über allen anderen steht.
3. Durch die Beschreibung entsteht durchaus das Bild eines beeindruckenden Herrschers, der eine ungewöhnliche Autorität und Macht über seine Untertanen besitzt.
4. Der Blickwinkel, aus dem beschrieben wird, ist der eines Fremden an einem barbarischen Hof, an dem viele seltsame, aber auch beeindruckende Dinge vorhanden sind bzw. geschehen; die Intention besteht darin, zu verdeutlichen, mit was für bedeutenden Gegnern es die Konquistadoren zu tun hatten, und dementsprechend ihre Leistungen hervorzuheben.

M5 S. 64

1. a) Bei der Quelle handelt es sich um einen Teil aus einer Enzyklopädie. b) Die Quelle wurde von dem Franziskanermönch Bernardino de Sahagún für seine Ordensbrüder verfasst.
2. Das Vorgehen der Spanier ist von Gier und Rohheit geprägt, sie haben keinen Respekt vor dem Wert der Schätze und sehen nur deren materielle Komponente, sie verhalten sich letztlich wie Tiere.
3. Die Bewertung der Spanier durch Sahagún ist eindeutig negativ, besonders deutlich wird dies in den Zeilen 4 ff., 15 ff., 26 ff. und 37 ff.
4. Hier liegt eine interessante Perspektive vor, denn ein Spanier berichtet über Spanier, die aus der Perspektive der Indios betrachtet werden; die Intention besteht in dem Aufzeigen der Brutalität und Gier der Eroberer.

M6 S. 64

1. Bei dem Bild handelt es sich um eine Zeichnung des Indiochronisten Guamán Poma de Ayala; entstanden und veröffentlicht worden ist sie zu Beginn des 17. Jahrhunderts in Südamerika, Adressaten sind offizielle Stellen in Spanien, die über die Realität in den Kolonien aufgeklärt werden sollten; Thema ist die unsinnige Goldgier der Spanier.

21

2. Dargestellt werden ein Indio und ein Spanier, die sich auf einem Platz gegenübersitzen, der Indio überreicht dem Spanier Gold, in einer Sprechblase des Spaniers ist zu lesen: „Wir essen das Gold", wobei das Zusammentreffen der beiden eindeutig im Vordergrund steht, während der Hintergrund mit einigen Häusern eher nur dekorativen Charakter besitzt; der Text bzw. die Überschrift unterstreichen und verdeutlichen die Bildaussage.

3. Das Bild soll die sinnlose Gier der Spanier nach dem Gold darstellen, die so weit geht, dass sie Gold als elementares Nahrungsmittel bezeichnen; die Wirkung des Bildes besteht darin, die Gier und Unvernunft der Spanier heraus- und bloßzustellen; der Maler steht dem abgebildeten Sachverhalt kritisch gegenüber; der Blickwinkel ist der der Opfer der dargestellten Gier.

Zur Aufgabenstellung im Thema S. 65–69: Die Europäer in Afrika – der bedrohliche Fremde

A. „Starthilfe" für ein fiktives Zeitzeugeninterview/die Stellungnahme eines Augenzeugen aus afrikanischer Sicht

Fragen und Antworten für das Interview
– *Welche Eigenschaften der Eingeborenen sind Ihnen besonders aufgefallen?*
Faulheit, Betrügerei, Diebereien, Fresssucht, Müßiggang, Liederlichkeit, Stumpfsinnigkeit, sexuelle Freizügigkeit, Geilheit; aber in Maßen auch: Freiheitsliebe, Ehrlichkeit, Offenheit, Genügsamkeit, Mildtätigkeit, Redlichkeit.
– *Wie genau haben Sie sich mit dem Leben der Eingeborenen vertraut gemacht?*
Ich habe lange Zeit unter ihnen gelebt, Erkundigungen eingezogen, Sitten und Gebräuche studiert.
– *Würden Sie die Eingeborenen als Barbaren oder Wilde bezeichnen? Wenn ja, warum?*
Im Prinzip sind die Eingeborenen als Wilde bzw. Barbaren zu bezeichnen, denn sie kennen keine geregelte Arbeit, geben sich eher ihren Trieben oder kurzfristigen Bedürfnissen hin, kennen keine Sitte und keinen Anstand und haben keine Moralvorstellungen. Außerdem sind sie geborene Bösewichte, die vor keiner Gemeinheit zurückschrecken.
– *Gibt es etwas, was wir Europäer von den Menschen in Afrika lernen können?*
Eigentlich nicht viel, allerdings sind die Menschen dort manchmal hilfsbereit und lieben ihre Freiheit, außerdem verstehen sie es, sich das Leben angenehm zu machen, ohne zu viel zu arbeiten.

Aussagen eines Augenzeugen aus afrikanischer Sicht
Die Sichtweise der Europäer auf Afrikaner ist sehr oberflächlich und einseitig. Wir Afrikaner unterwerfen uns nicht den strengen Arbeitsvorschriften, sondern leben so, wie wir möchten. Wir müssen auch keine Reichtümer anhäufen, sondern begnügen uns mit dem, was wir haben. Wenn unsere Freunde und Nachbarn in Not geraten sind, dann helfen wir, so weit wir das können, und teilen das, was wir haben. Wir schätzen unsere Freiheit und stehen dafür ein. Außerdem ist unser Land das schönste und fruchtbarste Land der Welt, wir haben genug von allem, was wir brauchen, und die Fremden kommen nur, um uns unser Land und unseren Wohlstand zu stehlen.

B. Hinweise zu den Arbeitsanregungen

M1 S. 66

1. Das Bild ist eine Allegorie des Kontinents Afrika, der Maler ist nicht bekannt, es findet sich in dem Werk des Niederländers Olfert Dapper über die Völker Afrikas aus dem Jahre 1688; Adressat ist ein gebildetes Publikum in Europa, Thema ist die allegorische Darstellung des Kontinents Afrika.

2. Das Bild zeigt eine Vielzahl von Motiven, nämlich fremdartige Tiere (Krokodil, Löwe, Strauß, Affe, Elefant, Schlange), im Hintergrund die ägyptischen Pyramiden, einen „Negerkönig", dessen Reichtum durch Gold und Elfenbein symbolisiert wird und der im Mittelpunkt des Bildes auf einem erhöhten Thron sitzt, Mitglieder fremder Völker (Araber und eine farbige Frau, die, um ihr Kind zu stillen, eine Brust über die linke Schulter wirft – ein weitverbreitetes Klischee über die Hottentotten) sowie im Vordergrund links eine allegorische Darstellung des Nils, während rechts ein gefangener Europäer zu sehen ist.

3. Das Bild erzielte die Wirkung, in der Vorstellung des Betrachters einen exotischen Kontinent voller wunderbarer und seltsamer Dinge und Menschen entstehen zu lassen; die Botschaft war mehrdeutig, denn dort gab es große Reichtümer, die erworben werden konnten, aber auch merkwürdig-barbarische Menschen und Gefahren.

1. Das vorliegende Bild ist ein Kupferstich aus der von Theodor de Bry herausgegebenen Reiseberichtsammlung „Collectiones Peregrinationum"; veröffentlicht wurde es in der deutschen Ausgabe um 1600 in Frankfurt.

2. Das Bild zeigt im Vordergrund europäische Entdecker, die von einer Vielzahl von eingeborenen umgeben werden, die weitgehend nackt sind; die Eingeborenen zeigen eine Haltung der freundlichen Begrüßung, in die sich aber auch Elemente von Angst oder Unterwürfigkeit mischen; im Vordergrund links ist ein einheimischer Herrscher zu sehen, der die Europäer mit einer Geste begrüßt, die Freundschaft ausdrücken könnte; im Hintergrund ist das Meer mit mehreren Schiffen und einem Landungsboot, das anscheinend gerade anlegt, zu sehen.

3. Das Bild zielt darauf ab, dem Betrachter zu vermitteln, welche Möglichkeiten wagemutigen Europäern in Afrika offenstehen, es kann auch ein Überlegenheitsgefühl aufseiten der Europäer hervorrufen; die Botschaft könnte darin bestehen, Menschen in Europa zu ermutigen, sich an Entdeckungsfahrten zu beteiligen.

M 3 S. 68

1. Übereinstimmend genannt werden Faulheit, Müßiggang, Hinterlist, Bösartigkeit, Leichtfertigkeit.
2. Unterschiede gibt es hinsichtlich der Freiheitsliebe, der Ehrlichkeit, der Genügsamkeit und der Darstellung der Sexualität; insgesamt schimmert eine differenzierte Sichtweise durch, wobei allerdings negative Klischees deutlich dominieren.
3. Negativ hervorgehoben werden vor allem die Charakterzüge der Unehrlichkeit und der Faulheit bzw. des Nichtstuns und der Bosheit; positiv bewertet werden Hilfsbereitschaft, Freiheitsliebe und Genügsamkeit.

M 4 S. 68

1. Textsorte: Reisebericht; Autor: der deutsche Mathematiker, Astronom und Völkerkundler Peter Kolb; Entstehungszeit: 1719; Adressaten: Mitglieder der gebildeten wissenschaftlichen Öffentlichkeit in Deutschland.
2. a) Als hauptsächliche Laster nennt Kolb „Faulheit, Trägheit und Liebe zum Müßiggang"; dem stellt er als Tugenden gegenüber: Freiheitsliebe, Genügsamkeit, Hilfsbereitschaft, Treue und Redlichkeit. b) Kolb vergleicht Europäer und Afrikaner in Bezug auf regelmäßige Arbeit, wo er bei den Afrikanern Defizite sieht, in Bezug auf Freiheitsliebe und Eigenständigkeit, wo er bei den Afrikanern gewisse Vorteile den Europäern gegenüber feststellt, und schließlich hinsichtlich der Hilfsbereitschaft und Freundschaft, wo er den Afrikanern so etwas wie eine Vorbildfunktion zuschreibt. c) Insgesamt gelangt Kolb zu einer durchaus differenzierten Betrachtungsweise der Afrikaner, was angesichts der Klischees, die über die „Hottentotten" in Umlauf waren, eher ungewöhnlich ist.

M 5 S. 69

1. Textsorte: Reisebericht; Autor: der italienische Mönch und Missionar Giovanni Antonio Cavazzi; Entstehungszeit: 1687; Adressaten: Mitglieder seines Ordens der Kapuziner, die interessierte wissenschaftliche Öffentlichkeit.
2. Die Eingeborenen halten sich für die adligsten und vornehmsten Menschen der ganzen Welt und für die ersten Menschen des ganzen Erdkreises, denen niemand an Reichtum und Gütern gleich ist.
3. Die Fremden werden als Menschen wahrgenommen, die in die Länder der Eingeborenen kommen, um „einmal ihren Hunger zu stillen"; sie sehen die Fremden als Aufschneider und Lügner, wenn diese ihnen von den Vorteilen ihres eigenen Lebensraums berichten.
4. Cavazzi bewertet die Sichtweise der Eingeborenen als töricht und eingebildet und als unfähig, andere Welten in ihrem Wert anzuerkennen.

S. 70–84 | **TK 4: Fremdsein, Vielfalt und Integration – Migration am Beispiel des Ruhrgebiets im 19. und 20. Jahrhundert**

2.1. Zur Konzeption

Im letzten Teilkapitel soll erarbeitet und beurteilt werden, wie Fremde sich als dauerhafte Mitglieder in eine neue Gesellschaft integrieren. Dabei stehen die Ablösungsprozesse aus der alten Heimat und die Integrationsprozesse in die neue Heimat im Mittelpunkt der Arbeit, da diese sich in hohem Maße wechselseitig bedingen. Als Ansatz wird hier eine Art Fallbeispiel in den Fokus gerückt, nämlich die Region an Rhein und Ruhr, die im Zuge der Industrialisierung zu einem der Zentren der Entwicklung Deutschlands zum Industrieland wurde. Dabei soll diese Entwicklung anhand zweier Migrationsschübe deutlich gemacht werden, die das Ruhrgebiet bis heute entscheidend geprägt haben: der Migration der sogenannten „Ruhrpolen" und der sogenannten „Gastarbeiter", vor allem aus der Türkei. Auch bei dieser Arbeit wird wieder deutlich werden, dass auch in einer Einwanderungsgesellschaft, wie es sie in Deutschland seit dem Ende des 19. Jahrhunderts gibt, Stereotype und Vorurteile den Umgang mit den „Fremden nebenan" weiterhin in beträchtlichem Maße prägen.

2.2. Hinweise zur Unterrichtsgestaltung

Auch am Beginn dieses Kapitels werden analog zum bisherigen Vorgehen die wesentlichen Kenntnisse in einem Infotext erarbeitet, der vor allem auch die Gründe für die Migrationsbewegungen benennt, um Vorurteilen über die Motive der Migranten von vornherein mit Fakten zu begegnen, denn zumindest der zweite Teil dieses Kapitels thematisiert die Lebenswirklichkeit der heutigen Schüler, in der diese z. T. auch medial vermittelten Vorurteile eine Rolle spielen.

Die vertiefte Auseinandersetzung mit dem Problem der Integration der einwandernden Fremden in eine aufnehmende Gesellschaft soll dann entsprechend der Chronologie in zwei Themeneinheiten stattfinden. Dabei soll anhand des Beispiels der „Ruhrpolen" nicht nur gezeigt werden, mit welchen Schwierigkeiten sie zu kämpfen hatten, sondern auch, mit welchen Strategien sie es schließlich schafften, sich in die Gesellschaft des Kaiserreichs zu integrieren. Durch einen Vergleich mit der Situation der „Gastarbeiter" ab den 60er-Jahren soll aufgezeigt werden, dass es hier durchaus gleiche Verhaltensmuster gab, wodurch verdeutlicht werden kann, dass heutige Probleme keineswegs singulär sind und es durchaus Erfolg versprechende Muster gibt, mit denen sie gelöst werden können.

Auf der methodischen Ebene stehen in diesem Teilkapitel die Förderung der Handlungs- und der Beurteilungskompetenz besonders im Vordergrund, was angesichts der Tatsache, dass die Inhalte des Kapitels direkt mit der Lebenssituation heutiger Schüler zu tun haben, geradezu zwangsläufig ist.

2.3. Hinweise zu Fragen und Aufgaben

Zu den Arbeitsanregungen zum Infotext (S. 75)

1. Stichwortliste für einen Kurzvortrag über Gründe und Form der Arbeitsmigration in das Ruhrgebiet

Mangelnde Arbeitsmöglichkeiten auf dem Land in den Ostprovinzen des Deutschen Reiches; Bedarf an Arbeitskräften im Ruhrgebiet; gezielte Anwerbung von Menschen aus den Ostprovinzen; Kettenwanderung, nachdem die „Pioniergeneration" Fuß gefasst hatte; Familienzusammenführung durch die Arbeitsmigranten.

2. Strukturskizze der zentralen Merkmale und Problematik des Integrationsprozesses der Ruhrpolen

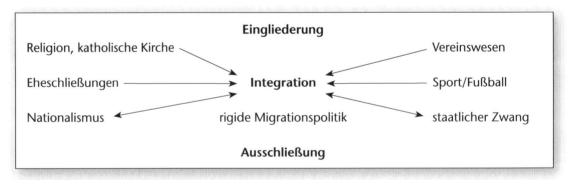

3. Stichpunkte als Grundlage für ein Statement

Enormer Bedarf an Arbeitskräften in Deutschland seit den 50er-Jahren, hohe Arbeitslosigkeit in den Ländern Südeuropas und der Türkei, Hoffnung auf Hilfe bei der wirtschaftlichen Entwicklung der Entsendeländer durch Know-how der Rückkehrer, Hilfe der Familien in der alten Heimat durch Geldtransfers, Annahme einer zeitlichen Begrenzung der Arbeit in Deutschland

4. Lernplakat über die Wahrnehmungsmuster gegenüber den „Gastarbeitern"

> „Gastarbeiter in der Bundesrepublik"
> - Gastarbeiter sind nur „Gäste", also kurzfristig Teil der eigenen Gesellschaft.
> - Gastarbeiter leben „eher vegetativ".
> - Gastarbeiter müssen durch die Deutschen zu Ordnung, Sauberkeit und Pünktlichkeit erst erzogen werden.
> - Gastarbeiter müssen sich anpassen, Integration ist nur als Assimilation vorstellbar.

5. Concept Map als visualisierendes Begleitmaterial für einen Kurzvortrag

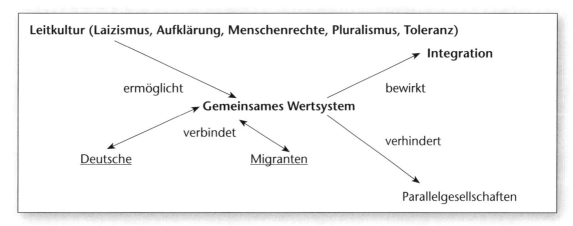

➡ **Zur Aufgabenstellung im Thema S. 76 – 79: „Go west" – der Zug in den „goldenen Westen": Das Zuwanderungsbeispiel Ruhrpolen**

A. Exposé für ein Feature zum Thema Wanderung der Ruhrpolen

- Geräuschkulisse für das Feature: rollende Eisenbahnzüge, Pfeifsignale der Schaffner, Rufe von Menschen bei Abfahrt und Ankunft, Kirchenmusik, Einblendungen aus einem Fußballstadion etc.
- Thematische Aspekte:
  a) Interviews mit einem Experten über die Gründe für die Migration in das Ruhrgebiet
  b) Interviews über die Situation in den neuen Wohngebieten mit Alteingesessenen und Neuankömmlingen
  c) Befragung eines Experten über den Umgang offizieller Stellen mit den Migranten aus Polen
  d) Kommentar zu den Diskriminierungen der Ruhrpolen von staatlicher Seite
  e) Bericht über die Integrationspotenziale des Sports, insbesondere des Fußballs
  f) Gespräch über die Möglichkeiten der Integration in Bereichen Politik und Gewerkschaft

B. Hinweise zu den Arbeitsanregungen

M1 S. 77
1. Textsorte: Werbeaufruf; Autor: unbekannt, der Aufruf wurde für die Zeche „Viktor" verfasst; Entstehungszeit: 1908; Adressaten: Bewohner der Region Masuren in Ostpreußen.
2. Es werden versprochen: geräumige Wohnungen mit großen luftigen Zimmern und trockenen Kellern und einem Stall, ein eigener Garten, Kartoffeln zu billigen Preisen von der Zeche, Einrichtung eines Konsums für die Siedlung, ein Barvorschuss von bis zu 50 Mark.
3. a) Beschreibung der Kolonie wie ein masurisches Dorf, Besiedlung der Kolonie nur durch Masuren, dadurch entsteht ein Gefühl wie in der Heimat. b) Die Masuren werden als ehrliche und ordentliche Menschen beschrieben, denen bestimmte Leistungen der Zeche zustehen.

M2 S. 78
1. Textsorte: Bericht; Autor: unbekannt; Entstehungszeit: 1903; Adressaten: interessierte Öffentlichkeit, offizielle Stellen der preußischen Verwaltung.
2. Aussehen der Siedlungen wie in „Großpolen", Migranten leben eher wie in einem Getto, Polen wollen unter sich bleiben.
3. Das Vorgehen der Aufsichtsbeamten, die die Polen von „umstürzlerischen" Gedanken fernhalten sollen, führt zum Gegenteil, da die Polen „obskurste polnisch klerikale Literatur" lesen.

M3 S. 78
1. Textsorte: Bericht; Autor: Bergarbeiterfrau polnischer Herkunft; Entstehungszeit: nicht genau angebbar; Adressaten: interessierte Öffentlichkeit.
2. Diskriminierung wegen des polnischen Namens, keine Möglichkeit trotz guter Zeugnisse die höhere Schule zu besuchen (Schulgeld nicht bezahlbar), Schwierigkeiten mit der deutschen Sprache, Zwang zu Erwerbsarbeit neben der Schule, Prügel durch Lehrer.
3. Eltern und Kinder fühlen sich ausgegrenzt, setzen sich aber auch zur Wehr und versuchen, eigene Interessen zu formulieren und durchzusetzen.

M4 S. 79
1. Das Foto zeigt acht Männer in Turnerkleidung mit Schirmmützen, zu sehen sind weiterhin sieben Fahnen; die Männer stehen in einer Reihe und demonstrieren eine Art von Gemeinschaft, in der Große und Kleine zusammenstehen.

2. Die Botschaft des Bildes besteht darin, die polnische Identität und Einheit in einer fremden Region nach außen hin deutlich zu demonstrieren.

1. a) Textsorte: Bericht; Autor: nicht näher genannter Zeitgenosse; Entstehungszeit: ca. 1900; Adressat: interessierte Öffentlichkeit. b) Textsorte: Zeitungsartikel; Autor: unbekannt; Entstehungszeit: Dezember 1899; Adressaten: Leser der Zeitung „Wiarus Polski". c) Textsorte: Zeitungsartikel; Autor: unbekannt; Entstehungszeit: Juni 1898; Adressaten: Leser der Zeitung „Wiarus Polski". d) Textsorte: Stichwahlparole; Autor: unbekannt, Parole formuliert von den polnischen Wahlvereinen; Entstehungszeit: 1907; Adressaten: polnische Reichstagswähler. e) Textsorte: Wahlergebnisse; Autor: unbekannt; Entstehungszeit: 1907; Adressaten: interessierte Öffentlichkeit.
2. a) Polen treten mit eigenen Kandidaten an und können durch ihre Anzahl die Wahlen beeinflussen. b) Die Kirchenvorstands- und Gemeinde-Repräsentantenwahlen sind für die Polen dank ihres Engagements sehr positiv ausgefallen. c) Durch Drohung mit einem Wahlboykott konnte die Forderung nach polnischsprachiger Seelsorge durchgesetzt werden. d) Bei Stichwahlen wird zunächst das Zentrum unterstützt, sonst die Sozialdemokraten. e) Durch die Stimmen der Polen wurden SPD-Kandidaten in den Reichstag gewählt.
3. a) Aufstellung eigener Kandidaten für Kirchenvorstände und Gemeinderäte sowie zur Reichstagswahl, Unterstützung von Kandidaten nahestehender politischer oder gesellschaftlicher Institutionen (Parteien, Gewerkschaften). b) Diese Strategien hatten sowohl auf regionaler als auch auf nationaler Ebene (Beeinflussung der Ergebnisse von Reichstagswahlen) durchaus sichtbare und messbare Erfolge.

 Zur Aufgabenstellung im Thema S. 80–84: „Gastarbeiter" – Selbst- und Fremdwahrnehmung von Arbeitsmigranten in der Bundesrepublik

A. Stichworte für Gesprächsbeiträge

- Ankommen in der Fremde oft unter schwierigen Umständen; Kontakt zunächst nur zu Kollegen aus dem eigenen Land; Verbleiben in der Fremde gekoppelt mit der schwierigen Frage nach der eigenen Identität; oft nicht geplant, sondern Ergebnis der Umstände; Leben in einer Art Schwebezustand, aber verbunden mit einem Bekenntnis zur neuen Heimat.
- Bezug zu Familie und Freunden aus dem eigenen Herkunftsland, Verbindung mit dem alten Kulturkreis und dessen Traditionen und Lebensformen; Frage nach der Zugehörigkeit, Gespaltenheit zwischen den verschiedenen Identitäten und Ansprüchen von alter und neuer Heimat, z. T. Verlust der Bindungen.
- Einwanderer werden oft mit bestimmten Vorstellungen und Klischees betrachtet, Vorurteile prägen die Sichtweise, auf Einwanderer wird herabgesehen, es gibt aber auch solidarisches Verhalten und Offenheit.
- Hier werden persönliche Statements der Schülerinnen und Schüler formuliert.

B. Hinweise zu den Arbeitsanregungen

a) Textsorte: Quelle, Bericht; Autor: Ali Basar; Entstehungszeit: 2011; Sammlung von Erinnerungen türkischer Zuwanderer im Rahmen eines Projekts der Bundeszentrale für politische Bildung; Adressat: interessierte Öffentlichkeit, Multiplikatoren für politische Bildung; erste Rückschlüsse: Beispiele für gelungene Integration sollen bekannt gemacht werden; Vorbilder sollen gezeigt werden.
b) Die Beziehungen zu Nachbarn und Kollegen sind zwiespältig; zum einen gibt es durchaus Unterstützung und Solidarität, zum anderen aber auch Diskriminierung und Ausgrenzung.
c) Schwierigkeiten ergaben sich aus der Unkenntnis der Sprache, den Anmaßungen deutscher Kollegen, dem Unverständnis türkischer Kollegen hinsichtlich der Einhaltung religiöser Bräuche, die für Ali Basar nicht zwingend geboten sind, der Wegzug von deutschen Nachbarn aus bestimmten Wohngebieten.
d) Integration wird zunächst einmal im Betrieb und unter Kollegen durchgesetzt, schließlich auch durch die Annahme der deutschen Staatsbürgerschaft.

a) Textsorte: Quelle, Bericht; Autor: Arbeitsmigrant Herr K., Entstehungszeit: 1999; Sammlung von Gesprächen mit Türkinnen und Türken der ersten Generation; Adressat: interessierte Öffentlichkeit, Migranten; erste Rückschlüsse: Beschreibung der Schwierigkeiten von Mitgliedern der ersten Generation, Werbung für Verständnis für die Probleme bei der Integration.

b) Herr K. beschreibt seine persönliche Situation als zwiespältig, da er selbst wieder in die Türkei zurück will, seine Kinder aber Deutschland als ihre Heimat ansehen.
c) Herr K. kehrt aus Rücksicht auf seine Kinder und wegen seiner gesundheitlichen Situation nicht in die Türkei zurück.
d) Die Konfliktsituation besteht darin, dass für Herrn K. die Türkei immer noch seine eigentliche Heimat darstellt, die materiellen Verhältnisse jedoch für einen Verbleib in Deutschland sprechen.

M3 S. 83
1. Bei der Quellengattung handelt es sich um Fotos.
2. Die Fotos sind Privatfotos, die Ali Basar im Kreise von Gewerkschaftskollegen bzw. bei der Demonstration für die Rechte der Arbeiter zeigen, bei der Demonstration werden Plakate gezeigt.
3. Die Botschaft, die vermittelt werden soll, besagt, dass gewerkschaftliche Solidarität eine Möglichkeit ist, Integration erfolgreich zu gestalten, und dass dabei Beharrlichkeit eine notwendige Voraussetzung darstellt.

M4 S. 83
1. Textsorte: Zeitungsanzeige; Autor: unbekannt; Appell der Gewerkschaft IG Metall; Entstehungszeit: 1989; Demonstration gegen Ausländerfeindlichkeit; Adressat: interessierte Öffentlichkeit, Gruppen, die etwas gegen Ausländerfeindlichkeit in Deutschland unternehmen; erste Rückschlüsse: Motivation zur Teilnahme an einer Demonstration gegen Ausländerfeindlichkeit.
2. Ausländer dürfen keine Sündenböcke für Fehlentwicklungen der eigenen Gesellschaft sein; Bejahung verschiedener Kulturen, die als Bereicherung gesehen werden; ein gemeinsames Europa ist nur möglich, wenn Ausländerfeindschaft in Deutschland bekämpft wird; kommunales Wahlrecht für Ausländer als Frage der Gerechtigkeit.

M5 S. 83f.
1. Textsorte: Internetseite; Autor: unbekannt; Appell der Organisation „Pro Köln"; Entstehungszeit: 2012; Unterschriftensammlung gegen den Bau einer Moschee in Köln; Adressaten: Menschen, die sich gegen den Bau einer Moschee in Köln aussprechen bzw. engagieren sollen; erste Rückschlüsse: Motivation zur Teilnahme an einer Unterschriftenaktion gegen den Bau einer Moschee.
2. **a)** Moschee sei ein Hort für Extremisten, Moschee sei ein „Islamisierungsprojekt"; Druck müsse außerparlamentarisch aufgebaut werden, da es keine islamkritische Mehrheit in den städtischen Gremien gebe. **b)** Moschee wird als Hort des Extremismus und der Islamisierung dargestellt.

M6 S. 84
1. Fotograf bzw. Auftraggeber sind nicht bekannt; entstanden ist das Bild bei einer Demonstration des Aktionsbündnisses „Köln stellt sich quer" gegen den „Anti-Islamisierungskongress" von „Pro Köln"; Adressat ist die interessierte Öffentlichkeit; das Thema ist der Protest gegen die Ausgrenzung von Migranten.
2. Zu sehen sind auf dem Foto Demonstranten mit weißen T-Shirts, auf denen ein Slogan abgedruckt ist, und zwar: „Deutscher Muslim hier daheim. Jut is". Diese Demonstranten stehen ganz deutlich im Vordergrund, wobei sie mit dem Rücken zum Betrachter stehen, um den Slogan sichtbar zu machen. Der Text soll verdeutlichen, dass die Muslime Teil der deutschen Gesellschaft sind; der Dialekt macht deutlich, dass sie zu Köln gehören.
3. **a)** Muslime gehören zu Deutschland/Köln. **b)** Betrachter sollen sich der Sichtweise der Demonstranten anschließen, der Erfolg hängt vom Standpunkt des Betrachters ab.

M7 S. 84
1. Autor der Karikatur ist der Zeichner Tom Körner; entstanden ist sie um 2003; Ort der Veröffentlichung ist wahrscheinlich die taz; Adressat: Leser der Zeitung; Thema: Vorurteile gegen Farbige.
2. Zu sehen ist eine Straßenszene, ein weißer Mann in einem grünen (Loden-)Mantel mit Hund spricht einen farbigen Skater an, beide sollen als Typen fungieren; der Text soll die Vorurteile des Weißen zeigen, für den der Farbige wahrscheinlich aus Afrika kommt, dieser kommt jedoch aus Dortmund, ist also ein Deutscher.
3. **a)** Weiße Deutsche sind in gewisser Weise borniert und leben in einer Welt der Vorurteile. **b)** Diese werden durch die Antwort des Farbigen deutlich. **c)** Kommt auf den Standpunkt des Betrachters an.

S. 85 Zusammenfassende Arbeitsvorschläge

1. Stichwortzettel für die schriftliche Erläuterung/Beispiel: Europäische Entdeckungen in der frühen Neuzeit
– Treffen auf die Indios als exotische Fremde vermittelt den Europäern einerseits die Vorstellung einer Überlegenheit und damit auch der Legitimation zur Annexion der neu entdeckten Gebiete;

- es fördert durch das gestiegene Selbstbewusstsein aufgrund außergewöhnlicher Eroberungen in Süd- und Mittelamerika die Durchführung neuer Entdeckungsfahrten;
- es bringt die Europäer angesichts der mit den Eroberungen auch verbundenen Gräueltaten aber dazu, über ihren Glauben und ihre Zivilisation kritisch nachzudenken und die eigenen Taten infrage zu stellen;
- Rückwirkungen auf Europa, indem die Vorstellung des „Edlen Wilden" die eigene Kultur und Zivilisation als z. T. degeneriert erscheinen lässt; Kontrastierung des überzivilisierten Europäers mit den natürlich lebenden Menschen aus der „Neuen Welt".

2. Thesenpapier zur Beeinflussung der gegenseitigen Wahrnehmung von Menschen durch Stereotype und Vorurteile am Beispiel der Sichtweise der Afrikaner durch die Europäer in der frühen Neuzeit

- Farbige werden als betrügerisch, faul und hinterlistig beschrieben.
- Beschreibung kehrt bei ganz verschiedenen Völkern quasi in gleichen Worten wieder.
- Verhaltensweisen der Völker (wie z. B. das Verhältnis zur Arbeit) werden im Lichte dieser Vorurteile stets negativ gewichtet, anstatt die positiven Aspekte aufzugreifen (Abwehr von unangemessenen Arbeitsanforderungen).
- Freiere Lebensformen werden als triebhaftes Verhalten interpretiert (Aussagen zur Sexualität).
- Fremde Ansichten werden als borniert beschrieben, wenn sie nicht in das Wahrnehmungsschema der Europäer passen.

3. Concept Map als Grundlage für ein Kreisgespräch

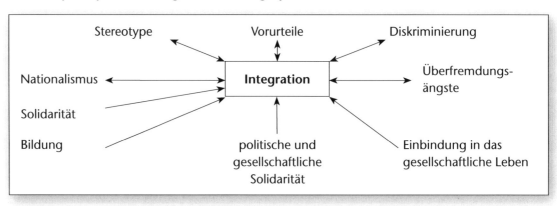

4. Lernplakat als Grundlage für eine Präsentation

Dichtung und Wahrheit: Germanen als Barbaren			
Der Germane		*Der Barbar*	
Real	Konstrukt	Real	Konstrukt
archäologische Erkenntnisse	Verwendung bestimmter Stereotype	primitive Behausungen	überzeichnete Verhaltensweisen
übereinstimmende Quellenhinweise	z. T. moralisierende Intention	atavistische Lebensweise	Abwertung, Propaganda
sprachliche und religiöse Besonderheiten	Gegenbild zur eigenen Zivilisation	Formen der Kriegsführung	Aufwertung der eigenen Position

5. Stichworte für die bildgestützte Präsentation
- Weltkarte als Verbindung von geografischen und heilsgeschichtlichen Elementen
- Zentrale Stellung von Jerusalem als Ort des Leidens und Lebens Christi
- Einbeziehung von Elementen aus der Bibel und der Mythologie (Paradies, Arche Noah, Amazonen, Fabelwesen)
- Verwendung des T-O-Schemas mit dem erdumspannenden „Okeanos"

- „Rahmung" der Karten durch antike (personalisierte Winde) und vor allem christliche Elemente (Jesus als der erdumfassende Heiland oder der über der Welt stehende segnende Erlöser)
- Einbeziehung bekannter geografischer Fakten auf Karten, z.T. unabhängig von der realen Größe der dargestellten Örtlichkeiten oder Regionen
- Unterscheidung in der Richtigkeit geografischer Darstellungen auf arabischen und christlichen Karten

6. Mindmap zu den Einstellungen der Europäer gegenüber den Völkern der „Neuen Welt"

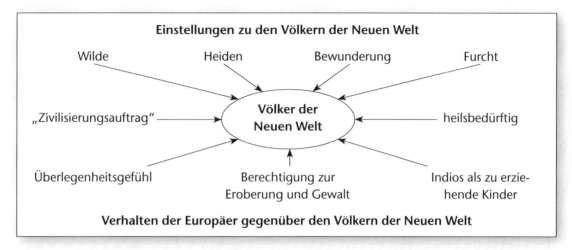

7. Tabellarische Übersicht für ein Kreisgespräch über die Gründe, die Heimat zu verlassen

19. Jahrhundert	20. Jahrhundert
Armut	Arbeitslosigkeit
Fehlende Arbeitsplätze	Aneignung von Know-how im Ausland
Arbeitskräftebedarf in neu entstehenden Industriezentren	Möglichkeit zur finanziellen Unterstützung von zurückbleibenden Familien
Nachzug von Familienmitgliedern	Familienzusammenführung
Anwerbekampagnen	Anwerbekampagnen
Verbesserung der Lebensumstände	Verbesserung der Lebensumstände

8. Stichwortliste für einen Kurzvortrag über Prämissen, die in Urteilen über Menschen mit Zuwanderungsgeschichte enthalten sind

- Fremde lassen sich auf Typen reduzieren.
- Die Typen haben gemeinsame Eigenschaften, Individualität gibt es nicht.
- Fremde kommen, um den Einheimischen etwas wegzunehmen (Arbeit, Wohlstand).
- Fremde sind eher unterlegen.
- Fremde müssen sich anpassen und dürfen sich über Einschränkungen nicht beschweren.
- Prämissen sind Resultate von Stereotypen und Vorurteilen und können deshalb die Realität nur verzerrt darstellen.

Islamische Welt – christliche Welt: Begegnung zweier Kulturen in Mittelalter und früher Neuzeit

1. Übersicht über das Unterrichtsvorhaben in diesem Kapitel

1.1. Zur Konzeption

Die Struktur des Kapitels „Islamische Welt – christliche Welt: Begegnung zweier Kulturen in Mittelalter und früher Neuzeit" macht den Gegenwartsbezug zum Ausgangspunkt für die Auseinandersetzung der Schülerinnen und Schüler mit der Thematik. Sowohl „Im Fokus" als auch im ersten Teilkapitel werden Bezüge zur Lebenswelt der Schülerinnen und Schüler hergestellt, die zur Reflexion von gegenwärtig wirksamen Feindbildern und Stereotypen anregen sollen.

Die folgenden Teilkapitel geben der Gegenwartsthematik die historische Tiefe. Dazu werden im zweiten und dritten Teilkapitel zunächst die unterschiedlichen Verständnisse der Rolle von Religion und Staat getrennt voneinander behandelt. Dem Verhältnis von Religion und Staat in der islamischen Welt im Mittelalter wird das Verhältnis zwischen geistlicher und weltlicher Macht im lateinisch-römischen Westen gegenübergestellt. Weitere Schwerpunkte in den beiden Teilkapiteln stellen die Betrachtung des „Dschihad" im Islam sowie die Vorstellung des „gerechten Krieges" im Christentum dar.

Die Teilkapitel vier und fünf sind im Spannungsfeld von „Konflikt" und „Kooperation" zwischen den Kulturen angelegt. Zunächst werden die Kreuzzüge als ein die Epoche des Mittelalters prägender Konflikt thematisiert. Die Auswahl des Materials ist so angelegt, dass die Schülerinnen und Schüler zum Perspektivwechsel aufgefordert werden, der es ihnen ermöglicht, das Verhältnis zwischen christlich und islamisch geprägten Gesellschaften in ihrer gegenseitigen zeitgenössischen Wahrnehmung zu beschreiben. Im fünften Teilkapitel untersuchen die Schülerinnen und Schüler die Möglichkeiten und Grenzen von Kulturkontakten und Kulturaustausch zwischen der arabischen und der europäischen Kultur im Mittelalter und beurteilen den Entwicklungsstand der mittelalterlichen islamischen Wissenschaft und Kultur im Vergleich zu dem des Westens.

Das abschließende Teilkapitel fragt am Beispiel des Verhältnisses zwischen dem Osmanischen Reich und Europa in der frühen Neuzeit nach den unterschiedlichen Formen und Funktionen der gegenseitigen Wahrnehmung. Historische Feindbilder und Stereotype sollen identifiziert und kritisch hinterfragt werden, um die Schülerinnen und Schüler in die Lage zu versetzen, eigene Standpunkte zu hinterfragen. Das abschließende Forum stellt wiederum den Bezug zur Gegenwart dar und fragt nach Erklärungsmodellen für Entwicklungsdifferenzen zwischen islamisch und christlich geprägten Regionen.

1.2. Synopse

> Die folgende tabellarische Übersicht ermöglicht einen Überblick über die Teilkapitel (1. Spalte: Info, Thema/Forum, Methoden); zugeordnet sind in der 2. Spalte die Leitfragen der Thema/Forum-Einheiten sowie die jeweiligen Vorschläge zur Präsentation der Lernergebnisse; in der 3. Spalte sind die zugeordneten Kompetenzen ausgewiesen.

Konkretisierte Unterrichtssequenzen	Leitfragen / Präsentation der Lernergebnisse	Zugeordnete Kompetenzen
Zusammenleben zwischen Christen und Muslimen (S. 90–103) Info: Christlich-europäischer Westen und Islam heute (S. 91–95) ■ Die Folgen des 11. September ■ Der Islam in Europa und der Welt ■ Die Wahrnehmung der Muslime in der Öffentlichkeit **Thema:** Deutschland im 21. Jahrhundert: Parallelgesellschaften oder nicht? (S. 96–99) **Forum:** Christentum und Islam: Ein „Kampf der Kulturen"? (S. 100–103) **Methode:** Historische Darstellungen analysieren und kritisch vergleichen (S. 101)	☞ *(Kommentierte) Stichwortliste* *Mindmap* *Schriftliche Erörterung* *Ausformuliertes Statement* *Tabellarische Auflistung* ● Wie gestaltet sich das Zusammenleben aus islamischer und westlicher Sicht? ☞ *Lernplakat, anschließend Erörterung im Kreisgespräch* ● Christentum und Islam – ein „Kampf der Kulturen"? ☞ *Positionspapiere, anschließend Vergleich im Kursgespräch*	**Konkretisierte Sach-/Urteilskompetenzen** Die Schülerinnen und Schüler können … ✓ die Bedeutung des 11. September für das Verhältnis von Christen und Muslimen erläutern. ✓ gegenwärtig wirksame Feindbilder und Stereotype charakterisieren. ✓ das Verhältnis zwischen christlich und islamisch geprägten Gesellschaften im 20. Jahrhundert am Fallbeispiel Deutschland beschreiben. ✓ die These vom „Kampf der Kulturen" erklären und beurteilen. **Konkretisierte Methoden-/Handlungskompetenzen** Die Schülerinnen und Schüler können … ✓ grundlegende Schritte der Analyse und kritischen Auseinandersetzung mit historischen Darstellungen aufgabenbezogen fachgerecht anwenden und historische Darstellungen vergleichen. (MK 6) ✓ aufgabenbezogen Sachzusammenhänge strukturiert (Positionspapier, Lernplakat, Stichwortliste, Mindmap, Thesenpapier) darstellen. (MK 8) ✓ erarbeitete Sachzusammenhänge sach- und adressatenbezogen präsentieren. (MK 9) ✓ Ferner: HK 1, HK 2, HK 3
Weltreich und Weltreligion: Die islamische Welt im Mittelalter (S. 104–119) Info: Die islamische Welt von der Entstehung bis zum Vorabend der Kreuzzüge (S. 105–111) ■ Entstehung einer Weltreligion ■ Mohammeds Nachfolger – die Kalifen **Thema:** Das Verhältnis von Religion und Staat: Herrschaft in der mittelalterlichen islamischen Welt aus zeitgenössischer und gegenwärtiger Perspektive (S. 112–115)	☞ *Tabellarische Übersicht* *Steckbrief* *Overhead-Folie* *Stichwortliste* *Strukturiertes Schaubild (Plakat oder Folie)* ● Welche Vorstellungen von den Aufgaben und den Grenzen des Machtbereichs eines Kalifen bildeten sich im Mittelalter heraus? ● Wie stellt sich das Verhältnis zwischen Religion und Staat zur Zeit der Kreuzzüge dar? ☞ *Bildgestützter Gruppenvortrag*	**Konkretisierte Sach-/Urteilskompetenzen** Die Schülerinnen und Schüler können … ✓ die Entstehungsgeschichte des Islam erläutern. ✓ die wesentlichen Grundlagen der Lehre Mohammeds benennen. ✓ die Entwicklung des islamischen Weltreichs beschreiben. ✓ die historischen Bedingungen der Entstehung der Lehre vom „Dschihad" sowie der Scharia erläutern. ✓ die Besonderheiten des Verhältnisses zwischen geistlicher und weltlicher Macht im Islam zur Zeit der Kreuzzüge beschreiben. ✓ aus zeitgenössischer und heutiger Perspektive die Lehre vom „Dschihad" kritisch und differenziert beurteilen.

Konkretisierte Unterrichtssequenzen	Leitfragen *Präsentation der Lernergebnisse*	Zugeordnete Kompetenzen
Thema: Genauer hingeschaut: Was meint „Dschihad"? (S. 116–119)	• Was meint der Begriff „muslimischer Dschihad"? • Wie verstehen „Islamisten" im 21. Jahrhundert den „Dschihad"? • Welche Positionen vertreten moderne Wissenschaftler zum Thema „Dschihad"? • Wie beurteilen Sie aus Ihrer persönlichen Sicht eine solche religiös bestimmte Rechtfertigung von Krieg und Gewalt? *Strukturiertes Lernplakat, anschließend Erörterung im Kreisgespräch*	**Konkretisierte Methoden-/Handlungskompetenzen** **Die Schülerinnen und Schüler können …** ✓ historische Texte lesen und analysieren. (MK 6) ✓ sprachliche und nicht sprachliche Quellen unter Anleitung analysieren und interpretieren. (MK 6/MK 7) ✓ aufgabenbezogen Sachzusammenhänge strukturiert (Strukturskizzen, Lernplakat, Vortragskonzept) für Präsentationen aufbereiten. (MK 8) ✓ Sachverhalte und Sachzusammenhänge mithilfe verschiedener Präsentationsformen adressaten- und problembezogen darstellen. (MK 9) ✓ Ferner: HK 2
Das Verhältnis von Religion und Staat im lateinisch-römischen Westen (S. 120–145) **Info:** Könige, Kaiser, Päpste: Staat und Religion am Vorabend der Kreuzzüge (S. 121–128) ■ Christliches Abendland ■ Könige: Das Fundament der weltlichen politischen Ordnung ■ Päpste: Stützen und Konkurrenten der weltlichen Herrscher	*Mindmap* *Concept Map* *Kartengestützter Kurzvortrag* *Folienschaubild*	**Konkretisierte Sach-/Urteilskompetenzen** **Die Schülerinnen und Schüler können …** ✓ die wesentlichen Grundlagen des europäischen Mittelalters erläutern. ✓ das Lehnswesen als eine Stütze, aber auch als ein Problemfeld mittelalterlicher Herrschaft beschreiben. ✓ das Verhältnis zwischen Königtum und Papsttum im lateinisch-römischen Westen zur Zeit der Kreuzzüge beschreiben. ✓ die theologischen Begründungen für einen „gerechten Krieg" aus zeitgenössischer und heutiger Perspektive kritisch und differenziert erörtern.
Thema: Fallanalyse: Der Investiturstreit – ein Schlüsselereignis für das Verhältnis zwischen geistlicher und weltlicher Macht (S. 129–135)	• Worum ging es beim Investiturstreit? • Was waren die Gründe und wie verlief die Auseinandersetzung? • Was waren die Ergebnisse? • Investiturstreit – „Familienkrach" oder doch mehr? Wie ist die historisch-politische Bedeutung dieses Streites zwischen König und Papst zu beurteilen? *Wandzeitung*	**Konkretisierte Methoden-/Handlungskompetenzen** **Die Schülerinnen und Schüler können …** ✓ eine Fallanalyse durchführen. (MK 5) ✓ aufgabenbezogen unter Anleitung Bildquellen aus dem Mittelalter sachgerecht analysieren und interpretieren. (MK 7)
Thema: Das Verhältnis von geistlicher und weltlicher Macht: Positionen im Vergleich (S. 136–141) **Methode:** Ein mittelalterliches Bild interpretieren (S. 137)	• Wie beschreibt die Zwei-Schwerter-Lehre des Gelasius das Verhältnis zwischen geistlicher und weltlicher Macht? • Welches Selbstverständnis von ihrer Stellung leiteten Könige und Päpste im weiteren Verlauf des Mittelalters aus der Zwei-Schwerter-Lehre ab? • Was sind die charakteristischen Merkmale und grundsätzlichen Probleme der Frage nach dem Verhältnis von geistlicher und weltlicher Macht, die das Mittelalter über weite Strecken prägten? *Gruppenvortrag*	✓ grundlegende Schritte der Analyse und kritischen Auseinandersetzung mit historischen Darstellungen aufgabenbezogen fachgerecht anwenden. (MK 6) ✓ aufgabenbezogen Sachzusammenhänge strukturiert (Wandzeitung, Lernplakat, Stichwortliste, Mindmap, Concept Map, Strukturbilder) darstellen. (MK 8) ✓ erarbeitete Sachzusammenhänge sach- und adressatenbezogen präsentieren. (MK 9)

Konkretisierte Unterrichtssequenzen	Leitfragen *Präsentation der Lernergebnisse*	Zugeordnete Kompetenzen
Thema: Die Vorstellung des „gerechten Krieges" im Christentum (S. 142–145)	• Welche Haltung nahm die katholische Kirche im Laufe der Geschichte zum Thema Krieg ein? • Gab es nach Auffassung der katholischen Kirche so etwas wie einen „gerechten" oder gar „heiligen" Krieg? ☞ *Stafettenpräsentation, anschließend Diskussion im Plenum*	
Die Kreuzzüge – Krieg im Namen Gottes (S. 146–168) Info: Zusammenprall der Kulturen: Die Kreuzzüge (S. 147–154) ■ Die Kreuzzüge: Entwicklung und Folgen ■ Kreuzfahrerstaaten und Ritterorden – eine politische Folge der Kreuzzugsidee ■ Kreuzzüge machen vor der eigenen Haustür halt: Das Beispiel Juden	☞ *Concept Map* *Ausformuliertes Statement* *Stichwortliste und kommentierte Übersichtstabelle* *Handout* *Kommentierte Stichwortliste*	**Konkretisierte Sach-/Urteilskompetenzen** Die Schülerinnen und Schüler können … ✓ die Entstehung und den Verlauf der Kreuzzugsbewegung erklären. ✓ wichtige Ereignisse, Personen und zeitgenössische Positionen in den Verlauf der Kreuzzüge einordnen. ✓ die Kreuzzugsbewegung von unterschiedlichen gesellschaftlichen, sozialen und individuellen Voraussetzungen her erklären.
Thema: „Gott will es!"? Eine Rede, die die Welt des Mittelalters veränderte (S. 155–160) **Methode:** Eine politische Rede interpretieren (S. 156)	• Wie gelang es Urban II. durch seine Rede, seine Zuhörer für die Kreuzzugsbewegung zu gewinnen? • Was waren Ursachen, Motive und Ergebnis des ersten Kreuzzugs in das Heilige Land? ☞ *Foliengestützter Gruppenvortrag*	✓ die Formen der rechtlichen Stellung der Juden als religiöse Minderheit in der mittelalterlichen christlichen Welt und ihre Veränderung während der Zeit der Kreuzzüge beschreiben. ✓ am Fallbeispiel des Zusammenlebens in den Kreuzfahrerstaaten erörtern, welche Folgen der Kulturkontakt während des Konflikts für die beiden Kulturen hatte.
Thema: Zusammenleben der Kulturen? Leben in den Kreuzfahrerstaaten (S. 161–164)	• Welche Folgen hatte der enge Kontakt der christlichen und muslimischen Kultur in den Kreuzfahrerstaaten? ☞ *Schriftliche Statements, anschließend Erörterung im Kreisgespräch*	**Konkretisierte Methoden-/Handlungskompetenzen** Die Schülerinnen und Schüler können … ✓ aufgabengeleitet grundlegende Schritte der Analyse und Interpretation von Textquellen fachgerecht anwenden. (MK 6)
Forum: Eine bleibende Wunde? Die Beurteilung der Kreuzzüge aus moderner Sicht (S. 165–168)	• Welche Bilanz ziehen moderne Historiker zum Thema Kreuzzüge und ihre Auswirkungen? ☞ *Positionsplakate, anschließend Vergleich im Kursgespräch*	✓ aufgabengeleitet grundlegende Schritte der Analyse und kritischen Auseinandersetzung mit historischen Darstellungen anwenden. (MK 6) ✓ aufgabenbezogen Sachzusammenhänge strukturiert (Positionsplakat, Handout, Statement, Concept Map) für Präsentationen aufbereiten. (MK 8) ✓ Sachverhalte und Sachzusammenhänge mithilfe verschiedener Präsentationsformen adressaten- und problembezogen darstellen. (MK 9) ✓ Ferner: HK 2, HK 3

Konkretisierte Unterrichtssequenzen	Leitfragen / Präsentation der Lernergebnisse	Zugeordnete Kompetenzen
Die Blüte der arabischen Kultur im Mittelalter (S. 169–185) **Info:** Kulturkontakt und Kulturaustausch zwischen arabischer und europäischer Kultur im Mittelalter (S. 170–174) ■ Aufeinandertreffen verschiedener Kulturen ■ Kulturübernahme durch die Araber ■ Weiterentwicklung von Wissenschaft und Kultur durch die Araber ■ Kulturtransfer nach Europa ■ Beginnender Niedergang **Thema:** Wenn sich Kulturen begegnen … Historiker über Wechselwirkungen zwischen der arabisch-islamischen und der europäisch-christlichen Kultur in der Geschichte (S. 175–178) **Thema:** „Morgenland: Mit den Schwertern des Geistes" – Wie ein Dokumentarfilm die Blütezeit der arabischen Kultur rekonstruiert (S. 179–181) **Methode:** Einen historischen Dokumentarfilm untersuchen (S. 180) **Forum:** Tolerante Herrschaft der Muslime? Möglichkeiten und Grenzen der friedlichen Koexistenz in „al-Andalus" (S. 182–185)	*Concept Map oder strukturierte Stichwortliste* *Kommentierte Stichwortliste oder Mindmap* *Schriftliches Statement* ● Worin zeigte sich die Überlegenheit der arabischen Kultur des Mittelalters? ● Welche Bedeutung hatte der kulturelle Austausch für die arabisch-islamische und für die europäisch-christliche Welt? *Mindmap, anschließend Vergleich im Kursgespräch* ● Wie rekonstruiert der Dokumentarfilm „Morgenland: Mit den Schwertern des Geistes" die Blütezeit der arabischen Kultur im Mittelalter? *Videogestützte Gruppenvorträge* ● Kann al-Andalus als vorbildliches Muster für ein tolerantes Miteinander gelten? *Expertenurteile, anschließend Erörterung im Plenumsgespräch*	**Konkretisierte Sach-/Urteilskompetenzen** **Die Schülerinnen und Schüler können …** ✓ Formen der rechtlichen Stellung der Juden als religiöse Minderheit sowie die Praxis des Zusammenlebens von Juden und Christen in der europäisch-christlichen mittelalterlichen Welt beschreiben. ✓ die Rolle des Islam als Kulturvermittler für den christlich-europäischen Westen erläutern. ✓ den Entwicklungsstand der arabisch-islamischen Wissenschaft im Mittelalter im Vergleich zu dem des europäischen Westens beurteilen. ✓ am Fallbeispiel des muslimischen Spaniens erörtern, welche Bedeutung ein Kulturkontakt für zwei unterschiedliche Kulturen haben kann. **Konkretisierte Methoden-/Handlungskompetenzen** **Die Schülerinnen und Schüler können …** ✓ aufgabengeleitet grundlegende Schritte der Analyse und kritischen Auseinandersetzung mit historischen Darstellungen anwenden. (MK 6) ✓ unter Anleitung Filmsequenzen eines historischen Dokumentarfilms als Rekonstruktion historischer Sachverhalte analysieren und erläutern. (MK 7) ✓ aufgabenbezogen Sachzusammenhänge strukturiert (Mindmap, Concept Map, Stichwortliste, Strukturskizze) für Präsentationen aufbereiten. (MK 8) ✓ Sachverhalte und Sachzusammenhänge mithilfe verschiedener Präsentationsformen einschließlich elektronischer Datenverarbeitungssysteme adressaten- und problembezogen darstellen. (MK 9) ✓ Ferner: HK 1, HK 3, HK 5

Konkretisierte Unterrichtssequenzen	Leitfragen *Präsentation der Lernergebnisse*	Zugeordnete Kompetenzen
Das Osmanische Reich und Europa in der frühen Neuzeit (S. 186–198) **Info:** Das Osmanische Reich: Aufstieg und Fall (S. 187–191) ■ Territoriale Entwicklung im Überblick ■ Die Wahrnehmung des Osmanischen Reiches im Westen im Spätmittelalter: Das Schlüsselereignis „Konstantinopel 1453" ■ Schlüsselereignis „Wien 1683": Der Wandel des Bildes vom Osmanischen Reich seit dem Ende des 17. Jahrhunderts ■ Ausblick: Die islamische Welt auf dem Weg in die Moderne	☛ *Bildgestützter Kurzvortrag* *Concept Map* *Strukturskizze* *Kommentierte Stichwortliste*	**Konkretisierte Sach-/Urteilskompetenzen** Die Schülerinnen und Schüler können ... ✓ die Entwicklung des Osmanischen Reiches in Grundzügen beschreiben und das Verhältnis zwischen dem Osmanischen Reich und Westeuropa in der frühen Neuzeit erläutern. ✓ die Wahrnehmung des Osmanischen Reiches durch den christlichen Westen beschreiben. ✓ die unterschiedlichen Bedeutungen benennen, die die Begegnung bzw. der Konflikt des christlichen Westens mit dem Osmanischen Reich hatte. ✓ Erklärungsmodelle für Entwicklungsdifferenzen zwischen islamisch und christlich geprägten Regionen beschreiben und beurteilen.
Thema: „Turcken": Faszination und Feindbild – Das Fallbeispiel Lippe (S. 192–195)	● Bilder erzählen: Wie nahmen Zeitgenossen damals die fremde Kultur der Osmanen wahr? ● Ist dies ein verallgemeinerbares Fallbeispiel für die Thematik „Das Eigene und das Fremde"? ☛ *Kommentierte Bildergalerie (Pinnwand)*	**Konkretisierte Methoden-/Handlungskompetenzen** Die Schülerinnen und Schüler können ... ✓ aufgabenbezogen unter Anleitung Bildquellen sachgerecht analysieren und interpretieren. (MK 7) ✓ grundlegende Schritte der Analyse und kritischen Auseinandersetzung mit historischen Darstellungen aufgabenbezogen fachgerecht anwenden. (MK 6)
Forum: Sturz in den Schatten? Die islamische Welt am Beginn der Neuzeit (S. 196–198)	● Was sind die Ursachen und Gründe für den Niedergang der islamischen Welt seit dem Beginn der Neuzeit? ☛ *Concept Map, anschließend Diskussion im Kursgespräch*	✓ aufgabenbezogen Sachzusammenhänge strukturiert (Concept Map, Strukturskizzen, Bildkommentare) darstellen. (MK 8) ✓ erarbeitete Sachzusammenhänge adressatenbezogen präsentieren. (MK 9) ✓ Ferner: HK 1, HK 3, HK 6

2. Hinweise und Erläuterungen

> Im Folgenden erhalten Sie – gegliedert nach Teilkapiteln (TK) – sowohl Hinweise bzw. Vorschläge zur Konzeption und zur Unterrichtsgestaltung als auch Hinweise bzw. Erläuterungen zu den Fragen und Aufgaben.

S. 90–103 TK 1: Zusammenleben zwischen Christen und Muslimen

2.1. Zur Konzeption

Das Teilkapitel gibt einer Gegenwartsthematik die historische Tiefe und trägt zur Reflexion von gegenwärtig wirksamen Feindbildern und Stereotypen bei. Ausgehend vom Fokus zum 11. September 2001 wird die gegenseitige Wahrnehmung von Christen und Muslimen thematisiert, um mit Schülerinnen und Schülern ein Problembewusstsein zu entwickeln. Um einen Anknüpfungspunkt an die Lebenswelt der Schülerinnen und Schüler zu schaffen, setzt der Infotext einen weiteren Schwerpunkt auf das Zusammenleben von Christen und Muslimen im schulischen Umfeld. In Thema und Forum können die Schülerinnen und Schüler unterschiedliche Ebenen der Thematik untersuchen: Während sich das Thema auf das unmittelbare Umfeld bezieht, indem es nach Parallelgesellschaften „vor Ort" fragt, hat das Forum zum „Kampf der Kulturen" eine eher globale Perspektive.

2.2. Hinweise zur Unterrichtsgestaltung

Für die unterrichtliche Umsetzung des Teilkapitels bietet es sich an, sich gemeinsam mit den Schülerinnen und Schülern für einen der beiden Schwerpunkte „Anbindung an die Lebenswelt" oder „Kampf der Kulturen" zu entscheiden. Entsprechend der Auswahl bearbeiten die Schülerinnen und Schüler außer dem Infotext entweder das Thema oder das Forum. In Abhängigkeit von den Interessen oder der zur Verfügung stehenden Zeit ist es aber auch möglich, Thema und Forum in einem arbeitsteiligen Vorgehen bearbeiten zu lassen, da die Produkte Lernplakat (Thema) und Positionspapier (Forum) eine vergleichbare Struktur aufweisen.

2.3. Hinweise zu Fragen und Aufgaben

Zu den Arbeitsanregungen zum Infotext (S. 95)

1. Stichwortliste: Sicht des Westens eher negativ geprägt; Politik, Wirtschaft und Gesellschaft in muslimischen Ländern wird als rückständig wahrgenommen; Islam gilt als intoleranter Glaube; seit 9/11 wird Islam mit Gewalt in Verbindung gebracht; Umfragen zeigen Vorbehalte gegenüber Muslimen.

2. Mindmap

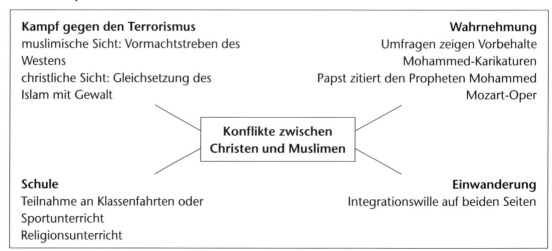

3. Die Erörterung sollte folgende Aspekte enthalten: Solidarisierung mit den USA; Entwicklung einer antiislamischen Stimmung; Krieg gegen den Terror wurde zum Krieg gegen militante muslimische Bewegungen insgesamt; Gleichsetzung von Terrorismus mit muslimischen Gruppen und dem Islam; Krieg gegen den Terrorismus wird als Krieg gegen Muslime wahrgenommen.

4. Das Statement kann sich auf folgende Aspekte beziehen: muslimische Schülerinnen und Schüler im konkreten Umfeld; Existenz religiös begründeter Konflikte; Teilnahme an Klassenfahrten und Sportunterricht; muslimische Geistliche im Schulunterricht.

5. Kommentierte Stichwortliste
- Soziale Probleme – ungleiche Chancen auf Bildung und Wohlstand für Einwanderer.
- Integrationswille – Auswanderung von hoch qualifizierten Migranten als Konsequenz einer fehlenden Willkommenskultur in Deutschland; fehlender Integrationswille aufseiten der Einwanderer.
- Loyalität zur staatlichen Grundordnung – Infragestellung der staatlichen Grundordnung durch islamistische Gruppen.
- Integration in der Schule – Existenz religiös begründeter Konflikte; Teilnahme an Klassenfahrten und Sportunterricht; muslimische Geistliche im Schulunterricht.

Zur Aufgabenstellung im Thema S. 96 – 99: Deutschland im 21. Jahrhundert: Parallelgesellschaften oder nicht?

A. Lernplakate: Sichtweisen zum Zusammenleben von Christen und Muslimen

M1 S. 98

Lernplakat „Konservative Muslime"
Textsorte: Artikel; in: Newsletter „Jugendkultur, Islam und Demokratie"
Autor: unbekannt
Entstehungszeit: 2008
Adressat: Leser des Newsletters, politisch interessierte Leser/Jugendliche
These: Mittelweg zwischen Parallelgesellschaften und Islam ist möglich!
Zentrale Merkmale und Begründungen der Sichtweise:
- Kritik an der Bereitschaft muslimischer Verbände, ihre Lehren an die Situation der Muslime in Europa anzupassen
- Muslime sollten sich endlich als muslimische Deutsche definieren, anstatt sich als türkische oder arabische Deutsche zu begreifen
- Festhalten der Eltern an ethnischer Herkunft wirft gerade für Kinder Probleme auf
- Kinder sollen islamische Religion in deutscher Sprache lernen
- gewaltfreie Islamisierung der Gesellschaften, in denen Muslime leben, durch Überzeugungsarbeit bleibt allerdings zentrales Ziel
- Fazit: Verbreitung des Islam und Integration der Muslime sind keine Gegensätze

M2 S. 98 f.

Lernplakat „Buschkowski"
Textsorte: Mitschrift eines Radiointerviews
Autor: Moderatorin Christine Heuer interviewt Heinz Buschkowski, den Bürgermeister von Berlin-Neukölln
Entstehungszeit: Interview von 2004
Adressat: Radiohörer, interessierte Öffentlichkeit
These: Multikulti ist gescheitert! Parallelgesellschaften existieren!
Merkmale der Parallelgesellschaften:
- Abkopplung vom Bildungssystem und vom Wohlstand der Mehrheitsgesellschaft
- tägliches Leben in der Heimatsprache, ohne die deutsche Sprache zu lernen
- keine Beachtung der Regeln der Mehrheitsgesellschaft
- einzelne Volksgruppen haben eine eigene Infrastruktur (Geschäfte, Kindergärten, Rechtsanwälte, Reisebüros, Ärzte etc.)
- Folge: keine Verwendung der deutschen Sprache notwendig
- Entwicklung von Parallelgesellschaften ist keine Frage des Glaubens
- entscheidende Faktoren: Elternhaus und Bildungssystem

B. Hinweise zu den Arbeitsanregungen

M1 S. 98 **M2 S. 99**

Erschließungshilfen 1. und 2.: Siehe Lernplakat „Konservative Muslime".
Erschließungshilfen 1. und 2.: Siehe Lernplakat „Buschkowski".

Zur Aufgabenstellung im Forum S. 100–103: Christentum und Islam: Ein „Kampf der Kulturen"?

A. Positionspapiere: Christentum und Islam – ein „Kampf der Kulturen"

M1 S. 102

Positionspapier M1
Autor: Samuel P. Huntington
Veröffentlichungszeitpunkt: 1996
Textsorte: Interview im „Spiegel"
Adressaten: historisch interessiertes Fachpublikum
Thema: Rolle der Religionen für die internationalen Beziehungen
These: Nächster Weltkrieg wird Krieg zwischen den unterschiedlichen Kulturen sein.
Argumente und Begründungen:
- Zivilisation als kulturelle Einheit, mit der sich Menschen identifizieren;
- Schwächung des Nationalstaates;
- Fundamentalisten des Islam, des Christentums und des Hinduismus gewinnen an Boden;
- Fronten zwischen den Kulturen ersetzen die ideologischen Grenzlinien des Kalten Krieges;
- wirtschaftliche Interessen sind nicht von primärer Bedeutung.

M2 S. 102f.

Positionspapier M2
Autor: Bassam Tibi
Veröffentlichungszeitpunkt: 2001, 2. Auflage
Textsorte: Auszug aus Sekundärliteratur
Adressaten: historisch interessiertes Fachpublikum
Thema: Rolle der Religionen für die internationalen Beziehungen
These: Im Kampf gegen den Terrorismus ist ein islamisch-westliches Bündnis möglich.
Argumente und Begründungen:
- Krieg der Zivilisationen findet als Krieg der Weltanschauungen statt, der nach dem 11. September auch militarisiert wurde;
- Westen muss den Islam als Religion der Toleranz und des Friedens anerkennen;
- Westen muss versuchen, den Islam besser zu verstehen und zugleich den Hass der Muslime auf den Westen bewusst abwehren;
- Fundamentalisten dürfen nicht mehr ungestraft geduldet werden;
- Dialog als Mittel zum Frieden zwischen den Zivilisationen.

M3 S. 103

Positionspapier M3
Autor: Hans Küng
Veröffentlichungszeitpunkt: 2003
Textsorte: Auszug aus Sekundärliteratur
Adressaten: historisch interessiertes Fachpublikum
Thema: Rolle der Religionen für die internationalen Beziehungen
These: Nächster Weltkrieg wird Krieg zwischen den unterschiedlichen Kulturen sein
Argumente und Begründungen:
- Konflikte der Weltpolitik spielen sich zwischen verschiedenen Kulturen ab (Parallele zu Huntington);
- 1. Einwand: Huntington übersieht die Gegensätze innerhalb des Islams;
- 2. Einwand: die großen Zivilisationen sind nicht scharf voneinander zu trennen;
- 3. Einwand: Huntington übersieht Gemeinsamkeiten zwischen den großen Zivilisationen;
- Fazit: These vom „Kampf der Kulturen" legitimiert aggressive Außenpolitik und Präventivkriege;
- Dialog als Voraussetzung für globalen Frieden.

B. Hinweise zu den Arbeitsanregungen

M1 S. 102

1. Siehe Positionspapier.
2. a) Kultur als größte Einheit, mit der sich Menschen identifizieren.
   b) Gemeinsame Sprache, Geschichte, Gebräuche.
   c) Klare Grenzen, die die ideologischen Grenzlinien des Kalten Krieges ersetzen.
   d) Zusammenprall der Kulturen.

M2 S. 103

1. Siehe Positionspapier.
2. a) Ursprüngliche Auffassung: Krieg der Zivilisationen findet als Krieg der Weltanschauungen statt und daher nicht mit militärischen Mitteln; Veränderung seit dem 11. September 2001: Weltanschauungskonflikt wird militarisiert durch Dschihad-Terrorismus.
   b) Westen muss den Islam als Religion der Toleranz und des Friedens anerkennen; Westen muss versuchen, den Islam besser zu verstehen und zugleich den Hass der Muslime auf den Westen bewusst abwehren; Fundamentalisten dürfen nicht mehr ungestraft geduldet werden.

M3 S. 103

1. Siehe Positionspapier.
2. a) Einwände: Huntington übersieht die Gegensätze innerhalb des Islams; die großen Zivilisationen sind nicht scharf voneinander zu trennen; Huntington übersieht Gemeinsamkeiten zwischen den großen Zivilisationen.
   b) Lösungsvorschlag: Dialog als Voraussetzung für globalen Frieden.

S. 104–119 | TK 2: Weltreich und Weltreligion: Die islamische Welt im Mittelalter

2.1. Zur Konzeption

Das Teilkapitel verfolgt den gegenwartsgenetischen Ansatz des ersten Teilkapitels weiter, indem auf der einen Seite die historischen Bedingungen des Aufstiegs des Islam von einer Stammes- zu einer Weltreligion geklärt werden, hierbei auf der anderen Seite aber vor allem der Fokus auf das Verhältnis von Staat und Religion als Kernproblem gelegt wird, das sowohl von westlicher Seite, aber auch von vielen Muslimen als der entscheidende Unterschied zwischen der islamischen und der westlichen Welt angesehen wird. Der Verdeutlichung dieses Kernproblems dient das Zitat des Leadtextes (S. 105), das die vermeintliche Einheit von Staat und Religion im Islam ins Bewusstsein der Schüler rücken soll. Der Infotext zeigt die Entstehungsgeschichte und die wesentlichen Grundlagen des Islam auf, die Themen widmen sich dem Verhältnis zwischen Staat und Religion im mittelalterlichen Islam sowie den unterschiedlichen Ausprägungen des „Dschihad" als einer besonders stark auf die Gegenwart wirkenden und besonders kontrovers diskutierten Folge des islamischen Staatsverständnisses.

2.2. Hinweise zur Unterrichtsgestaltung

Das zweite Teilkapitel dient dazu, den gegenwartsgenetischen Kompetenzen des Kernlehrplans historische Tiefe zu verleihen, indem insbesondere das Verhältnis des Islam zu den Problemfeldern Krieg bzw. Verhältnis von Staat und Religion in den Blick genommen wird. Das Kapitel kann direkt nach der Behandlung von Teilkapitel 1 in Angriff genommen werden. Es ist aber ebenso möglich, zunächst die christlich-europäische Seite in den Blick zu nehmen (Teilkapitel 3, S. 120 ff.). Der Infotext (S. 105–111) ist hierbei grobchronologisch angelegt und dient dazu, die wesentlichen theologischen Grundlagen des Islam, aber auch die Bedingungen sowie den Verlauf seines Aufstiegs von einem auf die arabische Halbinsel beschränkten Phänomen zur beherrschenden Macht weiter Teile des Mittelmeerraumes nachzuzeichnen. Es bietet sich daher an, mit der Erarbeitung des Infotextes zu beginnen, wobei die Arbeitsanregungen als Leitfragen einer abschnittweisen Erarbeitung dienen können. Möglich ist aber auch, ausgehend von dem in Teilkapitel 1 im Fokus (S. 88 f.) angerissenen Problem des modernen Dschihad, mit der Behandlung des entsprechenden Themas („Genauer hingeschaut: Was meint ‚Dschihad'?", S. 116–119) zu beginnen. Dieses Thema bietet neben den wesentlichen Aussagen des Koran zum Thema Gewaltanwendung sowohl die Sicht der heutigen Dschihadisten, aber auch westlicher Wissenschaftler zu diesem Thema. Da es für das als Abschluss der Themeneinheit vorgeschlagene Kreisgespräch wichtig ist, dass alle Schüler alle Materialien kennen, ist das Thema nicht arbeitsteilig angelegt. Das Thema „Das Verhältnis von Religion und Staat:

Herrschaft der mittelalterlichen islamischen Welt aus zeitgenössischer und gegenwärtiger Perspektive" präsentiert zunächst vier zeitgenössische Bild- und Textquellen, die einen Einblick geben in die gewünschte Ausübung islamischer Herrschaft. Im Sinne der didaktischen Reduktion nehmen die Textquellen als „Muster" eines islamischen Staates im Mittelalter das Abbasidenkalifat im 11./12. Jahrhundert, bei dem natürlich zwischen dem Anspruch und der Wirklichkeit der Herrschaftsausübung eine gewaltige Lücke klaffte. Auf die Besonderheiten der schiitischen Auslegung musste hingegen verzichtet werden. Kontrastiert werden diese Idealvorstellungen deshalb mit dem Urteil moderner Historiker/Islamwissenschaftler, die genau diese Kluft offenlegen.

2.3. Hinweise zu Fragen und Aufgaben

Zu den Arbeitsanregungen zum Infotext (S. 111)

1. Tabellarische Übersicht

Grundlagen/Kennzeichen des vorislamischen Arabien	Veränderungen durch Mohammed
– Untergliederung in verschiedene Stämme – Lebensweise als nomadisierende Beduinen (durch die Besonderheit der arabischen Landschaft bedingt)	– **Einerseits:** Eingriff in arabische Traditionen: → M. versucht, die Macht der Clans zurückzudrängen → predigt radikale Abkehr vom Polytheismus – **Andererseits:** Bemühung, auf arabische Traditionen Rücksicht zu nehmen und diese zu integrieren → Beibehaltung des Kultzentrums Mekka → Scharia: greift ältere Rechtstraditionen auf und versucht, sie weiterzuentwickeln

2. Ein Steckbrief Mohammeds sollte folgende Aspekte enthalten: Mohammed wurde um 570 in Mekka geboren und wuchs angeblich als Waise auf. Durch die Ehe mit einer Kaufmannswitwe gelangte er zu Wohlstand. Seit dem Alter von etwa 40 Jahren hatte er regelmäßig Visionen und er begann, sich als Prophet des einen Gottes zu verstehen. Die neue Lehre stieß bei der Bevölkerung Mekkas nicht nur auf Gegenliebe, sodass Mohammed im Jahr 622 Mekka verlassen musste und mit seinen Anhängern nach Yathrib (Medina) auswanderte, wo die Bevölkerung ihn als politischen Anführer akzeptierte. Mohammed war also politischer und geistlicher Führer zugleich. Um 630 gelang es ihm, seine Heimatstadt Mekka zu erobern. Im Jahr 632 starb er, nachdem es ihm gelungen war, auch große Teile der arabischen Halbinsel unter seine Kontrolle zu bringen.

3. Die Overheadfolie sollte den radikalen Monotheismus sowie die fünf Säulen des Islam in geeigneter Form (vgl. Schaubild auf SB-S. 107) erläutern.

4. Der Vortrag sollte folgende Aspekte enthalten: Die Scharia stellt den Versuch dar, das Leben der Muslime in umfassender Form zu regeln. Im Gegensatz zu landläufigen Vorstellungen muss jedoch festgehalten werden, dass die Scharia kein Gesetzbuch ist, schon allein deshalb, weil in den meisten Fällen ein Strafmaß fehlt. In jedem Fall zeigt die Scharia aber, dass eine Trennung von staatlicher und geistlicher Gewalt, wie sie in den westlichen Gesellschaften seit der Aufklärung typisch ist, im mittelalterlichen Islam fehlt. So greift die Scharia etwa in das Strafrecht ein, indem die Bestrafung von Dieben festgelegt wird. Auf der anderen Seite kann die Scharia weltliches Recht aber auch nicht einfach ersetzen, da, wie gesagt, Strafbestimmungen meist fehlen und es für wesentliche Teile des Staatsrechts keine Vorschriften in der Scharia gibt.

5. Ein Schaubild sollte folgende Zusammenhänge veranschaulichen: Die Problematik der Nachfolge Mohammeds besteht im Fehlen einer Nachfolgeregelung. Dies ließ verschiedene Möglichkeiten offen und führte letztlich zur Spaltung des Islam. Ein Schaubild könnte etwa auf die verschiedenen **Stationen dieses Spaltungsprozesses** rekurrieren.
- In einem ersten Schritt war die Frage zu klären, ob nur Verwandte oder alle engeren Vertrauten Mohammeds als Nachfolger infrage kamen. Diese Frage wurde schließlich zuungunsten der Verwandten des Propheten entschieden, aus deren Anhängerschaft sich die Schia bildete.
- Mit zunehmender zeitlicher Entfernung vom Todesjahr des Propheten wurde die Nähe zu ihm ein relativer Begriff, sodass es den Omayaden gelingen konnte, eine erste Dynastie zu bilden. Die

Omayaden konnten als Kalifen deshalb auch vor allem weltliches Prestige entfalten. Es entstand ein arabisches Großreich.
- Mit der Verwaltung dieses riesigen Reiches erwiesen sich die Omayaden jedoch überfordert, sodass es zur Bildung einer zweiten Dynastie kam, den Abbasiden. Erst unter diesen kam es zu einer weitreichenden Islamisierung der unterworfenen Bevölkerung und damit zur Entstehung eines islamischen Weltreiches.

Zur Aufgabenstellung im Thema S. 112–115: Das Verhältnis von Religion und Staat: Herrschaft in der mittelalterlichen islamischen Welt aus zeitgenössischer und gegenwärtiger Perspektive

Inhaltliche Aspekte des Plakats „Das Verhältnis von Religion und Staat in der mittelalterlichen islamischen Welt"

Bilder

Das **Bild** zeigt einen islamischen Herrscher des 15. Jahrhunderts auf seinem Thron sitzend. Auffallend ist zum einen die Gloriole um seinen Kopf, die ihn über die anderen Menschen heraushebt und seine besondere Stellung unterstreicht, wenngleich sie nicht als Heiligenschein fehlinterpretiert werden darf. Zum anderen fällt die Bedeutungsperspektive auf, die den Herrscher deutlich größer darstellt als die beiden zu seinen Seiten stehenden Diener, die ihm Luft zufächeln.

Das **Bild** zeigt einen muslimischen Herrscher des 16. Jahrhunderts beim Besuch einer Moschee. Der Herrscher sitzt zwischen anderen Gläubigen und lauscht der Predigt eines Imam. Die verschleierten Frauen sind mit den Kindern von den Männern während des Gottesdienstes getrennt. Das Bild lässt den Herrscher kaum hervortreten. Dieser gebietet in der Moschee nicht, sondern ist nur ein Gläubiger unter anderen.

Zeitgenössische Perspektive

Al Mawardi nennt insgesamt zehn Aufgabenfelder eines idealen Kalifen, die sich unter den Oberbegriffen Verteidigung, Justiz und Finanzen zusammenfassen lassen. Darüber hinaus entwirft al Mawardi noch ein Charakterprofil eines idealen Herrschers, das darin besteht, dass sich dieser persönlich engagiert und in allen Dingen maßvoll agieren soll. In Bezug auf das Verhältnis von Religion und Staat fallen die Verpflichtung zum Schutz des Glaubens (erster Punkt) und zum Dschihad (sechster Punkt) auf. Die Verteidigung des rechten Glaubens gibt dem Kalifen jedoch nicht das Recht, den Koran selbst zu interpretieren, sondern legt ihn auf eine geltende Interpretation fest. Die Verpflichtung zum Dschihad, die sich eng an die Vorschriften des Koran anlehnt (vgl. S. 117, M1, Z. 20ff.), steht in eigentümlichem Widerspruch zu den ansonsten eher defensiv ausgerichteten Verteidigungsaufgaben eines Kalifen, die der realen Lage des Kalifats im 11. Jahrhundert eher entsprechen. Die Verpflichtung zum Dschihad wirkt dadurch innerhalb dieser normativen Quelle eher wie ein Lippenbekenntnis bzw. eine Selbstvergewisserung der eigenen ideologischen Überlegenheit denn wie ein realer Aufruf zu einem Krieg gegen die Ungläubigen.

Nizam al Mulk geht davon aus, dass der ideale Herrscher von Allah ausgewählt wurde. Seine Auserwähltheit zeigt sich in der Akzeptanz durch die Beherrschten. Versündigt sich das Volk gegen die göttlichen Gebote, so entzieht Allah ihm den Herrscher, sodass Chaos und Bürgerkrieg herrschen, bis sich schließlich das Volk wieder Gott zuwendet und der Kreislauf von Neuem beginnt. Die Aufgaben des Herrschers werden ausdrücklich auf weltliche Belange begrenzt, auch wenn seine Vorbildfunktion (Weisheit) und seine Klugheit über diese hinausgehen.

Perspektive heutiger Wissenschaftler

Der nicht eindeutige Befund bezüglich des Verhältnisses zwischen staatlicher und geistlicher Gewalt in der islamischen Welt des Mittelalters findet seinen Niederschlag auch in den Stellungnahmen von Fachwissenschaftlern zu diesem Thema, für die im vorliegenden Band stellvertretend **Heinz Halm** steht.
Im ersten Text **(M 5)** stellt Halm die These auf, dass die enge Verbindung zwischen Staat und Religion keineswegs so unauflöslich ist, wie oft beispielsweise von Islamisten dargestellt. Zwar sei diese in der Formationsphase des Islam anders als beim Christentum tatsächlich gegeben gewesen, doch sei mit dem Tode Mohammeds die Theokratie erloschen. Auch das Fehlen jeglicher Vorschriften im Koran bezüglich der richtigen Staatsform wertet Halm als Beleg.

Der zweite Text **(M6)** bietet weitere historische Belege für diese These. Sowohl die Übertragung der Regierungsgewalt auf die Sultane, aber auch und vor allem die Entstehung des Standes der Religionsgelehrten (ulama), die die Deutungshoheit über die Auslegung des Koran beanspruchen, werden von Halm als deutliche Indizien einer Trennung von geistlicher und religiöser Gewalt interpretiert, wie andererseits die administrative Gewalt des Herrschers von den Religionsgelehrten nie bestritten worden sei.

Zur Aufgabenstellung im Thema S. 116–119: Genauer hingeschaut: Was meint „Dschihad"?

Beispiel für ein Lernplakat

M1 S. 117

Die Lehre vom Dschihad im Koran:
- Aufruf zum Kampf gegen die Ungläubigen bis zum vollständigen Sieg (v. a. Suren 9 und 47)
- Begründung mit dem wahren Glauben und Berufung auf Gottes Wille (Suren 4,84 und 8,59)
- Versprechen einer Belohnung im Jenseits für Dschihadisten (Sure 4,74)
- <u>aber</u>: Aufruf zur Schonung der unterlegenen „Ungläubigen" gegen Tribut bzw. Lösegeld

M3/4 S. 118

Islamisten heute:
- Rache im Namen Gottes (M3, Z. 12 ff.)
- Verbreitung von Angst (M3, Z. 30)
- Hartes Zuschlagen bis zur völligen Vernichtung der Feinde (M3, Z. 27 ff.)
- → Selbstbild der Attentäter als Werkzeuge Gottes bzw. in der Tradition Mohammeds stehend

M5/6 S. 119

Wissenschaftliche Expertenurteile:

Heinz Halm	Basam Tibi
– Bedeutung Dschihad = Einsatz – in der Frühphase oft als Kampf – später Unterscheidung in kleinen (militärischen) und großen (Kampf gegen die Triebseele) Dschihad – in der Moderne Worthülse, die verschieden gefüllt werden kann	– im Koran Dschihad als Doktrin, die Gewaltanwendung mit einschließt – Ausbreitung des Islam mit gewaltsamen Mitteln bis 750 – heutiges islamistisches Verständnis dem Koran wesensfremd
Im **Vergleich** ergibt sich, dass nach Ansicht von Wissenschaftlern der Begriff Dschihad sehr vielschichtig verstanden werden kann. Einigkeit besteht darüber, dass die militärische Bedeutung auf die Frühphase des Islam begrenzt wird, während der Dschihad später als friedliche Anstrengung verstanden wird. Die Sicht moderner Islamisten wird als Verengung/Rückschritt abgelehnt.	

S. 120–145 | TK 3: Das Verhältnis von Religion und Staat im lateinisch-römischen Westen

2.1. Zur Konzeption

Das Kapitel überträgt die Fragestellungen des vorangegangenen Kapitels auf den lateinisch-römischen Westen. Es wurde bewusst darauf verzichtet, einen kompletten Überblick über die Geschichte des Mittelalters in nuce zu geben, da dies angesichts des knappen Raumes, der für die Behandlung des Themas zur Verfügung steht, zum Scheitern verurteilt gewesen wäre. Stattdessen wurde, um den längsschnittartigen Vergleich zwischen beiden Kulturkreisen zu ermöglichen, der Fokus auf das Verhältnis zwischen geistlicher und weltlicher Macht sowie auf die religiöse Legitimation von Gewalt gelegt. Erscheinen im Islam Religion und Staat im Ideal als eine Einheit, so ist dies im Christentum vollkommen anders: Im Ideal sind beide Gewalten klar voneinander getrennt, in der Praxis aber kommt es im Mittelalter zu einer Kette schwerer Auseinandersetzungen über die Kompetenzen von Papsttum und dem Königtum. Ein ähnlicher Befund ergibt sich im Umgang der Religionen mit der Gewalt: Anders als der Islam lehnt das Christentum die Gewaltanwendung in seiner Entstehungsphase ab, entwickelt aber, nachdem es zur Staatsreligion geworden ist, durchaus religiöse Rechtfertigungsmuster für Kriege im Namen Gottes. Beide Entwicklungslinien werden sowohl im Infotext als auch in den Themen offengelegt.

2.2. Hinweise zur Unterrichtsgestaltung

Das Kapitel ist im Sinne der Vergleichbarkeit der Kulturen ähnlich aufgebaut wie das vorangegangene. Der grobchronologische Infotext (S. 121–128) stellt Grundlagen des Mittelalters in Form des Lehnswesens, der Grundherrschaft, aber auch des sich anbahnenden Dualismus von päpstlicher und kaiserlicher Gewalt dar. Stärker noch als beim vorangegangenen Kapitel bietet es sich an, unter Berücksichtigung der Arbeitsanregungen (S. 128) mit der Bearbeitung des Darstellungstextes zu beginnen, vor allem deshalb, weil das erste Thema „Der Investiturstreit – ein Schlüsselereignis für das Verhältnis zwischen geistlicher und weltlicher Macht" die Form einer Fallanalyse hat und die Kenntnis des ottonisch-salischen Reichskirchensystems und des sich abzeichnenden Konfliktes durch die Kirchenreform des 11. Jahrhunderts voraussetzt. Das folgende Thema „Das Verhältnis von geistlicher und weltlicher Macht im Vergleich" dient dann der Erarbeitung der theoretischen Grundlagen. Dieses Thema kann aber auch vor der Behandlung des Investiturstreits erarbeitet werden, ebenso wie das folgende Thema „Die Vorstellung des ‚gerechten Krieges' im Christentum", das, in Form einer Stafettenpräsentation angelegt, die rasche Erarbeitung des allmählichen Wandels vom radikalen Pazifismus hin zur Bejahung des Krieges gegen die Ungläubigen erlaubt.

2.3. Hinweise zu Fragen und Aufgaben

Zu den Arbeitsanregungen zum Infotext (S. 128)

1. Die Mindmap kann auf verschiedene Arten realisiert werden, sollte aber in jedem Falle auf folgende Aspekte eingehen: Als wichtigste verbindende Grundlage sollte das gemeinsame Bekenntnis zum katholischen Christentum hervorgehoben werden, das ein Erbe der römischen Antike ist. Dem steht das germanische Heerkönigtum und das sich aus ihm entwickelnde Lehnswesen als zweite Säule gegenüber. Aus beiden Säulen entwickelt sich schließlich das römische Papsttum als eigenständiger Machtfaktor, der das europäische Mittelalter prägt.

2. Die Concept Map/der Kurzvortrag sollte auf folgende Aspekte eingehen: Das Lehnswesen entstand als eine Folge des Zusammenbruchs der administrativen Strukturen des Römischen Reiches im Zuge der Völkerwanderung. Aufgrund der fehlenden Infrastruktur konnte sich die Herrschaft der Zentrale nicht mehr unmittelbar vor Ort Gehör verschaffen, sondern bedurfte der Mitarbeit der örtlichen Gefolgsleute. Als Folge hieraus entstand jenes komplexe Geflecht von Abhängigkeiten, das in der Wissenschaft als Personenverbandsstaat bezeichnet wird. Die Praxis der Vergabe von Herrschaftsrechten im Austausch gegen Dienste blieb eine Grundlage der Herrschaft und, in Form der Grundherrschaft, auch des Wirtschaftens im gesamten Mittelalter.

3. Der kartengestützte Kurzvortrag sollte auf folgende Aspekte eingehen: Die Folgen dieses Prozesses (vgl. Aufgabe 2) lassen sich am Beispiel des Grafen von Champagne augenfällig darstellen. Dieser ist zum einen Vasall ganz verschiedener, und politisch zum Teil auch sehr gegensätzlicher, Lehnsherren, wie zum Beispiel des deutschen Kaisers und des französischen Königs. Im Konfliktfall zischen den unterschiedlichen Lehnsherren bot sich dem Vasallen beispielsweise eventuell die Möglichkeit, unter Berufung auf seine Treueverpflichtungen beiden Lehnsherren den Dienst zu versagen. Weiter verkompliziert wurde dieses Geflecht noch durch die bestehenden Lehnsverhältnisse zu Untervasallen, zu denen im vorliegenden Fall sogar der englische König zählte.

4. Ein Folienschaubild zum ottonischen Reichskirchensystem könnte wie folgt aussehen:

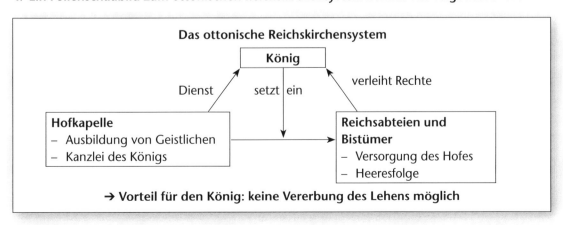

5. Die Concept Map/der Kurzvortrag sollte auf folgende Aspekte eingehen: Zu den zentralen Entwicklungen gehört sicherlich der Aufstieg des Papsttums zu einer politischen Macht, die durch den Übergang der Macht von den Merowingern zu den Karolingern ausgelöst wurde. Die als Gegenleistung für die Zustimmung zur Krönung der Karolinger erfolgte Entstehung des Kirchenstaates führte dazu, dass die Päpste auch weltliche Herrscher wurden. Gleiches gilt für die Krönung Karls des Großen zum Kaiser im Jahre 800, das für diesen zum einen einen gewaltigen Prestigegewinn bedeutete, auf der anderen Seite aber auch die Rolle des Papstes stärkte, denn schließlich war es dieser, der die Krönung vollzog. Zunächst aber erwiesen sich die weltlichen Herrscher als die stärkeren der beiden Partner, wie allein das ottonische Reichskirchensystem zeigt.

Zur Aufgabenstellung im Thema S. 129–135: Fallanalyse: Der Investiturstreit – ein Schlüsselereignis für das Verhältnis zwischen geistlicher und weltlicher Macht

Hinweise zur Wandzeitung

Streitgegner und Streitsache

Die kommentierte Datenleiste (Aufgabe 1) kann auf der vorgegebenen Datenleiste (S. 131) fußen, sollte darüber hinaus aber noch die zentralen Konfliktlinien offenlegen.

Den Infotexten lässt sich dabei vor allem die theologische Fragwürdigkeit der Investitur durch Laien als zentraler **Motor des Konflikts** entnehmen. Auf der Seite der deutschen Könige stellte sich dieses Instrument aufgrund der in den vergangenen Jahrhunderten erfolgten massiven Übertragung von Herrschaftsrechten und Vermögenswerten an die katholische Kirche als alternativlos dar, wollte das Königtum nicht einen erheblichen Teil seiner Machtgrundlagen verlieren.

Waren der Konflikt und seine Austragung somit nahezu unausweichlich, so trugen die Besonderheiten in der Persönlichkeitsstruktur der beiden **Kontrahenten, Heinrich IV. und Gregor VII.**, das Ihre dazu bei, diesen noch zu verschärfen. Dies zeigt insbesondere eine **Analyse der beiden Briefe** Heinrichs bzw. Gregors, die sich durch die Schärfe des Tons auszeichnen. In beiden Fällen handelt es sich um für die Öffentlichkeit bestimmte, rhetorisch höchst wirkungsvoll gestaltete Dokumente, die im einen Falle die Bannung des Königs durch den Papst, im anderen die Aufforderung zum Rücktritt vom Papstamt zum Inhalt haben. Gregor rechtfertigt sein Handeln durch die Berufung auf die Nachfolge Petris, Heinrich auf die Anmaßung des Amtes durch Gregor und das eigene Gottesgnadentum.

Streitverlauf

Bekanntlich erwies sich die Verhängung des Kirchenbannes als die stärkere Waffe in dieser Auseinandersetzung, sodass es zum berühmten „Gang nach Canossa" kam, der als Höhepunkt der Auseinandersetzung gelten kann. Das Ereignis und seine Deutung sind bis heute hochumstritten. Die drei ausgewählten Quellen belegen, wie die Kontrahenten versuchten, das Ereignis als Sieg für die eigene Sache zu verbuchen.

Der offene **Brief Gregors an seine Anhänger in Deutschland** schildert die Ereignisse in Canossa als Sieg. Heinrich sei, nachdem er Boten gesandt habe, in geringer Begleitung vor der Burg von Canossa erschienen und habe dort drei Tage lang ausgehalten. Durch das bußfertige Verhalten gewann Heinrich viele Fürsprecher und schließlich habe Gregor sich dazu herabgelassen, ihn nach verschiedenen Zusicherungen vom Bann zu lösen. Die ganze Angelegenheit wolle Gregor bei einem baldigen Deutschlandbesuch lösen. Gregor stellt sich in dem Brief als der Überlegene dar, der aber zugleich bei seinen Anhängern in Deutschland um Verständnis wirbt, dass er Heinrich vom Kirchenbann gelöst hat.

Ganz anders die Schilderung in der **Biografie Heinrichs IV.**: Der Biograf stellt Heinrich als das Opfer einer üblen Verleumdungskampagne dar, die aus Neid und Missgunst gespeist wurde und der es schließlich gelang, sogar den Papst zu täuschen. Die Einzelheiten des Gangs nach Canossa verschweigt der Biograf und stellt diesen kurz und knapp als schlauen Plan vor, mit dem sich Heinrich IV. vom Kirchenbann befreit habe. Der Text ist klar von dem Bemühen gekennzeichnet, ein positives Bild Heinrichs IV. zu zeichnen.

In der **Chronik Lampert von Hersfelds** finden sich zahlreiche Elemente der Schilderung Gregors wieder, so zum Beispiel die dreitägige Buße, die Lösung vom Bann unter Zugeständnissen usw. Dennoch nimmt der Text eine eigenständige Perspektive ein. Es ist viel die Rede von Verhandlungen und „Reden und Gegenreden" (Z. 32), die das Ergebnis zunächst als einen Kompromiss erscheinen lassen. Geradezu genüsslich vermerkt Lampert als Gegner Heinrichs aber die massiven Zugeständnisse, die Heinrich IV. machen musste und die in faktisch zu einem Vasallen des Papstes degradieren. Die Quelle fokussiert in dieser Hinsicht den Ansehensverlust, den das Königtum durch den Gang nach Canossa erlitt, am stärksten.

Streitlösung

M6 S. 134

Die beiden **Urkunden des Wormser Konkordats** lassen erkennen, wie der Investiturstreit schließlich gelöst wurde. Heinrich V. musste dem Papst die freie kanonische Wahl der Bischöfe zugestehen, der Papst gestattet dem König die Einsetzung der Bischöfe in ihre Regalien in einer getrennten Zeremonie. Die Lösung ist einerseits ein Kompromiss, der aber langfristig den Einfluss des Königs schwächen und die Territorialisierungsprozesse im Reich vorantreiben musste.

„Familienkrach" oder mehr?

M7/8 S. 135

Der Historiker **Egon Boshof** trennt zwischen kurz- und längerfristigen Folgen des Canossagangs. Kurzfristig bedeutete Canossa einen Erfolg für Heinrich IV., dem es in fast aussichtsloser Lage gelungen sei, seine Krone zu retten. Langfristig habe Canossa aber die Wende in der Legitimation des Königtums bedeutet, indem der König seine Nähe zu Gott beraubt worden sei, die allein auf das Papsttum übergegangen sei.

Auch **Stefan Weinfurter** sieht in dem Ereignis eine epochale Wende: Canossa habe eine deutliche Trennung von weltlicher und geistliche Sphäre bewirkt. Obwohl das Papsttum für eine Zeit lang faktisch in eine Schiedsrichterrolle über das Königtum geschlüpft sei, sei langfristig eine Entsakralisierung der politischen Ebene vorangetrieben worden, die freilich Jahrhunderte benötigt habe, um sich durchzusetzen.

Zur Aufgabenstellung im Thema S. 136 – 141: Das Verhältnis von geistlicher und weltlicher Macht: Positionen im Vergleich

Vorschlag für die inhaltliche Strukturierung und Visualisierung des Vortrags

Die Bibel als Grundlage: „Zwei-Schwerter-Lehre"

M 1a/b S. 138

Die **Darstellung aus dem Sachsenspiegel** zeigt eine für das Mittelalter geradezu kanonische Sichtweise auf das Verhältnis der beiden Gewalten. In Visualisierung des im Leadtext zu M 1b zitierten Verses aus dem Lukasevangelium verleiht Christus dem Papst und dem Kaiser jeweils ein Schwert, das die unumschränkte geistliche bzw. weltliche Macht repräsentiert. Die Szenerie verrät freilich noch nichts über das Verhältnis beider Gewalten zueinander.

Dieses wird durch den berühmten **Brief von Papst Gelasius** an den römischen Kaiser Anastasius konkretisiert, in dem dieser bereits einen gewissen Vorrang gegenüber dem Kaiser beansprucht, mit der Begründung, dass sich der geistlichen Macht auch die weltlichen Autoritäten beugen müssten.

So sehen es die Päpste

M 2/3 S. 139f.

Die hochmittelalterlichen Päpste griffen diese Momentaufnahme während des frühmittelalterlichen akakianischen Schismas nur allzu gern auf, um ihre Machtstellung auszubauen und zu unterstreichen. Die Darstellung der berühmten **konstantinischen Schenkung** stellt den Kaiser als Vasallen des Papstes dar.

Ebenso spitzt **Bonifatius** die Zwei-Schwerter-Lehre dahingehend zu, dass er den Papst als Inhaber beider Schwerter darstellt, während die weltlichen Herrscher nur noch im Auftrag der Kirche handeln. Festgestellt werden muss aber auch, dass dieser universale Anspruch des Papsttums sich letztlich nicht durchsetzen ließ.

So sehen es die Könige und Kaiser

M 4/5 S. 140f.

Demgegenüber pochen die weltlichen Herrscher sowohl in Text- als auch in Bildquellen auf ihre unmittelbare Stellung zu Gott, die besonders in dem **Krönungsbild Heinrichs II.** zum Ausdruck kommt. Gestützt von den Heiligen empfängt der König seine Herrschaftsinsignien von Engeln und sogar Christus selbst. Dass sein Kopf in die Mandorla hineinragt, zeigt, dass er an beiden Sphären Anteil hat.

Friedrich I. weist hingegen die Ansprüche des Papsttums als unzulässige Neuerungen zurück und stellt demgegenüber die Wahl durch die Fürsten sowie Gott als Urheber seiner Herrschaft dar.

Zur Aufgabenstellung im Thema S. 142–145: Die Vorstellung des „gerechten Krieges" im Christentum

Inhaltliches Konzept für eine Stafettenpräsentation

M 1
S. 143

Tertullian (220)
Tertullians Schrift stammt aus einer Zeit, als das Christentum im römischen Reich noch Verfolgungen unterlag. Folgerichtig ist seine Kernthese, dass Christentum und Kriegsdienst miteinander nicht vereinbar seien. Hauptargument ist, dass man nicht zwei Herren zugleich dienen könne. Gegenbeispiele für Waffengebrauch in der Bibel lässt Tertullian mit Hinweis auf die Friedfertigkeit Jesu nicht gelten.

M 2
S. 143f.

Augustinus (418)
Knapp 200 Jahre später stellte sich die Lage des Christentums vollkommen anders dar: Seit etwa einhundert Jahren war das Christentum nicht nur eine erlaubte Religion, sondern wurde von den römischen Kaisern sogar gezielt gefördert. Eine völlige Abstinenz der Christen vom Waffendienst war daher nicht mehr vorstellbar. Stattdessen wird zwar hervorgehoben, dass der Entsagung der Welt der höchste Rang gebühre, dass Gott aber die Menschen mit verschiedenen Talenten und Vorzügen gesegnet habe, zu denen auch die Waffenfertigkeit gehöre. Augustinus vertritt daher die Auffassung, dass zwischen gerechten und ungerechten Kriegen unterschieden werden müsse. Gerechtfertigt sei der Einsatz von Gewalt, wenn er der Herstellung des Friedens diene. Dem besiegten Feind gebühre daher Schonung.

M 3
S. 144

Bernhard von Clairvaux (1128/29)
Die Schrift aus der Feder Bernhard von Clairvaux' stammt aus der Zeit der Kreuzzüge, als die Notwendigkeit eines bewaffneten Einsatzes für das Christentum eine besondere Aktualität besaß. Clairvaux hält den Krieg gegen die Heiden für gerechtfertigt und stellt den Ritter im Dienste Christi als ein Werkzeug zur Bestrafung der Ungläubigen dar. Eingeschränkt wird dieses Recht zur Tötung der Heiden nur dadurch, dass er sie für nicht geboten hält, wenn es andere Wege zu ihrer Zurückdrängung gebe.

M 4
S. 145

Innozenz III. (1213)
Innozenz III. stellt den Krieg gegen die Ungläubigen sogar als Chance zur Läuterung dar. Zwar könnte Gott, wenn er wollte, die heiligen Stätten leicht selbst befreien, überlässt diese Aufgabe aber den Christen, damit diese sich durch ihren Einsatz für die Sache Gottes von ihren Sünden befreien können. Der Einsatz von Gewalt gegen die Sarazenen wird sogar zur sittlichen Pflicht erhoben, da jeder selbst Hilfe wünsche, wenn er in Ketten schmachte, wie die Christen unter sarazenischem Joch. Der Text ist ebenso wie der vorangegangene vor dem zeitgenössischen Hintergrund der Kreuzzüge zu erklären, als es darum ging, möglichst viele Ritter für einen Einsatz im Heiligen Land zu begeistern.

S. 146–168 | **TK 4: Die Kreuzzüge – Krieg im Namen Gottes**

2.1. Zur Konzeption

Nachdem in den vorangegangenen Kapiteln die Haltung der beiden Kulturen zu den Komplexen Staatsverständnis und Verhältnis zur Gewalt beleuchtet wurde, steht in diesem Kapitel der Zusammenprall der beiden Kulturen zur Zeit der Kreuzzüge im Vordergrund. Die Kreuzzüge gelten im öffentlichen Bewusstsein als eine Epoche, die das Verhältnis zwischen Muslimen und Christen besonders belastet habe. Um diese landläufige Vermutung überprüfen zu können, legt der Infotext zunächst einmal den Schwerpunkt auf die Schaffung von Überblickswissen. Die Themen beschäftigen sich dann mit der Entstehung und der Motivation der Kreuzfahrer sowie den zeitgenössischen Folgen für das Zusammenleben der Kulturen. Das Forum geht dann abschließend der Frage nach, welche Folgen die Kreuzzüge nach Auffassung von Historikern insgesamt hatten.

2.2. Hinweise zur Unterrichtsgestaltung

Der Infotext (S. 147–154) informiert in knapper Form über die Ursachen und den Verlauf der Kreuzzüge. Die Darstellung folgt dem chronologischen Prinzip, geht aber vertiefend auch auf die Folgen der Kreuzzüge in Form der Auswirkungen auf die jüdischen Gemeinschaften in Europa ein.

Gemäß den im Kernlehrplan geforderten Sachkompetenzen soll bereits der Infotext die Schülerinnen und Schüler in die Lage versetzen, die vielfältigen Ursachen und Motivkomplexe der Kreuzfahrer nachzuvollziehen. Diese können dann beispielsweise in Form einer Concept Map (Arbeitsanregung 1, S. 154) gesichert werden. Die im Zentrum des ersten Themas stehende Kreuzzugspredigt Urbans II. dient dann zum einen dazu, die Methode der Analyse einer politischen Rede bzw. einer Quelle überhaupt zu wiederholen bzw. einzuführen. Zum anderen lassen sich aber gerade aus ihr die Motivlagen der Kreuzfahrer besonders klar erschließen, die es dann im Abgleich mit dem Urteil eines modernen Historikers noch erlauben, die Unterschiede zwischen einer Quelle und einem Darstellungstext schlaglichtartig zu beleuchten. Da es aber eine stark verkürzende Darstellung wäre, die Kreuzzüge auf eine bloße Abfolge militärischer Konflikte zu reduzieren, bildet das zweite Thema „Zusammenleben der Kulturen? Leben in den Kreuzfahrerstaaten" zu dieser verengenden Sicht einen Kontrapunkt, indem Möglichkeiten und Grenzen einer friedlichen Koexistenz in den Kreuzfahrerstaaten behandelt werden. Das Forum „Eine bleibende Wunde? Die Beurteilung der Kreuzzüge aus moderner Sicht" richtet schließlich den Blick auf die Folgen der Kreuzzüge, die von Historikern höchst unterschiedlich gewichtet werden.

2.3. Hinweise zu Fragen und Aufgaben

Zu den Arbeitsanregungen zum Infotext (S. 154)

1. Der Kurzvortrag sollte folgende Punkte beinhalten:
Als **unmittelbarer Anlass** der Kreuzzüge lassen sich das Hilfeersuchen des byzantinischen Kaisers sowie die Bedrohung christlicher Pilger auf dem Weg nach Jerusalem leicht identifizieren.
Als **längerfristige Ursachen** lassen sich die Verschärfung der Auseinandersetzungen zwischen Muslimen und Christen im Heiligen Land, aber auch in Spanien, sowie innerchristliche politische Interessen anführen.
Verlauf/Ergebnis: Der Kreuzzugsaufruf von 1095 entfachte eine gewaltige Bewegung, die schließlich unerwartet im Jahr 1099 tatsächlich Jerusalem eroberte und mehrere Kreuzfahrerstaaten etablierte. Die folgenden Kreuzzüge endeten jedoch überwiegend in Fehlschlägen, sodass 1291 der letzte Außenposten der Kreuzfahrer verloren ging. Erfolgreicher aus christlicher Sicht verliefen die Kreuzzüge in Osteuropa bzw. Spanien. Auch die während der Kreuzzüge entstandenen Ritterorden bestanden zumeist weiter.

2. Das **Statement** sollte vor allem auf die religiöse Bedeutung Jerusalems als Ort der Leiden und Auferstehung Christi Bezug nehmen. Aus dieser religiösen Bedeutung leiten sich Vorstellungen wie die Jerusalems als Mittelpunkt der Welt ab.

3. Vorschläge für Stichwortlisten:
– **Kreuzfahrerstaaten:** Outremer, Personenverbandsstaaten, prekäre Existenz
– **Ritterorden:** Verschmelzung geistlicher und weltlicher Dienst, bewaffnete Wallfahrer, mönchische Lebensweise, militärische Elite, Ausweitung der Macht, Vernichtung der Templer, Überleben der anderen Orden, Umwandlung in wohltätige Orden in der Neuzeit

4. Der Kurzvortrag sollte folgende Aspekte berücksichtigen: Die Juden spielen beim Aufstieg der europäischen Städte sowie bei der Etablierung des mittelalterlichen Fernhandels eine große Rolle. Auch weil ihnen Geldgeschäfte anders als Christen erlaubt waren, wurden sie zumindest geduldet, wenn ihre Ansiedlung durch die Könige und Kaiser nicht sogar gefördert wurde. Dies schloss gelegentliche Gewaltausbrüche nicht aus, die jedoch zeitlich und örtlich begrenzt blieben.

5. Stichworte für die Erläuterung:
– Im Zeitalter der Kreuzzüge wurde der Kampf gegen Andersgläubige zum Dogma erhoben.
– Sowohl aus finanziellen als auch aus religiösen Gründen kam es zu massiven Verfolgungswellen.
– Die Päpste und Herrscher reagierten auf diese mit dem Erlass von Schutzbestimmungen, die jedoch zunehmend einfach als Einnahmequelle betrachtet wurden.
– Die Kreuzzüge trugen somit zur Verfestigung bereits bestehender Feindbilder bei.
– Zudem wurden die Juden kirchenrechtlich und auch durch die Städte weiter ausgegrenzt.

Zur Aufgabenstellung im Thema S. 155–160: „Gott will es!"? Eine Rede, die die Welt des Mittelalters veränderte

Vorschlag für einen Foliensatz

M1 S. 158f.

Analyse und Interpretationsergebnisse des Kreuzzugsaufrufs:
Einleitung: politische Rede, gehalten von Papst Urban II. am 27. November 1095 in Clermont
Adressaten: im engeren Sinne die Anwesenden des Konzils, im weiteren Sinne alle Ritter
Situativer Kontext: Verschärfung der politischen Lage im Orient durch Vordringen der Seldschuken und byzantinisches Hilfeersuchen an den Papst
Thema und Intention: Schilderung der Situation im Heiligen Land und Aufforderung zur Unterstützung von Byzanz und zur Befreiung Jerusalems
Inhalt:
Z. 1–36: Schilderung der Lage des byzantinischen Kaiserreichs und Betonung der Grausamkeit der Muslime
Z. 37–60: Aufruf zur Rache und Hervorhebung der Tapferkeit der Franken
Z. 61–90: Nennung weiterer Gründe für einen Kreuzzug: Enge des eigenen Landes, Reichtum des Heiligen Landes, Versprechen eines Sündenerlasses für Teilnahme
Z. 91 ff.: Wirkung der Rede auf die Anwesenden
Rhetorische Strategie:
– massive Abwertung der Muslime, z. B. Z. 12 ff.
– demgegenüber Aufwertung der Zuhörer, z. B. Z. 38 ff.
– Versprechungen als Mittel, um evtl. Zögernde zu überzeugen, z. B. Sündenerlass (Z. 88 f.)
Gesamturteil:
– Rede lässt unterschiedliche Interessen erkennen, z. B. die Suche nach Hilfe aufseiten von Byzanz, der Versuch, den eigenen Einfluss auszubauen aufseiten des Papstes sowie möglicherweise wirtschaftliche Interessen aufseiten des Publikums. Allen Beteiligten können darüber hinaus religiöse Motive nicht abgesprochen werden.
– Widerspruch zur christlichen Lehre aus heutiger Sicht

M2 S. 159f.

Expertenurteil Jaspert:
– Veränderung der Frömmigkeit und der Stellung des Papstes im 11. Jahrhundert als Voraussetzungen für den Erfolg des Kreuzzugsaufrufs
– Keine Massenbewegung intendiert, sondern Ritterheer als Unterstützung für den byzantinischen Kaiser
– Sorge um das Selenheil in Verbindung mit ritterlichen Ehrvorstellungen als Hauptmotive der Kreuzfahrer, geringe Bedeutung wirtschaftlicher Motive
– Geringes Wissen der ersten Kreuzfahrer über die bevorstehenden Schwierigkeiten
– Zerstrittenheit der muslimischen Welt und Unterschätzung der Kreuzritter als Hauptfaktoren für den Erfolg

Quelle und Darstellung im Vergleich:
Gemeinsamkeiten: Betonung der religiösen Motive und des Sündenerlasses; weitere Motive mit sekundärer Bedeutung; Hervorhebung des Hilfeersuchens von Byzanz
Unterschiede: Enge des eigenen Landes sowie Kampf der Christen untereinander von Jaspert nicht erwähnt; Einordnung in größeren Kontext der religiösen Veränderungen bei Jaspert; Untersuchung der Ursachen des Erfolgs der Kreuzfahrer (Jaspert)
Erklärungen: Urban II. als aktiv Handelnder, der eigene Interessen verfolgt, nämlich den Kreuzzug zu initiieren bzw. voranzutreiben; Jaspert als Historiker mit Überblick über das Geschehen und der Intention, dieses zu erklären

Zusammenfassendes Fazit:
Sowohl aus damaliger als auch aus heutiger Sicht entstanden die Kreuzzüge aus einem Gemengelage unterschiedlicher Interessen und Motive. Entscheidend waren dabei vermutlich religiöse Begeisterung und die Vorstellung, sich durch die Teilnahme an einem Kreuzzug von den eigenen Sünden zu befreien. Auch wenn dieses Ziel aus heutiger Sicht fragwürdig erscheinen mag, kann es kaum Zweifel daran geben, dass die Teilnehmer des Kreuzzugs hiervon überzeugt waren.

Zur Aufgabenstellung im Thema S. 161–164: Zusammenleben der Kulturen? Leben in den Kreuzfahrerstaaten

Beispiele für Statements

Konflikte und ihre Ursachen
- Die Unkenntnis religiöser Gebräuche und Rituale führte im Kontakt zu Konflikten (M2, Z. 20ff.).
- Diese Unkenntnis war besonders stark bei neu zugereisten Kreuzfahrern zu bemerken (M2, Z. 22ff.).
- Das Zusammenleben zwischen Kreuzfahrern und Muslimen war von gelegentlichen Übergriffen und Gewaltausbrüchen geprägt (vgl. M1, Z. 24ff. und M3, Z. 6ff.).

Toleranz und ihre Ursachen
- Das längere Zusammenleben mit Muslimen erhöhte die Bereitschaft zur Toleranz (vgl. M2, Z. 1ff. und M1, Z. 20ff.).
- Die Notwendigkeit einer geordneten Verwaltung bewog die Christen dazu, Rücksicht auf die Muslime zu nehmen (vgl. M3, Z. 15ff. und M4, Z. 4ff.).
- Muslime besaßen in den Kreuzfahrerstaaten eine gewisse Rechtssicherheit und konnten in christliche Dienste treten (M3, Z. 15f. und M4, Z. 23ff.).
- Toleranz in unserem Sinne existierte in den Kreuzfahrerstaaten nicht, sehr wohl aber Elemente von Duldung.

Ausdifferenzierung der gegenseitigen Wahrnehmung
- Bei längerem Zusammenleben passten sich die Christen teilweise muslimischen Gebräuchen an (M1, Z. 20ff.).
- Christen und Muslime merkten zunehmend, dass es nicht „die" Christen/Muslime gab, sondern dass Unterschiede feststellbar waren (M2, Z. 1ff. und M1, Z. 1ff.).

 Zur Aufgabenstellung im Forum S. 165–168: Eine bleibende Wunde? Die Beurteilung der Kreuzzüge aus moderner Sicht

Beispiele für mögliche Positionsplakate

M1
S. 166

Steven Runciman
Autor: Steven Runciman, Historiker, 1954
Weitere wichtige äußere Textmerkmale: Auszug aus einer umfangreichen fachwissenschaftlichen Monografie
These: Die Kreuzzüge waren ein „einziger, riesiger Fehlschlag" (Z. 6).
Argumente:
- Kluft zwischen betriebenem Aufwand und Ergebnis (Kreuzfahrerstaaten) (vgl. Z. 12ff.)
- Geringe Bedeutung der Kreuzzüge für die Entwicklung Westeuropas (vgl. Z. 32ff.)
- Mit Ausnahme des Machtgewinns des Papsttums negatives Ergebnis der Kreuzzüge (vgl. Z. 41ff.)

M2
S. 166f.

Nicolas Jaspert
Autor: Nicolas Jaspert, Historiker, 2003
Weitere wichtige äußere Textmerkmale: Monografie zu Kreuzzügen
These: Kreuzzüge vor allem für die Selbstfindung der Kulturen wichtig, weniger für den Austausch
Argumente:
- Gewisser Austausch in beide Richtungen in den Kontaktzonen (vgl. Z. 33f.)
- Stärkung des Gedankens vom Dschihad bzw. Wahrnehmung des Orients wichtiger als Austausch (vgl. Z. 41ff.)
- Weckung eines Bewusstseins für europäische Gemeinsamkeit als entscheidendes Ergebnis auf christlicher Seite (vgl. Z. 57ff.)

M3
S. 167f.

Amin Maalouf
Autor: Amin Maalouf, arabischer Journalist, 2003
Weitere wichtige äußere Textmerkmale: populärwissenschaftliche Monografie
These: Bruch zwischen muslimischer und westlicher Kultur in Kreuzzügen begründet
Argumente:
- Sieg der Muslime über Christen nur Scheinsieg
- Verlagerung des Schwerpunktes der Welt nach Westen (vgl. Z. 7ff.)
- Weigerung der arabischen Seite, sich europäischen Einflüssen zu öffnen (vgl. Z. 10ff.)
- Kultureller Transfer während der Zeit der Kreuzzüge als Einbahnstraße Richtung Europa (vgl. Z. 26ff.)
- Ablehnung der Modernität der westlichen Entwicklungen als Folge des europ. Angriffs (vgl. Z. 35ff.)

M4
S. 168

Thomas Asbridge
Autor: Thomas Asbridge, Historiker, 2010
Weitere wichtige äußere Textmerkmale: Auszug aus einer umfangreichen fachwissenschaftlichen Monografie
These: Folgen der Kreuzzüge für Verhältnis der Kulturen weder Verbesserung noch Verschlechterung des Verhältnisses
Argumente:
- Kaum Veränderungen des muslimischen Verhältnisses zum Westen (vgl. Z. 5ff.)
- Stärkste Veränderungen auf dem Gebiet des Handels (vgl. Z. 20ff.)
- Assimilative Züge der Kreuzfahrergesellschaften (vgl. Z. 40ff.)

S. 169–185 | TK 5: Die Blüte der arabischen Kultur im Mittelalter

2.1. Zur Konzeption

Nachdem bereits im vorangegangenen Kapitel die Möglichkeiten und Grenzen eines kulturellen Austausches in den Blick genommen wurden, legt dieses Kapitel hierauf den Schwerpunkt. Oft wird die muslimische Kultur von heutigen Betrachtern als rückständig wahrgenommen. Umso hilfreicher ist der Blick in die Geschichte, der zeigt, dass im Mittelalter Wissenschaft und Kultur der islamischen Welt der europäischen Kultur weit überlegen waren. Dies lenkt den Blick der Schülerinnen und Schüler auf die Bedingungen für eine kulturelle Blüte, aber auch für die Wahrnehmung von kulturellem Austausch und die Beurteilung seiner Bedeutung.

2.2. Hinweise zur Unterrichtsgestaltung

Das Kapitel ermöglicht eine Vielzahl von Vorgehensweisen. Zum einen kann auch hier mit der Bearbeitung des Infotextes (S. 170–174) zur Schaffung des grundlegenden Wissens eingestiegen werden. Möglich ist aber beispielsweise auch, mit der Analyse eines Dokumentarfilms (Thema „Morgenland: Mit den Schwertern des Geistes", S. 179–181) einzusteigen und mit dem Film zunächst das Basiswissen zu bearbeiten, um anschließend, etwa im Abgleich mit den Historikerurteilen aus dem Thema „Wenn sich Kulturen begegnen ..." (S. 175ff.), die Deutungsmuster des Films kritisch zu hinterfragen. Bilden Infotext und Themen so in gewisser Weise eine Einheit, so ist das Forum dieses Kapitels „Tolerante Herrschaft der Muslime? Möglichkeiten und Grenzen der friedlichen Koexistenz in ‚al-Andalus'" hiervon getrennt zu betrachten. Vor der Behandlung dieses Forums sollten nach Möglichkeit der Kulturtransfer nach Europa (Infotext, S. 172ff.), aber auch die muslimische Staatenbildung in Spanien (Infotext, S. 110f.) behandelt worden sein. Das Forum bietet darüber hinaus gute Vergleichsmöglichkeiten mit dem Zusammenleben in den Kreuzfahrerstaaten (S. 161ff.).

2.3. Hinweise zu Fragen und Aufgaben

Zu den Arbeitsanregungen zum Infotext (S. 174)

1. Der Kurzvortrag sollte Folgendes beinhalten: Die arabische Kultur profitierte nicht zuletzt davon, dass der Lebensraum der Araber an der Schnittstelle von vier Kulturen lag, der griechisch-römischen, der persischen, der indischen und der chinesischen. Es lassen sich verschiedene Phasen unterscheiden:

In einem ersten Schritt profitierten die Araber von der Übernahme der weitgehend intakten städtischen Kultur des östlichen Mittelmeerraumes. Es kam zu einer intensiven Übersetzungstätigkeit und zu einem Aneignungsprozess.

In einer zweiten Phase seit Ende des 9. Jahrhunderts begann man, das vor allem aus griechischen Quellen gewonnene Wissen weiterzuentwickeln, wobei vor allem in der Mathematik und der Medizin bedeutende Fortschritte gelangen. Kennzeichen dieser Phase ist die gelungene Synthese des Wissens verschiedener Kulturen

2. Der Kurzvortrag sollte folgende Aspekte berücksichtigen: Der Kulturtransfer nach Europa verlief zunächst punktuell über Gesandtschaften, bevor die christliche Welt vor allem über die Kontaktzonen Sizilien und Spanien vom Wissen der islamischen Welt profitieren konnte. Ähnlich wie einige Jahrhunderte zuvor kam es zu einer regen Übersetzungstätigkeit, dieses Mal vom Arabischen ins Lateinische.

3. Grundlage für ein Statement können die drei angedeuteten Theorien über die Ursachen des Niederganges der arabischen Wissenschaften sein:
– politischer Niedergang nach der Eroberung Bagdads durch die Mongolen 1258
– Ausbreitung der wissenschaftsfeindlichen islamischen Orthodoxie als Folge der Kreuzzüge
– schleppender Wissenstransfer wegen Ablehnung des Buchdrucks.

Zur Aufgabenstellung im Thema S. 175–178: Wenn sich Kulturen begegnen ... Historiker über Wechselwirkungen zwischen der arabisch-islamischen und der europäisch-christlichen Kultur in der Geschichte

Zur Moderationswand: Historiker-Positionen

M1 S. 176
Alfred Schlicht
Autor: Alfred Schlicht, Orientalist, 2013
These: Aufnahme verschiedenster kultureller Einflüsse durch die arabische Kultur
Argumente:
– Spontane Neugier auf fremdes Wissen in der arabischen Welt des 8. Jahrhunderts (vgl. Z. 13 ff.)
– Starke Übersetzungstätigkeit und Rolle der Juden und Christen als Vermittler (vgl. Z. 18 ff.)
– Vermittlung des Erbes der antiken Kultur als wichtiger Beitrag der Araber zur Weltkultur (vgl. Z. 42 ff.)

M2 S. 176 f.
Heinz Halm
Autor: Heinz Halm, Orientalist, 2004
These: Bedeutung des Wissenstransfers arabischen Wissens nach Europa kaum zu überschätzen
Argumente:
– Ausbildung westlicher Wissenschaftler an arabischen Schulen (vgl. Z. 9 ff.)
– Rege Übersetzungstätigkeit aus dem Arabischen (vgl. Z. 17 ff.)
– Aristoteles wurde im Mittelalter zunächst nur über den Umweg aus dem Arabischen bekannt (vgl. Z. 24 ff.).

M3 S. 177
Kay Jankrift
Autor: Kay Jankrift, Historiker, 2004
These: Große Fortschritte der westlichen Medizin durch Übernahme arabischen Wissens
Argumente:
– Rege Übersetzungstätigkeit aus dem Arabischen (vgl. Z. 1 ff.)
– Tätigkeit orientalischer Ärzte an europäischen Höfen (vgl. Z. 13 ff.)
– Bedeutende arabische Fortschritte auf dem Gebiet der praktischen Chirurgie (vgl. Z. 16 ff.)

M4 S. 178
Egon Flaig
Autor: Egon Flaig, Historiker, 2012
These: Europäische Kultur im Wesentlichen nicht durch den Islam geprägt

Argumente:
- Republikanismus, Universalismus der Menschenrechte sowie Wissenschaftlichkeit als Fundamente europäischer Kultur (vgl. Z. 1 ff.)
- Zurückführung dieser Fundamente auf die Antike und das Christentum (vgl. Z. 13 ff.)
- Blüte der islamischen Kultur beruhte auf antikem Wissen, der eigene Beitrag war gering (vgl. Z. 19 ff.).
- Demokratische Traditionen der Antike wurden von der islamischen Welt nicht übernommen (vgl. Z. 31 ff.).

Zur Aufgabenstellung im Thema S. 179 – 181: „Morgenland: Mit den Schwertern des Geistes" – Wie ein Dokumentarfilm die Blütezeit der arabischen Kultur rekonstruiert

Hinweise zur Lösung und den eingesetzten filmischen Mitteln

Thema 1: Die Blüte der arabischen Kultur
- **Leistungen der arabischen Kultur, z. B.:** Medizin, Technik (Mühlen, Flugmaschine), Übernahme und Weiterentwicklung des Papiers, Mathematik (ind.-arab. Zahlen), Baukunst (Cordoba), Astronomie und Navigation (Astrolabium, Sternenwarte des Ulug Begh).
- **Filmische Mittel:** vor allem Computeranimationen, Spielszenen, Bestätigung der Fortschrittlichkeit durch Experten und durch Vergleich mit der Rückständigkeit Europas (weitere Spielszenen, z. B. zur europäischen Medizin).

Thema 2: Die Ursachen des Aufstiegs der arabischen Kultur
- Lage der islamischen Welt an der Schnittstelle zwischen hellenistischer, indischer, persischer und chinesischer Welt (Experteninterview).
- Betonung der Offenheit und Neugier islamischer Wissenschaftler in der „goldenen Zeit" (Experteninterview und Kommentar aus dem Off); „Kronzeuge" vor allem Avicenna (ibn Sina).
- Hervorhebung der Bedeutung der Papierherstellung als Medium des Wissenstransfers.
- **Filmische Mittel:** Experteninterviews, Spielszenen, wobei insgesamt stärker die Rolle der Eigenständigkeit und Fortschrittlichkeit der arabischen Kultur betont wird. Die Bedeutung des Wissenstransfers in Richtung islamische Welt wird nur knapp von den Experten hervorgehoben.

Thema 3: Der Kulturaustausch zwischen der arabischen und der christlich-europäischen Welt (Formen und Folgen für Europa)
- Übernahme medizinischen Wissens durch die Europäer.
- Arabische Kultur als Basis des Fortschritts der Renaissance.
- Kaiser Friedrich II. als Beispiel für eine kulturelle Verschmelzung westlicher mit orientalischer Kultur.
- **Filmische Mittel:** Originalschauplätze (Castell del Monte), Abfilmen gegenständlicher Quellen (Kodex mit Schriften Avicennas), Experteninterviews.

Thema 4: Die Grenzen des Kulturaustauschs (und ihre Ursachen)
- Duldung von Christen und Juden, aber nur bei Wohlverhalten.
- Aufkeimen religiöser Intoleranz in der muslimischen Welt des 11. Jahrhunderts, Beginn der Kreuzzüge.
- Keine Rezeption europäischen Wissens in der islamischen Welt in der Renaissance.
- **Filmische Mittel:** Spielszenen (Hinrichtungen, Massaker), Hintergrundmusik, animierte Karten, die das Stocken des Informationsflusses zeigen.

Thema 5: Der kulturelle Niedergang (Phänomene und Ursachen)
- Aufkommen religiöser Eiferer als ein auslösendes Element.
- Entscheidende Bedeutung des Mongoleneinfalls und des Falls Bagdads 1258.
- Fehlende Offenheit für europäische Entwicklungen im 15. Jahrhundert trotz Spätblüte der Astronomie in Samarkand.
- **Filmische Mittel:** Spielszenen, suggestive Computeranimationen (Schädelpyramide), Experteninterviews, bedrohlich klingende Hintergrundmusik.

Zur Aufgabenstellung im Forum S. 182 – 185: Tolerante Herrschaft der Muslime? Möglichkeiten und Grenzen der friedlichen Koexistenz in „al-Andalus"

Vorschläge für eine inhaltliche Füllung der Folien

M1
S. 183

Vorbild al-Andalus
Autor: Brigitte Hinze-Bohlen, Historikerin, 1999
These: „einzigartige Toleranz" (Z. 30) der muslimischen Herrschaft in Spanien
Argumente:
- Sieg der Araber über die Westgoten für die Bevölkerung Spaniens eher Befreiung denn Unterwerfung (vgl. Z. 1 ff.)
- Sicherung der muslimischen Herrschaft über Ausgleich mit den verschiedenen Bevölkerungsgruppen (vgl. Z. 19 ff.)
- Viele Vorteile für Christen und Juden, z. B. Religionsfreiheit, eigene Gerichtsbarkeit (vgl. Z. 24 ff.)
- Entstehung einer Mischkultur als Folge (vgl. Z. 29 ff.)

Kritische Stellungnahme: Tendenz zur Idealisierung der Zustände in al Andalus, Fragwürdigkeit der Übernahme des Toleranzbegriffs, einseitige Darstellung.

M2
S. 183f.

Al-Andalus – goldener Traum
Autor: Georg Bossong, Romanist, 2011
These: Notwendigkeit einer differenzierten Betrachtung des maurischen Spanien
Argumente:
- Maurischer Multikulturalismus Mythos (vgl. Z. 1 ff.)
- Friedliches Zusammenleben vom 8. bis ins 11. Jahrhundert tatsächlich zu beobachten, wenngleich immer wieder von Kriegen unterbrochen (vgl. Z. 26 ff.)
- Erfolge der Christen führen zur Herrschaftsübernahme durch die Almoraviden (vgl. Z. 53 ff.).
- Hierdurch Ende des friedlichen Zusammenlebens und Übergang zu einer konfrontativen Phase (vgl. Z. 62 ff.)

Kritische Stellungnahme: differenzierte, erörternde Betrachtungsweise; Versuch eines Ausgleichs zwischen Positionen.

M3
S. 184f.

Mythos Toleranz
Autor: Francisco Garcia Fitz, Historikerin, 2006
These: Toleranz der muslimischen Herrschaft in Spanien lediglich ein moderner Mythos
Argumente:
- Auf den ersten Blick tatsächlich friedliches Zusammenleben der Kulturen (vgl. Z. 26 ff.)
- Faktisch aber Existenz einer Vielzahl diskriminierender Bestimmungen für Christen und Juden (vgl. Z. 40 ff.)
- Fazit: Phasen friedlichen Zusammenlebens im maurischen Spanien haben nichts mit einem modernen Verständnis von Toleranz zu tun.

Kritische Stellungnahme: Beleg durch Vielzahl von Beispielen, gegenüber Bossong keine Unterscheidung in Phasen, publizistisches Plädoyer gegen die unkritische Übernahme des Toleranzbegriffs auf das Mittelalter.

S. 186–199 TK 6: Das Osmanische Reich und Europa in der frühen Neuzeit

2.1. Zur Konzeption

Das Teilkapitel beschreibt die Entwicklung des Osmanischen Reiches in seinen Grundzügen, um das für die Schülerinnen und Schüler erforderliche Basiswissen bereitzustellen. Der Schwerpunkt des Teilkapitels liegt in der Thematisierung der Wahrnehmung des Osmanischen Reiches durch den christlichen Westen zwischen dem Spätmittelalter und dem 18. Jahrhundert. Während der Infotext die allgemeine Entwicklung dieser Wahrnehmung in der frühen Neuzeit darstellt, bietet das Thema einen exemplarischen Zugriff an. Das abschließende Forum fragt nach Erklärungsansätzen für die Entwicklungsdifferenzen zwischen islamisch und christlich geprägten Regionen und setzt einen Schwerpunkt auf Urteilsbildung.

2.2. Hinweise zur Unterrichtsgestaltung

Für die Erarbeitung der Thematik bietet sich in einem ersten Schritt der Zugriff über die Info an: Mithilfe der Arbeitsaufträge auf S. 191 verschaffen sich die SuS einen Überblick über die Geschichte des Osmanischen Reiches sowie über die Entwicklung der Wahrnehmung der Osmanen im christlichen Europa vom Spätmittelalter bis zum 18. Jahrhundert. Auf dieser Basis erfolgt die exemplarische Auseinandersetzung mit der Thematik: Die SuS erörtern am Fallbeispiel der Grafschaft Lippe die Bedeutung, die eine Kulturbegegnung bzw. ein Kulturkonflikt für beide Seiten haben kann. Der letzte Teil der Info und das Forum schließen das Gesamtkapitel „Islamische Welt – christliche Welt" ab. Anhand von drei Historikertexten erörtern die SuS Erklärungsmodelle für Entwicklungsdifferenzen zwischen islamisch und christlich geprägten Regionen.

2.3. Hinweise zu Fragen und Aufgaben

Zu den Arbeitsanregungen zum Infotext (S. 191)

1. Der Kurzvortrag sollte folgende Aspekte enthalten: Osmanen als Rivalen des byzantinischen Reiches seit dem 14. Jahrhundert; Beginn der Ausdehnung über ganz Kleinasien; Eingliederung der turkmenischen Fürstentümer durch geschickte Heiratspolitik; 1354 wurde Ankara erobert; Eroberung des Balkans (Schlacht auf dem Amselfeld); 1453 Eroberung Konstantinopels; 1526 Eroberung Ungarns; Niedergang des Osmanischen Reiches nach 1529 (fehlgeschlagene Eroberung Wiens); erneuter Eroberungsversuch scheiterte 1683; anschließend verlor das Osmanische Reich den Großteil seiner europäischen Gebiete.

2. Concept Map

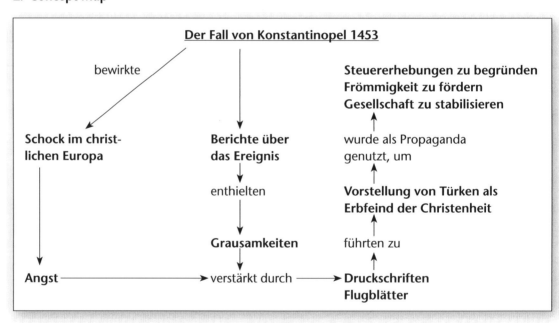

3. Strukturskizze

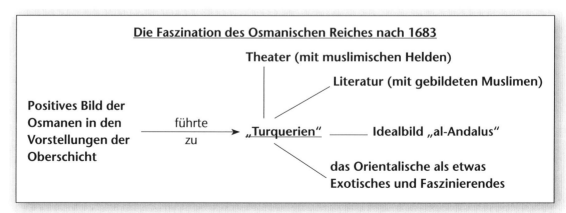

4. Die kommentierte Stichwortliste sollte folgende Aspekte enthalten:

- Europäische Großmächte als Kolonialmächte: wirtschaftliche Ausbeutung und kulturelle Überfremdung der islamischen Welt durch den Westen.
- Folgen für die islamische Welt: Traumatisierung und Demütigung, Unterentwicklung, politische Instabilität durch willkürliche Grenzziehungen.
- Dekolonisierung: Entlassung in die Unabhängigkeit (freiwillig oder erzwungen).
- Wege aus der Abhängigkeit: zwei grundsätzliche Entwürfe: Republik oder Monarchie, demokratisches Staatsmodell westlicher Prägung eher die Ausnahme.

Zur Aufgabenstellung im Thema S. 192–195: „Turcken": Faszination und Feindbild – Das Fallbeispiel Lippe

A. Begleitkommentare zur Bildergalerie

M1 S. 194

Eine Bildquelle erzählt:
Der Kupferstich „Ein Turcke und sein Weib" wurde vom Nürnberger Künstler Albrecht Dürer (1471–1528) geschaffen.
Ein bewaffneter Mann mit Vollbart und tief in die Stirn rutschendem Turban schaut grimmig auf die hinter ihm stehende Frau. Der Mann ist bekleidet mit weiten Gewändern und einem Umhang. An den Füßen trägt er Schuhe. In der linken Hand trägt er Pfeil und Bogen als Waffen. Seine rechte Hand steckt im Gewand, in der sich evtl. ein Brustbeutel als Geldbörse befindet.
Die Frau ist nur spärlich mit einem lose fallenden Tuch bekleidet und trägt einen Turban. Ihre rechte Brust ist entblößt. Auf ihrem linken Arm trägt sie einen Säugling. Sie geht barfüßig hinter dem Mann und zeigt einen unterwürfigen Blick.
Die Frau erweckt beim Betrachter den Eindruck einer Sklavin, reduziert auf das Gebären und Aufziehen von Kindern. Der Mann dagegen wirkt wie ein starker Kämpfer und Verwalter der finanziellen Mittel. Er hat eine deutliche Vorrangstellung vor der Frau.

M2 S. 194

Eine Bildquelle erzählt:
Der kolorierte Kupferstich wurde von Niclas de Nicolay im Jahr 1572 geschaffen. De Nicolay war ein Geograf, der das Osmanische Reich bereist hatte.
Der Janitschar trägt prächtige, bunte Gewänder: einen blau-roten Uniformrock, gelb-grüne Hosen und rote Schuhe. Seine große Uniformmütze ist reich verziert und mit prächtigem rot-grünem Federschmuck ausgestattet. Als Bewaffnung trägt der Janitschar ein Gewehr und einen Säbel.
Die Darstellung eines Soldaten ist für den westlichen Betrachter ungewohnt und wirkt exotisch. Sie hat etwas Faszinierendes. Die Darstellung ist so prächtig, dass der Betrachter indirekt auch auf die große Kampfkraft des Janitscharen schließen kann.

M3 S. 195

Eine Bildquelle erzählt:
Die kolorierten Kupferstiche wurden von Niclas de Nicolay im Jahr 1572 geschaffen. De Nicolay war ein Geograf, der das Osmanische Reich bereist hatte.
Die erste Abbildung zeigt eine türkische Frau, wie sie innerhalb ihres Hauses gekleidet ist. Die Frau ist dargestellt in farbenprächtigen, kostbaren Gewändern mit floralem Muster. Sie ist mit einem Schal umgürtet und trägt Schuhe, in denen die Füße sichtbar sind. Auf ihrem Kopf sitzt eine Kopfbedeckung mit rotem Nackenschal. Im entblößten Halsbereich trägt sie kostbaren Schmuck.
Die zweite Darstellung zeigt die Kleidung, die die Frau in der Öffentlichkeit trägt. Nun ist sie vermummt. Sie hat ein langes, violettes Gewand mit grünem Saum. Ihre Kopfbedeckung bedeckt auch das Gesicht vollständig. Sehen kann sie durch Sehschlitze. Die Kopfbedeckung geht in einen weißen, langen Schal mit Fransen über. Auch ihre Arme und Füße sind bedeckt.
Für den westlichen Betrachter ist die Verhüllung der Frau in der Öffentlichkeit etwas Fremdes und Unbekanntes. Die Art der Darstellung macht aus der Verhüllung der aufwendig gekleideten Frau etwas Exotisches, von dem eine große Faszination ausgeht.

M 4
S. 195

Eine Bildquelle erzählt:
Der Holzschnitt stammt von einem Flugblatt und wurde von Hans Guldenmund, einem Drucker und Verleger aus Nürnberg, im Jahr 1529 geschaffen.
Der Holzschnitt zeigt einen bärtigen Soldaten (Janitschar) auf einem Pferd. Er trägt ein langes Gewand und eine Uniformmütze mit Federbusch. Seine Bewaffnung besteht aus einem Säbel an der Seite sowie einem Schild auf dem Rücken. Über der rechten Schulter trägt er einen Speer mit Wimpel, auf den ein (vmtl. christliches) Kind aufgespießt ist. Hinter dem Pferd führt er ein (vmtl. christliches) Paar her. In der linken Hand hält der Soldat die Leinen, die dem Mann und der Frau um den Hals gezurrt sind.
Die Darstellung hat auf den Betrachter eine Furcht einflößende Wirkung. Der türkische Soldat wird gezeigt als grausamer Kindermörder, der erwachsene Christen in die Sklaverei führt.

B. Hinweise zu den Arbeitsanregungen

M 1
S. 194

1. Mann mit Vollbart, Turban, weite Gewänder, Umhang, Schuhe, Pfeil und Bogen, Hand im Gewand (evtl. Brustbeutel als Geldbörse), Blick auf die hinter ihm gehende Frau gerichtet, grimmiger Blick; Frau mit Turban, leichter bekleidet, rechte Brust entblößt, barfüßig, trägt Säugling auf dem linken Arm, geht hinter dem Mann, unterwürfiger Blick.
2. **a)** Mann als starker Kämpfer und Verwalter der finanziellen Mittel, Frau wird auf Rolle als Mutter reduziert. **b)** Mann hat deutliche Vorrangstellung vor der Frau (deutlich an Funktionen und Stellung im Bild), die eher unterwürfig (wie Sklavin) erscheint.

M 2
S. 194

Prächtige, bunte Gewänder (blau-roter Uniformrock, gelb-grüne Hosen, rote Schuhe), große, verzierte Uniformmütze mit prächtigem rot-grünem Federschmuck; Bewaffnung mit Gewehr und Säbel.
Zur Bildaussage: exotische Darstellung eines prächtige Elite-Soldaten, die auf eine hohe Kampfkraft der Janitscharen schließen lässt.

M 3
S. 195

1. **a)** Frau in farbenprächtigen, kostbaren Gewändern (florales Muster), mit Schal umgürtet, Schuhe (Füße sichtbar), Kopfbedeckung mit rotem Nackenschal, kostbarer Schmuck im entblößten Halsbereich. **b)** Vermummte Frau, langes, violettes Gewand mit grünem Saum, Kopfbedeckung bedeckt auch das Gesicht (Sehschlitze) und geht in weißen, langen Schal mit Fransen über, Bedeckung der Arme, rote Schuhe (Füße nicht sichtbar).
2. Für den westlichen Betrachter ist die Verhüllung der Frau in der Öffentlichkeit etwas Fremdes und Unbekanntes; die Art der Darstellung macht aus der Verhüllung der aufwendig gekleideten Frau etwas Exotisches, von dem eine große Faszination ausgeht.

M 4
S. 195

1. Soldat (Janitschar) auf Pferd, Schnauzbart, Spitzbart, langes Gewand, Uniformmütze mit Federbusch, Säbel an der Seite, Schild auf dem Rücken, Speer mit Wimpel über der Schulter, aufgespießtes (christliches) Kind, führt (christliches) Paar hinter dem Pferd her, hält Leinen in der linken Hand, die Mann und Frau um den Hals gezurrt sind.
2. Furcht einflößende Wirkung der Darstellung: türkischer Soldat als grausamer Kindermörder, erwachsene Christen werden in die Sklaverei geführt.

Zur Aufgabenstellung im Forum S. 196–198: Sturz in den Schatten? Die islamische Welt am Beginn der Neuzeit

A. Concept Map

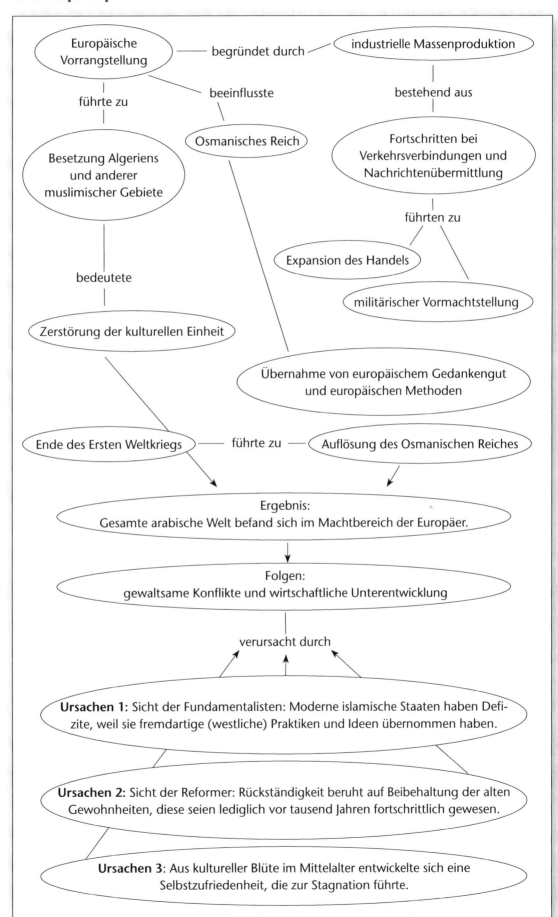

B. Hinweise zu den Arbeitsanregungen

M1 S. 197

Eroberung bedeutete für die muslimischen Staaten, dass sie nicht länger in einer stabilen und unabhängigen kulturellen Einheit leben konnten.

Osmanisches Reich: Osmanische Regierung übernahm europäische Methoden in Militär, Verwaltung und Rechtswesen und verlor seine europäischen Provinzen; Islam wurde bewahrt bei gleichzeitiger Übernahme von europäischem Gedankengut und europäischen Methoden; neue Ideen berührten die Menschen aber kaum; am Ende des Ersten Weltkriegs entstand die Türkei, die arabischen Provinzen des Osmanischen Reiches gerieten unter französischen und britischen Einfluss.

Ergebnis: Die gesamte arabische Welt befand sich im Machtbereich der Europäer; Folge: Förderung nationalistischer Tendenzen, unversöhnliche Konflikte.

M2 S. 198

Militärisch-politischer Blitzaufstieg der Muslime verhinderte Trennung von Kirche und Staat; Islam der Blütezeit war sich seiner Überlegenheit so sicher, dass er Austausch mit anderen Kulturen nicht als Risiko fürchtete, sondern darin eine Chance sah.

Dann aber entwickelte sich eine Selbstzufriedenheit, die zur Stagnation führte. Es fehlte an Bedingungen für die Anwendung des Wissens. Im Gegensatz dazu gewann die westliche Welt die Oberhand durch Reformation, Säkularisierung, Industrialisierung, Welthandel, Kapitalismus und Individualisierung.

M3 S. 198

1. Sicht der Fundamentalisten: Moderne islamische Staaten haben Defizite, weil sie fremdartige (westliche) Praktiken und Ideen übernommen haben. (Sicht der Reformer: Rückständigkeit beruht auf Beibehaltung der alten Gewohnheiten, diese seien lediglich vor tausend Jahren fortschrittlich gewesen.)
2. Folgen: kein Ausweg aus Abwärtsspirale von Hass, Wut, Armut und Unterdrückung (außer Gewalt).
   Alternative: Muslime befreien sich von Groll und Opferrolle, um Talente, Energien und Ressourcen zu einer gemeinsamen Anstrengung zu vereinigen; Ziel: Naher Osten als maßgebliches Zentrum der Zivilisation.

S. 199 — Zusammenfassende Arbeitsvorschläge

1. Die schriftliche Zusammenfassung sollte die folgenden Aspekte beinhalten:
- Gegenseitige Wahrnehmung: Sicht des Westens auf den Islam eher negativ geprägt; Politik, Wirtschaft und Gesellschaft in muslimischen Ländern wird als rückständig wahrgenommen; Islam gilt als intoleranter Glaube; Umfragen zeigen Vorbehalte gegenüber Muslimen.
- Seit 9/11 wird Islam mit Gewalt in Verbindung gebracht; Entwicklung einer antiislamischen Stimmung; Krieg gegen den Terror wurde zum Krieg gegen militante muslimische Bewegungen insgesamt; Gleichsetzung von Terrorismus mit muslimischen Gruppen und dem Islam; Krieg gegen den Terrorismus wird als Krieg gegen Muslime wahrgenommen.
- Existenz von Parallelgesellschaften: tägliches Leben in der Heimatsprache, ohne die deutsche Sprache zu lernen, keine Beachtung der Regeln der Mehrheitsgesellschaft.
- Perspektiven für die Zukunft: Kampf der Kulturen oder Dialog zwischen Islam und Christentum.

2. Beispiel für eine Stichwortliste:
- **Islam:** Theokratie unter Mohammed, Stellung des Kalifen, Scharia, Spaltung des Islam, Aufkommen der Rechtsgelehrten (ulama), Übertragung der Macht auf die Sultane und Emire.
- **Christentum:** Feudalismus, Stellung des Papsttums, Gottesgnadentum, Zwei-Schwerter-Lehre.

3. Thesenpapier:
- Es könnte zum einen auf die Entstehungsphase des Islam unter Mohammed verweisen, in dem die religiöse und staatliche Autorität zusammenfielen. Dies lässt den Rückschluss zu, dass Religion und Staat im Ideal tatsächlich eine Einheit bilden.
- Auf der anderen Seite könnte das Thesenpapier auf den Ist-Zustand der islamischen Gesellschaften seit dem Mittelalter verweisen, der sehr wohl von einer Trennung der beiden Sphären geprägt ist.

4. Folgende Aspekte sollten bei der Erläuterung berücksichtigt werden: Der Begriff „Dschihad" bedeutet im Arabischen „Anstrengung" im weitesten Sinne und kann sowohl militärisch als auch friedlich verstanden werden. In der Ausbreitungsphase des Islam wurde der Begriff eindeutig militärisch aufgefasst. Mit dem Nachlassen der Expansion änderte sich dies und es kam zu einer Unterscheidung zwischen „großem" (Kampf gegen die eigene Triebhaftigkeit) und „kleinem" (militärischer Einsatz für die Sache des Islam) Dschihad. Die Erfahrungen der Kreuzzüge sowie des modernen Imperialismus führten zu einem Wiederaufleben der Vorstellungen vom gewaltsamen Dschihad.

5. Folgende Aspekte sollten benannt werden: vor allem das Lehnswesen als Reaktion auf die zusammengebrochene Infrastruktur des Römischen Reiches, den hierdurch entstehenden Personenverbandsstaat und die aus ihm resultierende Schwächung der Zentralgewalt.

6. Zur Datenleiste (wichtige Zäsuren):
- Beginn der islamischen Expansion (zur Zeit Mohammeds)
- Ende der islamischen Expansion (wird oft mit der Schlacht bei Tours und Poitiers 732 in Verbindung gebracht)
- die Kreuzzüge seit 1095
- die Eroberung von Byzanz 1453
- die Niederlage der Türken vor Wien 1683

7. Kreisgespräch: Zu berücksichtigen ist v. a. der intensive Austausch, der sogar in Zeiten schwerer Kämpfe nicht vollkommen unterbrochen wurde; daher wird man die These vom „Kampf der Kulturen" für das Mittelalter zurückweisen müssen.

8. Gegenüberstellung:
- Die Kreuzzüge nehmen im kollektiven Gedächtnis vor allem der heutigen Muslime eine entscheidende Rolle ein, indem sie als Beweis für die Aggressivität der Christen gegenüber den Muslimen gewertet werden.
- In der westlichen Welt wird das Wort oft als Metapher für den Einsatz für eine gerechte Sache verwendet, aber auch für blindwütigen Fanatismus.

9. Folgende Aspekte sollten im Expertengespräch berücksichtigt werden:
- Auf der einen Seite wird man die Titulierung „heilig" vor dem Hintergrund heutiger europäischer Werte von vornherein jedem Krieg absprechen müssen. Zudem widerspricht die Verwendung dieses Wortes auch den theologischen Fundamenten beider Religionen.
- Auf der anderen Seite kann nicht übersehen werden, dass es in beiden Kulturkreisen Phasen gegeben hat, in denen die Bezeichnung „heiliger Krieg" dem Selbstverständnis der jeweiligen Kämpfer entsprochen hat.

10. Folgende Aspekte sollten bei der Erörterung berücksichtigt werden: Die Bedeutung der arabischen Wissenschaften für die europäische Entwicklung war zweifellos groß. Vor allem brachten die Araber die Europäer mit dem vergessenen Erbe der griechischen Antike in Kontakt. Vor allem auf den Gebieten der Mathematik (Zahlen), der Astronomie (Navigation) und der Medizin (Schriften Avicennas) profitierten die Europäer auch stark von den arabischen Weiterentwicklungen. Ob die arabische Kultur und Wissenschaft für die Europäer der Renaissance eine Starthilfe bedeutete oder ob diese sogar zu den Fundamenten der europäischen Kultur gezählt werden kann, muss offenbleiben.

11. Mindmap „Expertengespräch

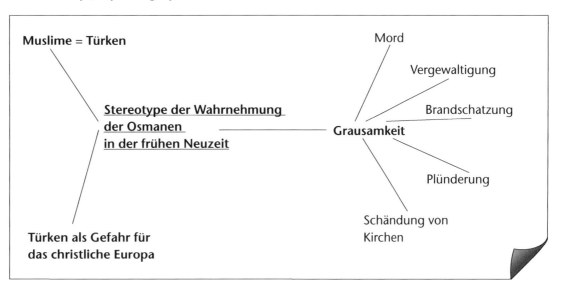

12. Stichwortliste
Ähnlichkeiten und Kontinuitäten: stereotype Feindbilder → Gewaltbereitschaft der Muslime; Vorurteile: kulturelle Rückständigkeit; Faszination des Exotischen: „Turquerien", arabische Länder als Urlaubsziel.
Unterschiede: kulturelle und wirtschaftliche Entwicklung von islamisch und christlich geprägten Regionen.

13. Das Thesenpapier sollte die folgenden Aspekte enthalten:
Ursachen: Kolonialisierung der arabischen Welt durch die Europäer als Auslöser für Unterentwicklung und Rückständigkeit; Sicht der Fundamentalisten: moderne islamische Staaten haben Defizite, weil sie fremdartige (westliche) Praktiken und Ideen übernommen haben; Sicht der Reformer: Rückständigkeit beruht auf Beibehaltung der alten Gewohnheiten, diese seien lediglich vor tausend Jahren fortschrittlich gewesen.
Folgen: Förderung nationalistischer Tendenzen; unversöhnliche Konflikte; Gewaltbereitschaft; kein Ausweg aus Abwärtsspirale von Hass, Wut, Armut und Unterdrückung (außer Gewalt); mögliche Alternative: Muslime befreien sich von Groll und Opferrolle, um Talente, Energien und Ressourcen zu einer gemeinsamen Anstrengung zu vereinigen; Christen und Muslime verhindern den „Kampf der Kulturen" durch Dialog.

Die Menschenrechte in historischer Perspektive

1. Übersicht über das Unterrichtsvorhaben in diesem Kapitel

1.1. Zur Konzeption

Das Kapitel „Die Menschenrechte in historischer Perspektive" beginnt mit einem gegenwartsgenetischen und kategorialen Zugriff auf das Thema „Menschenrechte" („Im Fokus", S. 202 f., und erstes Teilkapitel „Menschenrechte", S. 204 ff.). Es knüpft damit an die Erfahrungswelt der Schülerinnen und Schüler an, eröffnet Problemperspektiven und stellt kategoriales Wissen zur Einordnung historischer und gegenwärtiger Tatbestände zur Verfügung.

In den folgenden Teilkapiteln wird die Geschichte der Menschenrechte historisch-chronologisch, beginnend mit dem Zeitalter der Aufklärung bis in die Gegenwart, entfaltet. Darstellungen und thematisierte Zugriffe zielen dabei auf die zentralen Sach- und Urteilskompetenzen, indem sie durchgängig Entstehungszusammenhänge, zeitgenössische Vorstellungen von der Reichweite der Menschenrechte sowie den Grad ihrer realen Umsetzung thematisieren und ersten urteilenden Zugriffen zugänglich machen.

Als methodische Kompetenzen stehen in diesem Kapitel die sach- und fachgerechte sowie adressatenbezogene Darstellung von Sachverhalten, auch unter Nutzung elektronischer Datenverarbeitungssysteme (Folienpräsentation, Projektdokumentation) und die sachgerechte Analyse und Interpretation nichtsprachlicher Quellen (Karikaturen) im Mittelpunkt. Die exemplarische Anlage einer ganzen Reihe von Themen schult einen methodisch korrekten Umgang mit Fallbeispielen und deren Verallgemeinerung. Im dritten und vierten Kapitel führen Methodenseiten in die sach- und fachgerechte Erfassung und Formulierung von Sach- und Werturteilen ein.

1.2. Synopse

> Die folgende tabellarische Übersicht ermöglicht einen Überblick über die Teilkapitel (1. Spalte: Info, Thema/Forum, Methoden); zugeordnet sind in der 2. Spalte die Leitfragen der Thema/Forum-Einheiten sowie die jeweiligen Vorschläge zur Präsentation der Lernergebnisse; in der 3. Spalte sind die zugeordneten Kompetenzen ausgewiesen.

Konkretisierte Unterrichtssequenzen	Leitfragen *Präsentation der Lernergebnisse*	Zugeordnete Kompetenzen
Menschenrechte (S. 204–215) Info: Menschenrechte in unserer Welt **(S. 205–208)** ■ Was sind Menschenrechte? ■ Wie werden die Menschenrechte begründet? ■ Seit wann gibt es Menschenrechte? ■ Welche Menschenrechte gibt es? ■ Was unterscheidet Menschenrechte von „Grundrechten"? ■ Gibt es internationale Institutionen zum Schutz der Menschenrechte? ■ Menschenrechte in unserer Welt **Thema:** Menschenrechte konkret: Die Grundrechte im Grundgesetz **(S. 209–212)** **Methode:** Eine Folienpräsentation erstellen **(S. 210)** **Thema:** Menschenrechte – Anspruch und Wirklichkeit **(S. 213–215)** **Methode:** Eine Projektdokumentation erstellen **(S. 215)**	*Stichwortliste* *Foliengestützter Kurzvortrag* *Statements* ● Welche Grundrechte gelten in Deutschland? *Stafettenvortrag auf der Basis einer PowerPoint-Präsentation* ● Menschenrechtsverletzungen in der Gegenwart: Die Menschenrechte zwischen Anspruch und Wirklichkeit *Projektdokumentation, anschließend Erörterung im Kreisgespräch*	**Konkretisierte Sach-/Urteilskompetenzen** **Die Schülerinnen und Schüler können …** ✓ Inhalt und Bedeutung von Menschenrechten beschreiben. ✓ verschiedene Begründungen für die Existenz von Menschenrechten darstellen. ✓ den Anspruch der Menschenrechte auf universelle Gültigkeit darstellen und kritisch beurteilen. ✓ die Grundrechte im Grundgesetz der Bundesrepublik Deutschland darstellen und erläutern. ✓ den Grad der Umsetzung der Menschenrechte in unserer gegenwärtigen Welt beispielhaft beurteilen. **Konkretisierte Methoden-/Handlungskompetenzen** **Die Schülerinnen und Schüler können …** ✓ in relevanten Medien recherchieren und zielgerichtet Informationen zu einfachen Problemstellungen beschaffen. (MK 2) ✓ Fallbeispiele analysieren und Verallgemeinerungen vornehmen. (MK 5) ✓ aufgabengeleitet grundlegende Schritte der Analyse und Interpretation von Textquellen und nichtsprachlichen Quellen unter Anleitung anwenden. (MK 6/MK 7) ✓ aufgabenbezogen Sachzusammenhänge strukturiert für Präsentationen aufbereiten. (MK 8) ✓ fachspezifische Sachverhalte adressatenbezogen und problemorientiert darstellen und auch unter Nutzung elektronischer Datenverarbeitungssysteme (Projektdokumentation, Folienpräsentation) präsentieren. (MK 9) ✓ Ferner: HK 1, HK 2, HK 4, HK 5, HK 6

Konkretisierte Unterrichtssequenzen	Leitfragen *Präsentation der Lernergebnisse*	Zugeordnete Kompetenzen
Das Zeitalter der Aufklärung – Keimzelle eines neuen Menschenbilds und Staatsverständnisses (S. 216–238) **Info:** Aufklärung: Zentrale Ideen und Ziele aufklärerischen Denkens **(S. 217–221)** ■ Das neue Bild vom Menschen ■ Das Wesen des Menschen: Vernunft und unveräußerliche Würde. ■ Selbst sehen – selbst urteilen ■ Selbst herrschen – Modelle für die politische Befreiung und Ablehnung der Alleinherrschaft ■ Bilanz: „Die Fackel der Vernunft!" – Eine Idee verändert politische und gesellschaftliche Wirklichkeit	☛ *Bildgestützter Kurzvortrag* *Strukturskizze* *Kommentierte Stichwortliste*	**Konkretisierte Sach-/Urteilskompetenzen** **Die Schülerinnen und Schüler können ...** ✓ die Grundelemente des Menschenbildes und der Staatsphilosophie der Aufklärung beschreiben. ✓ den Zusammenhang zwischen zeitgenössischen Erfahrungen, Interessen sowie Werthaltungen und der Entstehung des aufgeklärten Staatsverständnisses darstellen. ✓ die Bedeutung der Aufklärung für die Staatsgründung der USA sowie das Grundgesetz der Bundesrepublik als Beispiele moderner demokratischer Staaten beurteilen und damit beispielhaft Etappen der praktischen Umsetzung der Menschenrechte darstellen. ✓ am Beispiel der USA das Handeln politischer Akteure sowie deren Motive und Interessen im Kontext der jeweiligen Wertvorstellungen beurteilen. **Konkretisierte Methoden-/Handlungskompetenzen** **Die Schülerinnen und Schüler können ...** ✓ historische Texte lesen und analysieren. (MK 6) ✓ sprachliche und nichtsprachliche Quellen unter Anleitung analysieren und interpretieren. (MK 6) ✓ aufgabenbezogen Sachzusammenhänge strukturiert (Strukturskizzen, Thesenpapier, Lernplakat, Vortragskonzept) für Präsentationen aufbereiten. (MK 8) ✓ Sachverhalte und Sachzusammenhänge mithilfe verschiedener Präsentationsformen adressaten- und problembezogen darstellen. (MK 9)
Thema: Die Staatstheorien der Aufklärung und ihre Bedeutung **(S. 222–225)**	● Welches Menschenbild vertraten die Philosophen der Aufklärung? ● Welche Modelle eines idealen Staates entwickelten sie? ● Die Ideen der Aufklärung – ein historischer Neuanfang? ☛ *Lernplakate, anschließend Erörterung im Kreisgespräch*	
Thema: Ideen der Aufklärung prägen das Staatsverständnis in Amerika – Die Unabhängigkeit der USA **(S. 226–229)**	● Welches Bild eines Staates bringen die Gründungsdokumente der USA zum Ausdruck? ● Welche Ideen der Aufklärung prägen das amerikanische Staatsverständnis? ● Worin besteht die historische Bedeutung der Staatsgründung für die Entwicklung der Menschenrechte? ☛ *Expertenrunde*	
Thema: Die Werte der Aufklärung zwischen Anspruch und Wirklichkeit – Sklaverei in den USA **(S. 230–235)**	● Wie sah der Alltag der afroamerikanischen Bevölkerung aus? ● Wie rechtfertigten Zeitgenossen die Benachteiligung der farbigen Bevölkerung? ● Wie begründeten sie später den Anspruch auf Gleichheit? ● Wie ist am Beispiel der Stellung der afroamerikanischen Bevölkerung das Verhältnis von Anspruch und Wirklichkeit der Gleichheitsforderungen der Aufklärung zu beurteilen? ☛ *Stafettenpräsentation (perspektivische Rollen)*	

Konkretisierte Unterrichtssequenzen	Leitfragen *Präsentation der Lernergebnisse*	Zugeordnete Kompetenzen
Thema: John Locke und das Grundgesetz – Die Aufklärung wirkt bis heute (**S. 236–238**)	• Welche Vorstellungen und Ideen der Aufklärung spiegeln sich im Grundgesetz und Staatsaufbau der Bundesrepublik? ☞ *Thesenpapiere, anschließend Vergleich im Kursgespräch*	
Die Durchsetzung der Menschenrechte in der Französischen Revolution (S. 239–266) Info: Die Französische Revolution (**S. 240–251**) ■ Revolution – eine besondere Form des historischen Konflikts ■ Die „vorrevolutionäre Situation": Ursachen und Anlass der Revolution ■ Der Verlauf der Revolution: Phasen, Interessen und Ziele ■ Das Ende der Revolution **Thema:** Die Erklärung der Menschen- und Bürgerrechte vom 26. August 1789 (**S. 252–254**) **Thema:** Menschenrechte – auch für Frauen? Zeitgenössische Vorstellungen über die Reichweite der Menschenrechte (**S. 255–258**) **Thema:** „Der Zenit des französischen Ruhms" – Zeitgenössische Vorstellungen über die Menschenrechte in der Revolution (**S. 259–261**) **Methode:** Karikaturen interpretieren (**S. 260**) Forum: „Denn jene Begebenheit ist zu groß …" Historiker über die Bedeutung der Französischen Revolution in der Geschichte (**S. 262–266**) **Methode:** Historische Sachurteile erkennen und formulieren (**S. 262/263**)	☞ *(Bildgestützter) Kurzvortrag* *Stichwortliste* *Schriftlicher Aufsatz* *Stafettenpräsentation* *Tabellarische Übersicht* • Welche Menschenrechte sind in der französischen „Erklärung der Menschen- und Bürgerrechte" formuliert? • Inwiefern sind sie „Antworten auf konkrete Unrechtserfahrungen"? ☞ *Lernplakate* • Die Rechte der Frau: Welche Positionen zur Reichweite der Menschenrechte standen sich in der Zeit der Französischen Revolution gegenüber? ☞ *Positionsplakate, anschließend Diskussion im Kursgespräch* • Welche Positionen vertraten Zeitgenossen während der Französischen Revolution zum Thema Menschenrechte? ☞ *Bildgestützte Präsentation* • Welche Bedeutung hat die Französische Revolution für die europäische Geschichte? ☞ *Foliengestützter Stafettenvortrag*	**Konkretisierte Sach-/Urteilskompetenzen** Die Schülerinnen und Schüler können … ✓ den Verlauf der Französischen Revolution unter Verwendung von Kategorien der Konfliktanalyse erklären. ✓ wichtige Ereignisse, Personen und zeitgenössische Positionen in den Verlauf der Revolution einordnen. ✓ den Grad der praktischen Umsetzung der Menschenrechte in den verschiedenen Phasen der Revolution beschreiben. ✓ politische Positionen und Motive der historischen Akteure in der Revolution aus zeitgenössischer und heutiger Sicht beurteilen. ✓ die Bedeutung der Französischen Revolution für die Entwicklung von Demokratie und Menschenrechten in der europäischen Geschichte beurteilen. ✓ ein Sachurteil formulieren. **Konkretisierte Methoden-/Handlungskompetenzen** Die Schülerinnen und Schüler können … ✓ aufgabengeleitet grundlegende Schritte der Analyse und Interpretation von Textquellen anwenden. (MK 6) ✓ unter Anleitung auch nichtsprachliche Quellen (Karikaturen) analysieren und interpretieren. (MK 7) ✓ grundlegende Schritte der Analyse und kritischen Auseinandersetzung mit historischen Darstellungen aufgabenbezogen fachgerecht anwenden. (MK 6) ✓ aufgabenbezogen Sachzusammenhänge strukturiert für Präsentationen aufbereiten. (MK 8) ✓ fachspezifische Sachverhalte adressatenbezogen und problemorientiert darstellen und medial gestützt präsentieren. (MK 9) ✓ Ferner: HK 1, HK 2, HK 3, HK 6

Konkretisierte Unterrichtssequenzen	Leitfragen / *Präsentation der Lernergebnisse*	Zugeordnete Kompetenzen
Die Durchsetzung der Menschenrechte bis in die Gegenwart (S. 267–284) **Info:** Von der Französischen Revolution bis zum 21. Jahrhundert: Entwicklungsetappen der Menschenrechte zwischen Anspruch und Wirklichkeit **(S. 268–271)** ■ Die Entstehung eines weltweit gültigen Wertekatalogs ■ Die Internationalisierung der Menschenrechte: Maßnahmen und Grenzen der Durchsetzbarkeit im 20. und 21. Jahrhundert	*Kommentierte Stichwortliste* *Schriftliche Erörterung oder Statements* *Foliengestützter Kurzvortrag* *Concept Map* *Thesenpapier*	**Konkretisierte Sach-/Urteilskompetenzen** Die Schülerinnen und Schüler können … ✓ zentrale Entwicklungsetappen der Menschenrechte im 20. und 21. Jahrhundert beschreiben. ✓ Entstehung, Inhalt und Umsetzung der AEMR von 1948 beschreiben und erläutern sowie den erreichten Entwicklungsstand beurteilen. ✓ institutionelle und militärische Verfahren zur Um- und Durchsetzung der Menschenrechte beschreiben und beurteilen.
Thema: Die „Allgemeine Erklärung der Menschenrechte" – Was macht sie so besonders? **(S. 272–274)**	• Welche Menschenrechte sind in der „Allgemeinen Erklärung der Menschenrechte" formuliert? • Welche Ideen und historischen Vorbilder spiegeln sich in der Erklärung? • Worin besteht das historisch Bedeutsame der Erklärung im Kontext der Geschichte der Menschenrechte?	✓ den Zusammenhang zwischen zeitgenössischen Erfahrungen, Interessen und Werthaltungen sowie der Weiterentwicklung der Menschenrechte in der Gegenwart beschreiben und erläutern. ✓ anhand von ausgewählten Fallbeispielen den jeweiligen Stand der Entwicklung der Menschenrechte beurteilen. ✓ das Spannungsverhältnis zwischen universellem Anspruch der Menschenrechte und der Wirklichkeit erläutern und beurteilen.
Thema: In der Debatte: Die universelle Geltung der Menschenrechte **(S. 275–280)** **Methode:** Werturteile formulieren **(S. 276)**	*Lernplakate* • Sind Menschenrechte universell gültig? • Sind Menschenrechte eine europäisch-westliche Errungenschaft, die der ganzen Welt übergestülpt werden soll? *Positionsplakate, anschließend Stellungnahme im Kreisgespräch*	✓ den universellen Anspruch und die Wirklichkeit der Menschenrechte bewerten. ✓ ein Werturteil formulieren.
Forum: Menschenrechte verteidigen – notfalls mit Gewalt? Das Prinzip der Internationalen Schutzverantwortung in der Diskussion **(S. 281–284)**	• Sind Militäreinsätze der Vereinten Nationen zum Schutz der Menschenrechte gerechtfertigt? *Argumentlisten und Ampelspiel*	**Konkretisierte Methoden-/Handlungskompetenzen** Die Schülerinnen und Schüler können … ✓ Positionen und Urteile strukturiert präsentieren und dazu Stellung nehmen. (MK 8/MK 9) ✓ Ferner: HK 1, HK 2, HK 3

2. Hinweise und Erläuterungen

> Im Folgenden erhalten Sie – gegliedert nach Teilkapiteln (TK) – sowohl Hinweise bzw. Vorschläge zur Konzeption und zur Unterrichtsgestaltung als auch Hinweise bzw. Erläuterungen zu den Fragen und Aufgaben.

S. 204–215 · TK 1: Menschenrechte

2.1. Zur Konzeption

Die beiden Themen des ersten Teilkapitels entfalten – ausgehend von der Gegenwart – Inhalt und Problematik der Menschenrechte anhand konkreter Beispiele, um auf diese Weise den Gegenstand, der im Vorwissen der Schülerinnen und Schüler erfahrungsgemäß eher abstrakt, unhistorisch und euphemistisch strukturiert ist, zu problematisieren und Fragehorizonte zu eröffnen. Im Informationstext des ersten Teilkapitels (S. 205 ff.) werden systematisch grundlegende Kategorien der Menschenrechtsdiskussion (Definitionen, Begründungen, Generationen, Institutionen) – wiederum aus heutiger wissenschaftlicher Perspektive – in knapper Form vorgestellt, um den Schülerinnen und Schülern ein Begriffsinstrumentarium an die Hand zu geben, mit dessen Hilfe sie die Geschichte der Menschenrechte im weiteren Verlauf des Unterrichtsvorhabens präziser erfassen, kognitiv verankern und beurteilen bzw. bewerten können.

2.2. Hinweise zur Unterrichtsgestaltung

Das erste Teilkapitel ist gegenwartsgenetisch angelegt und sollte zu Beginn des Unterrichtsvorhabens behandelt werden, um an die Erfahrungswelt der Gegenwart anzuknüpfen und kategorial-begriffliche Orientierung zu bieten. Alternativ wäre allerdings auch ein historisch-chronologischer Einstieg in das Unterrichtsvorhaben mit dem zweiten Teilkapitel (SB, S. 216 ff.) denkbar. In diesem Fall können die beiden Themen des ersten Teilkapitels (SB, S. 209, 213) am Ende des Unterrichtsvorhabens behandelt werden.

Der Infotext bietet grundlegende begriffliche Klärungen und umrisshafte Informationen über legitimatorische Herleitungen und den aktuellen Entwicklungsstand der Menschenrechte. Der strukturell gegliederte Text kann arbeitsteilig (nach Zwischenüberschriften) erarbeitet und wiedergegeben werden. Die drei Arbeitsaufgaben können zur Sicherung der wesentlichen Inhalte genutzt werden.

Die beiden Themen „Menschenrechte konkret: Die Grundrechte im Grundgesetz" (SB, S. 209) und „Menschenrechte – Anspruch und Wirklichkeit" (SB, S. 213) sind projektartig angelegt und damit sehr variabel im Unterricht einsetzbar. Die im Leitmedium Schulbuch abgedruckten Materialien können jeweils im Rahmen einer Unterrichtsstunde erschlossen und bearbeitet werden, denkbar ist aber auch eine erhebliche Ausweitung sowohl der Materialgrundlagen wie auch der Präsentationsformen. Beide Themen können im Übrigen im Unterricht zeitgleich und arbeitsteilig von Arbeitsgruppen bearbeitet oder einer besonders interessierten oder leistungsfähigen Arbeitsgruppe zur Vorbereitung eines Referates, einer Präsentation oder einer schriftlichen Ausarbeitung übertragen werden.

Das Thema „Menschenrechte konkret: Die Grundrechte im Grundgesetz" präsentiert die wichtigsten Grundrechtsartikel in gekürzter Form. Diese Materialgrundlage kann problemlos um den ungekürzten Text des GG (auffindbar auf den einschlägigen Internetseiten, in vielen Schulen auch als Klassensatz verfügbar) erweitert werden. Methodische Hinweise zum vorgeschlagenen Produkt (Folienpräsentation) finden sich auf S. 210.

Die Bearbeitung des Themas kann erheblich an Anschaulichkeit und Einsicht in die Bedeutung der Grundrechte im Alltag gewinnen, wenn der unter „Erweitern/Vertiefen – Tipps" gegebene Hinweis auf konkrete Beispiele zu jedem Grundgesetzartikel durchgängig beachtet wird; allerdings ist dann auch der entsprechende Aufwand bzw. die nötige Unterrichtszeit einzuplanen. Umgekehrt kann die Bearbeitungs- bzw. Unterrichtsdauer durch die Auswahl exemplarischer Grundrechtsartikel aus dem Materialangebot (SB, S. 211 f.) erheblich verkürzt werden.

Das Thema „Menschenrechte – Anspruch und Wirklichkeit" präsentiert vier verschiedene Fälle von Menschenrechtsverletzungen. Diese Fälle sind so ausgewählt, dass sie verschiedene Menschenrechtsgruppen beispielhaft repräsentieren können. Sie sind jeweils durch eine Fotografie und einen kurzen, einführenden Text dargestellt, Recherche- bzw. Literaturhinweise können – falls gewünscht – für eine ausführlichere Recherche genutzt werden. Ebenso können selbstverständlich über die angegebenen Internetadressen (SB, S. 213) weitere Fälle untersucht werden.

2.3. Hinweise zu Fragen und Aufgaben

Zu den Arbeitsanregungen zum Infotext (S. 208)

1. Wiedergabe der Merkmale der Menschenrechte wie im Kasten auf SB-S. 206: angeboren und unverlierbar/vorstaatlich/individuell und gleich/universell/unteilbar/fundamental.

2. Das Ergebnis sollte folgende Elemente beinhalten:
- *Abwehrrechte:* Rechte des Individuums gegenüber dem Staat/Meinungsfreiheit, Religionsfreiheit.
- *Teilnahmerechte:* Rechte des Individuums zur Mitgestaltung von Staat und Gesellschaft/Wahlrecht, Versammlungsrecht.
- *Teilhaberechte:* Rechte des Individuums auf Teilhabe an grundlegenden Lebensbedingungen/Recht auf Ernährung, Recht auf Bildung.

3. Die Statements sollten folgende Elemente beinhalten:
- *Religiöse Begründung:* Menschenrechte sind von Gott gegeben.
- *Naturrechtliche Begründung:* Menschenrechte sind von der Natur gegeben.
- *Rechtspositivistische Begründung:* Menschenrechte sind sinnvoll für ein friedliches und gerechtes Zusammenleben.

Zur Aufgabenstellung im Thema S. 209 – 212: Menschenrechte konkret: Die Grundrechte im Grundgesetz

Hinweise zu den Arbeitsanregungen

1. Angaben können einfach dem Text entnommen werden.
2. Individuelle Anmerkungen oder Fragen.
3. Die Zuordnung der einzelnen Artikel zu den drei Grundrechtsgruppen (Abwehrrechte, Teilnahmerechte, Teilhaberechte) ist oft nicht eindeutig möglich, sodass mehrere Zuordnungen zutreffend sein können. Entscheidend ist, welche Anwendung im Einzelfall zum Tragen kommt. Beispiel: Artikel 3, Abs. 2 („Männer und Frauen sind gleichberechtigt") kann insofern als Abwehrrecht verstanden werden, als es dem Staat verboten ist, Menschen wegen ihres Geschlechts aktiv zu benachteiligen. Es bedeutet aber auch ein Teilnahmerecht oder Teilhaberecht, insofern Frauen oder Männer nicht wegen ihres Geschlechts von gesellschaftlicher oder politischer Teilnahme (z.B. Wahlrecht) oder Teilhabe (z.B. Bildung) ausgeschlossen werden dürfen.
Folgende Zuordnungen sind denkbar:
Art. 1: Alle Gruppen (Bekenntnis zu und Verpflichtung auf Grundrechte)/Art. 2: Abwehrrechte/Art. 3: Alle Gruppen/Art. 4: Abwehrrechte/Art. 5: Abwehrrechte/Art. 6: Alle Gruppen/Art. 8: Abwehrrechte, Teilhaberechte/Art. 9: Teilnahmerechte, Teilhaberechte/Art. 10: Abwehrrechte/Art. 11: Abwehrrechte, Teilhaberechte/Art. 12: Abwehrrechte, Teilhaberechte/Art. 13: Abwehrrechte/Art. 14: Abwehrrechte, Teilhaberechte/Art. 15: Abwehrrechte (Einschränkung)/Art. 16: Alle Gruppen/Art. 16a: Abwehrrechte, Teilhaberechte/Art. 18: Alle Gruppen (Einschränkung)/Art. 19: Alle Gruppen.

Zur Aufgabenstellung im Thema S. 213 – 215: Menschenrechte – Anspruch und Wirklichkeit

Zur Auswertung der Fotografien

M 1: Recht auf Leben und Pressefreiheit (Die Wandmalerei dringt darauf, dass scheinbar unterlegene Personen durch die Dokumentation von Gewalt und Verbrechen diese verhindern bzw. begrenzen können)/staatliche Organe/Bevölkerung.
M 2: Recht auf Ernährung/sudanesische Regierung/Bevölkerung, Flüchtlinge.

M 3: Menschenwürde, Folterverbot/Regierung der USA/Kriegsgefangene.

M 4: Presse- und Meinungsfreiheit/unbekannt (da Politkowskaja kritisch über Menschenrechtsverletzungen der russischen Armee in Tschetschenien berichtete, richtet sich ein Verdacht gegen Armee und Geheimdienst Russlands)/Journalistin Anna Politkowskaja.

S. 216–238 | TK 2: Das Zeitalter der Aufklärung – Keimzelle eines neuen Menschenbilds und Staatsverständnisses

2.1. Zur Konzeption

Im Mittelpunkt des Teilkapitels „Das Zeitalter der Aufklärung – Keimzelle eines neuen Menschenbilds und Selbstverständnisses" (S. 216 ff.) steht die „Geburt der Menschenrechte" im Zusammenhang der Aufklärung. Im Infotext (S. 217 ff.) werden Menschenbild und Staatstheorien der Aufklärung systematisch in ihren historischen und gedanklichen Begründungszusammenhängen entfaltet. Der strukturgeschichtliche Zugriff orientiert sich am Ansatz Hans-Jürgen Pandels („Aufklärung – Epoche und Projekt", GL 90, 2002, S. 16 ff.). Der Infotext erläutert dabei auch den Zusammenhang zwischen der Unrechtserfahrung des Absolutismus und der Entstehung des neuen Menschenbilds und Staatsverständnisses.

Das erste Thema des Teilkapitels vertieft das Verständnis der Staatstheorien exemplarisch anhand von Originalquellen. Im Mittelpunkt stehen John Locke, Charles-Louis de Montesquieu und Jean-Jacques Rousseau. Das zweite Teilkapitel wendet sich der historisch ersten praktisch-politischen Umsetzung der Ideen der Aufklärung in den USA zu, indem diese in ihrem Anspruch zunächst anhand zentraler Gründungsdokumente erarbeitet und anschließend mit den Grenzen ihrer tatsächlichen Reichweite am Beispiel der Sklaverei konfrontiert werden. Im abschließenden Thema des Teilkapitels (S. 236 ff.) werden die langfristigen Wirkungen der Aufklärung am Beispiel des Grundgesetzes untersucht, um so die Bedeutung des Menschenbilds und der Staatstheorien für die Entwicklung des modernen demokratischen Staates beurteilen zu können.

2.2. Hinweise zur Unterrichtsgestaltung

Als Einstieg in das TK kann eine Interpretation der Bilder auf S. 216/218 und 219 gewählt werden. Auf diese Weise lassen sich erste Einsichten in die Veränderung des Menschen- und Weltbilds gewinnen, formuliert als Arbeitshypothesen. In einem nächsten Schritt könnten diese Hypothesen anhand der Info-Seiten 217/218 verifiziert werden, sodass der Zentralbegriff der „Aufklärung" inhaltlich gefüllt wird.

Die anschließenden Themen sollten in der vorliegenden Reihenfolge bearbeitet werden: Menschenbild und Staatsphilosophie der Aufklärung unter der Leitfrage der langfristigen Bedeutung sowie die welthistorisch erste Umsetzung dieser Ideale in politische Praxis in den USA unter dem Urteilsgesichtspunkt von Anspruch und Wirklichkeit. Methodisch stehen die aufgabengeleitete Interpretation von Textquellen und deren adressatengerechte Interpretation unter Verwendung von Strukturbildern im Vordergrund.

Der vollständige Infotext zur Aufklärung kann bei der Erarbeitung des ersten Themas einbezogen werden. Er bietet Verständnishilfen sowie Anregungen zur Urteilsbildung im Rahmen der Quelleninterpretation.

Das Thema „Locke und das GG" kann bei Zeitknappheit als Kurzreferat angeboten werden, z. B. als Gegenwartsexkurs zur Ergänzung der Beurteilung der Verfassungsgrundsätze der USA.

2.3. Hinweise zu Fragen und Aufgaben

 Zu den Arbeitsanregungen zum Infotext (S. 221)

1. Bildgestützter Kurzvortrag: Zwei Gemälde von Joseph Wright of Derby (1734–1797, englischer Maler, Darstellung der Naturwissenschaft und ihrer Faszination; zentrales Stilmittel: Lichtgestaltung).

Im Mittelpunkt stehen Planetarium/Experiment. Es strahlt (fiktives, symbolisches) Licht auf die umstehenden Personen aus („Erleuchtung", „Wissen" = Aufklärung). Die erwachsenen Personen strahlen in Gestik und Mimik Ruhe, Gelassenheit, Sicherheit, Konzentration aus. Sie kommunizieren über Wissen und Forschung, Kinder symbolisieren kindliche Freude über die Erkenntnis, sie sind die Zukunft der Menschheit. Hintergrund und Umgebung im Kontrast zum Licht im Mittelpunkt sehr dunkel: die aufzuhellende, aufzuklärende Welt.

Der Mensch versucht, Unbekanntes zu erklären, neues Wissen zu finden, die Welt zu verstehen, die Welt besser zu machen. Dunkles wird aufgeklärt. Methode der Aufklärer: nachdenken, beobachten, experimentieren → wissenschaftliche Methode. Überwindung von Aberglauben, überlieferten Dogmen und Glaubensgrundsätzen, kein Gehorsam gegenüber Kirche und Herrscher. Der selbstbestimmte Mensch hält das für wahr, was er selbst sehen kann.

2. Strukturskizze: Der ideale Staat

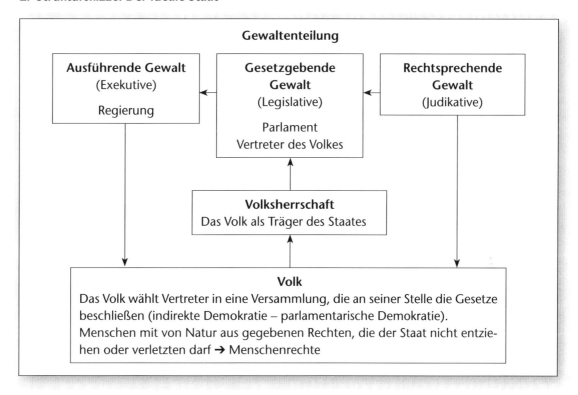

3. Bildgestützter Kurzvortrag:

Das **Gemälde Ludwigs** stellt eine Auftragsmalerei dar; es zeigt nicht, wie Ludwig XIV. wirklich war, sondern wie er gesehen werden sollte. Schaffung eines Bildes, in dem seine Macht- und Prachtentfaltung zum Ausdruck kommt. Das elegante Posieren im Ausfallschritt und das Stemmen der linken Hand in die Hüfte unterstreichen den Macht- und Herrschaftsanspruch. Durch die Froschperspektive, die Ludwig in einer erhöhten Position darstellt, wird die uneingeschränkte Macht über Mensch und Natur symbolisiert. Absolutes Herrschertum: Insignien der Macht: die Krone, das Schwert, das Zepter. Der Absolutismus beinhaltet unumschränkte Herrschaft (Gottesgnadentum), Ausschluss des Individuums von Mitwirkung, Willkürherrschaft und Rechtsunsicherheit; damit Unterdrückung des Individuums.

Das **Gemälde zur Ständeordnung** verdeutlicht die Vorstellung der von Gott gegebenen Ungleichheit der Menschen durch Zuweisung in Stände. Drei Stände mit bestimmten Aufgaben: Klerus = beten; Adel = schützen; Bauern = arbeiten. Ständegesellschaft als göttliche Fügung, Auflehnung gegen die Ordnung ist Sünde gegen Gott.

Im Gegensatz dazu die Ideale der Aufklärung: Volkssouveränität als Zustimmung der Beherrschten zur Herrschaft, Volk als Souverän, nicht der König. Volkssouveränität statt Gottesgnadentum; Trennung der Gewalten. Rechtsstaatlichkeit als gesetzesbasierte Regelung des Miteinanders, Gleichheit der Menschen, individuelle Rechte statt Ständeordnung.

4. Kommentierte Stichwortliste: Menschenrechte als in der Natur des Menschen begründete Rechte (naturrechtliche Begründung) → Antwort auf die Unrechtserfahrung des Absolutismus → Mensch = einzigartig, mit Vernunft ausgestattet, mit unveräußerlichen Rechten, Gleichheit, Freiheit → Fähigkeit des selbstständigen Denkens, Sehens, Urteilens → kein vernünftiger Grund für die Herrschaft des Staates über den Menschen → das Volk als Gemeinschaft vernünftiger Menschen bestimmt den Staat → Neuausrichtung des Denkens führt zu Neubegründung von Herrschaft → Volkssouveränität.

Zur Aufgabenstellung im Thema S. 222–225: Die Staatstheorien der Aufklärung und ihre Bedeutung

A. Lernplakate: Die Staatstheorien der Aufklärung – Menschenbild, idealer Staat, Bedeutung

	Locke	Montesquieu	Rousseau
Menschenbild	• Freiheit und Gleichheit im Naturzustand • Natürliches Bedürfnis nach Gerechtigkeit • Rechtsunsicherheit • Fähigkeit zu Kompromiss und Konsens	• s. Locke • Freiheit und Gleichheit, aber auch Missbrauch von Macht	• s. Locke • Bereitschaft zur Unterwerfung unter Gemeinschaftswillen
Idealer Staat	• Gesellschafts- und Herrschaftsvertrag → Volk als Schöpfer des Staates • Verhinderung von Machtmissbrauch durch Gewaltenteilung (zwei Gewalten)	• Gewaltenteilung: Drei Gewalten: Legislative, Exekutive, Jurisdiktion • Legislative beim Volk: Es beauftragt die Exekutive und die Rechtsprechung. • Rechtsprechung = unabhängig • Gegenseitige Kontrolle	• Konstituierung des Staates durch das Volk → Volk als Souverän → Staat als zweckmäßige Schöpfung freier Individuen • Unterordnung des Einzelnen unter Gemeinschaftswillen • Keine Gewaltenteilung
Bedeutung	• Naturrechtlicher Anspruch des Menschen auf Freiheit, Gleichheit, Gerechtigkeit, Eigentum • Gewaltenteilung • Ablehnung der Lehre vom göttlichen Ursprung des Staates (Mittelalter)	• Begründung der Teilung in drei Gewalten	• Plädoyer für Freiheit des Einzelnen • Volkssouveränität • Mögliche Problematik: Verhältnis des Einzelnen zur Gesamtheit

B. Hinweise zu den Arbeitsanregungen (Strukturskizzen)

M1 S. 223f.

John Locke

```
                    Naturzustand
        ┌──────────────────┬──────────────────┐
        │ Freiheit:        │   Gleichheit     │
        │ Verfügungsrecht  │                  │
        │ über Eigentum    │                  │
        │ und Person       │                  │
        └──────────────────┴──────────────────┘

              Naturrecht:
       vernunftgesteuertes Verhalten aller

         Gefährdung/Rechtsunsicherheit
       durch Schwäche der menschlichen Natur

   ┌──────────────────┐   ┌──────────────────┐
   │ Gesellschafts-   │   │ Herrschafts-     │
   │ vertrag:         │   │ vertrag:         │
   │ Zusammenschluss  │   │ Übereinkunft der │
   │ zum Schutz von   │   │ Bürger mit dem   │
   │ Leben, Freiheit, │   │ Herrscher über   │
   │ Eigentum         │   │ Grundsätze der   │
   │                  │   │ Herrschaft       │
   └──────────────────┘   └──────────────────┘

       Sicherung des Rechts, Vermeidung von
          Missbrauch → Gewaltenteilung
   ┌──────────────┐                ┌──────────────┐
   │ Legislative  │                │ Exekutive    │
   │ Parlament    │                │ Monarch      │
   └──────────────┘                └──────────────┘
```

M 2 S. 224 Montesquieu

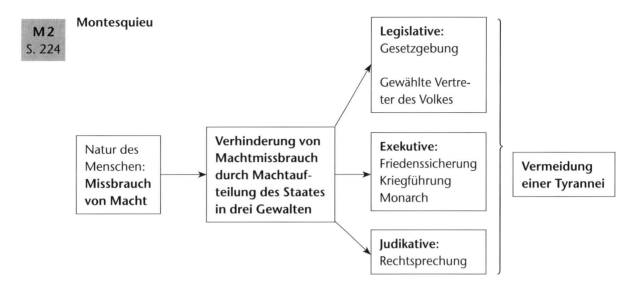

M 3 S. 225 Rousseau

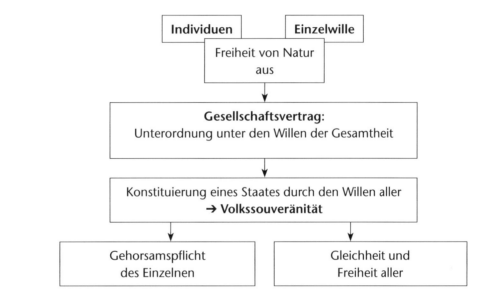

Zur Aufgabenstellung im Thema S. 226 – 229: Ideen der Aufklärung prägen das Selbstverständnis in Amerika – die Unabhängigkeit der USA

Vorbereitung der Expertenrunde: Ideen der Aufklärung und das Staatsverständnis der USA

Zu Aufgabe 4 S. 226

Inhaltliche Gesichtspunkte, auf die ein Experte eingehen sollte (die Hinweise zu den Arbeitsanregungen zu M 1 und M 2 auf S. 228/229 sind integriert):

Die Virginia Bill of Rights (M 1)	
Verfasser:	George Mason, führende Persönlichkeit der Unabhängigkeitsbewegung, Vater der „BoR"
Adressat:	Verfassunggebender Konvent von Virginia; übrige Kolonien, die unmittelbar vor der Unabhängigkeitserklärung standen
Ziel:	Realisation eines demokratischen Zukunftsstaates auf der Grundlage von Menschen- und Bürgerrechten
Historischer Hintergrund:	Endphase der Unabhängigkeitsbestrebungen der 13 Kolonien; nur drei Wochen später wird die Unabhängigkeit der USA ausgerufen.

Die Virginia Bill of Rights (M 1)	
Normen und Pflichten:	**Abwehrrechte:** Presse- und Meinungsfreiheit, Religiosfreiheit, Prozessrechte **Teilnahmerechte:** freies Wahlrecht für Männer mit geregeltem Einkommen **Teilhaberechte:** Glück und Sicherheit, ohne dass deren Gewährleistung geregelt wird Erwartung an tugendhaftes Leben
Menschenbild:	Recht auf Gleichheit, Freiheit, Eigentum sowie Glück und Sicherheit von Natur aus
Staatsverständnis:	Staat als Instrument zur Sicherung der menschlichen Rechte Volkssouveränität → Repräsentativsystem Gewaltenteilung Begrenzte Amtszeiten
Ideen der Aufklärung:	Vor allem die Ideen von John Locke: Naturrecht: Gleicheit, Freiheit, Eigentum; Staat als Garant der Freiheit, Gewaltenteilung
Historisch-politische Bedeutung:	Erste Grundrechtserklärung der Weltgeschichte; maßgeblicher Einfluss auf Unabhängigkeitserklärung der USA, Bill of Rights, Menschenrechtserklärung der Franz. Revolution

Die Unabhängigkeitserklärung der USA (M 2)	
Verfasser:	Thomas Jefferson, Jurist, Großgrundbesitzer, Sklavenhalter
Adressat:	Bevölkerung der 13 Kolonien, Mutterland England, (begrenzte) Weltöffentlichkeit
Ziel:	Öffentliche Rechtfertigung der Trennung vom Mutterland und Darlegung der Grundprinzipien des neuen Staates
Historischer Hintergrund:	– Ursache des Konflikts: fundamentaler Interessengegensatz zwischen Mutterland (Kolonien als Rohstoffquelle und Absatzmarkt) und Kolonien (eigenständige Wirtschaft, Selbstbestimmung, Handlungsfreiheit, Furcht vor sozialen Unruhen, Verteidigung der neuen Lebensform ohne Stände, ohne feste Gesellschaftsordnung, ohne dominierende Obrigkeit, mit großen Chancen auf individuellen Wohlstand); Eskalation des Konflikts durch Steuerstreit – Philosophische Legitimation durch Ideen der Aufklärung
Kernaussagen:	– Einleitende Rechtfertigung der einseitigen Loslösung vom Mutterland mit Naturrecht + Benennung des Zwecks der Erklärung: Begründung, Rechtfertigung des Vorgehens – Benennung der Prämissen des Handelns: Gleichheit der Menschen von Natur und göttlicher Schöpfung, Ausstattung mit Grundrechten, volkssouveräne Einsetzung einer Regierung, Teilung der Gewalten – Auflistung der Vergehen des Königs in der Form tyrannischer Herrschaft: Auflösung der regionalen Parlamente, Unterdrückung durch Bürokratie, Unterhalt von Heeren ohne Zustimmung, Ausbeutung von Land und Meer, Verwüstung und Tötung durch Heere – Vor diesem Hintergrund im Auftrag der Bevölkerung Legitimität der Erklärung der Unabhängigkeit, Entbindung von Treuepflicht gegenüber Mutterland, Recht auf innen- und außenpolitische Souveränität – Betonung der Verpflichtung im Angesicht Gottes
Menschenbild:	– Recht auf Gleichheit, Freiheit, Eigentum sowie Glück und Sicherheit von Natur aus – Afroamerikaner/Indianer/Frauen: ungleiche Rechte → Widerspruch
Staatsverständnis:	Staat als Instrument zur Sicherung der menschlichen Rechte Volkssouveränität → Repräsentativsystem Gewaltenteilung begrenzte Amtszeiten
Ideen der Aufklärung:	Vor allem die Ideen von John Locke: Naturrecht (Gleichheit, Freiheit, Eigentum), Staat als Garant der Freiheit, Gewaltenteilung

Die Unabhängigkeitserklärung der USA (M 2)	
Historisch-politische Bedeutung:	– Gründungsdokument der USA, weltgeschichtlich folgenreichste Staatsgründung auf der Basis aufklärerischer Grundprinzipien, Vorbildfunktion; Amerikanische Revolution: Verfassungsrevolution, neuartige Legitimationsbasis mit Volkssouveränität in einem großen Flächenstaat – Andererseits: historisch zentraler Gegensatz zwischen Anspruch und Wirklichkeit: Ausschluss von Bevölkerungsgruppen vom Recht auf Gleichheit → Limitiertheit von Idealen und deren Umsetzung – Allerdings: Ideale als Referenzwerte und -normen für Gleichheitsbestrebungen

Zur Aufgabenstellung im Thema S. 230–235: Die Werte der Aufklärung zwischen Anspruch und Wirklichkeit – Sklaverei in den USA

A. Zu den Rollenkarten und zum historischen Hintergrund

So könnten die Rollenkarten aussehen (die Hinweise zu den Arbeitsanregungen zu M 3 bis M 7 auf S. 233–235 sind integriert):

Personen	Inhalt	Rechtfertigung bzw. Kritik/Forderung mit Bezug zu Normen
3. Kind der Familie	– Arbeit von Sonnenaufgang bis Dunkelheit, Pflücken der weißen Baumwollbüschel, Mitarbeit aller Geschwister und der Eltern, kein Spielen – Unterbringung in Hütten, große Raummenge, keine Privatheit	Ungerechtigkeit, Ungleichheit, Gegensatz zu Versprechen der Unabhängigkeit; individuelles Glück wird nicht gefördert
Sklave Salomon	– Arbeitszeit: von Sonnenaufgang bis Dunkelheit, auch bei Vollmond, kurze Mittagspause – Tätigkeit: Pflücken der Baumwollbüschel, Abwiegen am Abend – Ernährung: Mais und Speck, kleine Rationen, keine Extras, ohne Messer und Gabel, ohne Tisch – Behandlung: Antreiben mit der Peitsche, Auspeitschen bei Verspätung	s. o.
McDuffee	– Sklaverei als Wille Gottes, göttliche Bestimmung der afrikanischen Rasse zur Unterordnung, geistige Unterlegenheit, Unfähigkeit zur Freiheit – Pflicht der Besitzer zu Ernährung und Kleidung – große Zufriedenheit der Sklaven mit ihrem Leben	Verfassung schützt Recht auf Eigentum; Akzeptanz von Ungleichheit von Natur aus; Jefferson selbst = Sklavenbesitzer; Ungleichheit dient dem Wohl der Abhängigen
Richter	– Eigentum an Sachgut und Sklave rechtlich identisch, Verankerung in der Verfassung, Recht auf Handel wie mit Sachgütern, Verhinderung der Flucht als Schutz von Eigentum, Sklave = beweglicher Besitz, Sklave als Sache → nur Schutz des Lebens, keine Gleichheit	s. o.
Abraham Lincoln	– Befreiung der Sklaven in den Rebellenstaaten des Südens – administrative Gleichbehandlung – Erwartung: Verzicht auf Gewalt, Arbeitsbereitschaft	Umsetzung des Versprechens der Unabhängigkeit; neuer Zeitgeist: militärische Notwendigkeit → Rekrutierung von Soldaten → ideologische Zustimmung des Nordens und des Auslands → Sklavenbefreiung als ideologische Legitimation des Nordens
Mitglied des Kongresses, Unterstützer der Civil Rights	– Bürgerrechte auch für Afroamerikaner, nicht für Indianer: Vertragsrecht, Wahlrecht, Recht auf Eigentum, Gleichheit vor dem Gesetz – Idee der Gleichheit aus der Unabhängigkeitserklärung	Neue Einsichten vor dem Hintergrund des Bürgerkrieges: Verpflichtung zur Umsetzung der Gleichheit zum Wohle des ganzen Landes

Zeitleiste: Entwicklung der Sklaverei

zur Aufgabe S. 231

1492	Landung des Kolumbus in Amerika Allmählicher Beginn des Dreieckshandels (Sklaven von Afrika nach Amerika, Zucker von Amerika nach Europa, Rum, Stoffe von Europa nach Afrika) Bis ins 18. Jh. mehr als 500 000 Sklaven nach Nordamerika
1619	Erste Sklaven nach Virginia
1776	Unabhängigkeitserklärung: Gleichheitsgrundsatz, aber kein Verbot der Sklaverei
1808	Verbot des Imports von Sklaven
1857	Dred Scott Urteil: Sklaven als minderwertige Wesen
1861–65	Bürgerkrieg in den USA
1862	Emanzipationsproklamation: Sklavenbefreiung in den Rebellenstaaten des Südens
1865	13. Verfassungszusatz: Verbot der Sklaverei in den USA

B. Hinweise zu den Arbeitsanregungen

M 1/2 S. 232

Die soziale und rechtlichen Lage der afroamerikanischen Bevölkerung – zeitgenössische Bilder berichten:

1. **a) Typus:** Foto zur Dokumenation, also für die Öffentlichkeit bestimmt. **Thema:** Wohn- und Arbeitsbedingungen von Sklaven. **Zeit:** Zeitraum der Bürgerkriege, 1861–65. **b) M 1:** Sklavenfamilie mit Kindern im Zentrum, Tragekörbe mit Baumwolle. **M 2:** Zwei Holzhäuser mit großer Zahl von Bewohnern, diese posieren vor ihren Häusern. **c)** Beide Fotos sind gestellt, Dokumentationszweck; sie zeigen Beschäftigung und Unterbringung; das Elend der Sklavenexistenz wird nicht sichtbar; eher distanzierte Sicht; keine Nahaufnahme von Gesichtern, von der Härte der Arbeit, der Enge der Wohnungen, vom Leiden, von erniedrigender Behandlung.

Zur Aufgabenstellung im Thema S. 236–238: John Locke und das Grundgesetz – Die Aufklärung wirkt bis heute

Vorschlag für ein Thesenpapier

(Die Hinweise zu den Arbeitsanregungen zu M 3 bis M 7 auf S. 233–235 sind integriert.)

- **Grundgesetz:**
  - Menschen- und Grundrechte Art. 1–19
  - Volkssouveränität → Art. 20: Alle Staatsgewalt geht vom Volk aus.
  - Gewaltenteilung: Legislative – Exekutive – Jurisdiktion → Konzentration auf Legislative im Parlament
  - Demokratische Grundordnung → Repräsentativsystem
  - Parteien als Träger der Willensbildung
  - Konkurrenzmodell: legitime Unterschiedlichkeit von politischen Ideen → Entscheidung durch Mehrheitsprinzip
  - Föderalismus
  - Rechts- und Sozialstaatsprinzip

- **Wegweisende Ideen der Aufklärung bis heute:**
  - Freiheit und Gleichheit von Geburt an → Menschenrechte
  - Volkssouveränität: Parlament als Versammlung der Vertreter/Repräsentanten des Volkes
  - Machtbalance zwischen den Gewalten zur Verhinderung von Alleinherrschaft
  - Rechtssicherheit des Bürgers

TK 3: Die Französische Revolution

2.1. Zur Konzeption

Das dritte Teilkapitel „Die Durchsetzung der Menschenrechte in der Französischen Revolution" (S. 239 ff.) fokussiert auf die Französische Revolution als Meilenstein in der historischen Entwicklung der Menschenrechte, auf den wesentliche Sach- und Urteilskompetenzen des Lehrplans bezogen sind. Im Informationstext (S. 239 ff.) wird der Verlauf der Revolution einerseits diachronisch („Etappen") und andererseits kategorial (Kategorien der Konfliktanalyse) strukturiert und dargestellt. Die Themen behandeln exemplarisch zeitgenössische Auseinandersetzungen um Anspruch, Reichweite und reale Wirklichkeit der Menschenrechte; im Forum eröffnen Historikertexte einen Blick auf die Bedeutung der Französischen Revolution für die Entwicklung der Menschenrechte in Europa.

2.2. Hinweise zur Unterrichtsgestaltung

Der Infotext (S. 241–251) informiert in knapper Form über den Verlauf der Französischen Revolution. Die Darstellung folgt einerseits dem Prinzip der historischen Chronologie, indem der Ablauf der Ereignisse, gegliedert nach Phasen, beschrieben wird, und andererseits einem strukturell-analytischen Prinzip, indem durchgängig Kriterien der Konfliktanalyse Berücksichtigung finden.

Gemäß der im Kernlehrplan geforderten Sachkompetenz soll die Bearbeitung des Infotextes im Unterricht darauf zielen, die Schülerinnen und Schüler in die Lage zu versetzen, den Verlauf der Französischen Revolution unter den Kriterien der Konfliktanalyse zu erklären. Diese Kriterien werden am Anfang des Infotextes (SB, S. 241 f.) dargestellt und in Beziehung zum historischen Phänomen einer Revolution gesetzt. Die Aufgabe 6 (SB, S. 251) nimmt diese Kriterien zusammenfassend wieder auf. Im Unterricht kann diese Sachkompetenz entweder auf deduktivem oder induktivem Weg erreicht werden, je nachdem, ob die Kriterien zunächst unabhängig vom konkreten Gegenstand vorgestellt und der Infotext anschließend nach Maßgabe dieser Kriterien bearbeitet wird oder ob zunächst der rein phänomenologische Ablauf erarbeitet und dann unter diesen Kriterien analysiert wird.

Aufgrund der inneren logischen Zusammenhänge kann der Infotext nicht arbeitsteilig erarbeitet werden; wohl ist es aber möglich und auch empfehlenswert, sich mit der Lerngruppe zunächst einen ersten kursorischen Überblick über die Ereignisabläufe zu verschaffen und anschließend die einzelnen Phasen der Revolution in Kleingruppen arbeitsteilig erarbeiten und anschließend präsentieren zu lassen (vgl. Aufgabe 5, SB, S. 251).

In weiteren Schritten der Bearbeitung des Infotextes wird der Grad der Umsetzung der Idee der Menschenrechte im Verlauf der Revolution sowie zeitgenössische Vorstellungen von der Reichweite der Menschenrechte untersucht (vgl. Sachkompetenzen) sowie Positionen und Motive der historischen Akteure beurteilt (vgl. Urteilskompetenz). Diese Schritte können mit der Verlaufsanalyse nach den Kriterien der Konfliktanalyse verbunden oder (um die Komplexität der Aufgabenstellung zu reduzieren) im Unterrichtsverlauf zeitlich nachfolgend organisiert werden.

Die Themen (SB, S. 252 ff.) ermöglichen in Verbindung mit dem Infotext an exemplarisch ausgewählten Gegenständen eine vertiefende Vermittlung dieser Sach- und Urteilskompetenzen. Sie können sinnvoll arbeitsteilig (z. B. nach dem inhaltlichen Interesse der Schülerinnen und Schüler) erarbeitet werden; allerdings ist ggf. darauf zu achten, dass inhaltliche und methodische Kompetenzen für die gesamte Lerngruppe gesichert werden (Methode „Karikaturen interpretieren", SB, S. 260, und Methode „Historische Sachurteile erkennen und formulieren", SB, S. 262 f.).

2.3. Hinweise zu Fragen und Aufgaben

Zu den Arbeitsanregungen zum Infotext (S. 251)

1. Als wesentliche Elemente sollten genannt werden: Absolutistische Herrschaftsordnung/strikte Teilung der Gesellschaft in drei Stände/innere Differenzierung des Dritten Standes/Privilegien der ersten beiden Stände/Steuer- bzw. Abgabenlast des Dritten Standes.

2. Als wesentliche Ursachen sollten genannt werden: Massive Staatsschulden und Autoritätsverlust des Hofes durch Kriege und absolutistische Hofhaltung/Philosophie der Aufklärung entwickelt grundsätzliche Alternativen (Menschenbild, Herrschaftslegitimation, politische Ordnung) und stellt damit die Autorität des Herrschaftssystems infrage.

3. **Der Kurzvortrag sollte folgende Elemente beinhalten und im Zusammenhang darstellen:**
Einberufung der Generalstände/Beschwerdebriefe/Verlauf der Generalstände: Reformverweigerung der ersten beiden Stände/Auszug des Dritten Standes.

4. Der **Aufsatz** sollte ausgehen von dem Begriff „vorrevolutionäre Situation" (SB, S. 241) und dessen wesentliche Bestandteile mit der Situation im vorrevolutionären Frankreich verbinden: Defizite im alten System (Staatsschulden, Autoritätsverlust des Hofes)/Unzufriedenheit breiter Bevölkerungsschichten (Ungerechtigkeiten in der Ständegesellschaft), wachsender Unmut in der Bevölkerung (sichtbar in den Beschwerdebriefen zu den Generalständen).

5. Arbeitsteilige Erarbeitung des Revolutionsverlaufs in chronologischer Reihenfolge und geordnet nach Phasen (mit folgenden Bildgrundlagen):
- Vorrevolutionäre Situation (Aufmarsch der Abgeordneten der Generalstände, S. 243)
- Phase 1: Liberale Revolution 1789–1791 (Ballhausschwur, S. 244)
- Phase 2: Radikalisierung der Revolution 1791–1793 (Sturm auf die Tuilerien, S. 246)
- Phase 3: Die Konventsherrschaft 1793–1794 (Hinrichtung Ludwigs XVI., S. 248)
- Das Ende der Revolution 1795 ff. (Napoleon im Krönungsornat, S. 250)

6. Die Tabelle könnte die folgenden inhaltlichen Stichpunkte aufweisen:

	Die Phasen der Französischen Revolution			
Kriterien	**Liberale Revolution**	**Radikalisierung**	**Konventsherrschaft**	**Direktorium**
1) *Konfliktursache*	Ungerechtigkeiten der Ständegesellschaft	Unsichere Loyalität des Königs, soziale Spaltung der Revolution	Bedrohung der Revolution durch den Krieg, Enttäuschung über den Verlauf der Revolution	Stillstand der Revolution, Revolutionsmüdigkeit
2) *Konfliktanlass*	Haushaltsdefizit, Einberufung der Generalstände	Fluchtversuch des Königs	Bedrohungsgefühl, Angst vor Verschwörung	Machtvakuum nach dem Ende des Wohlfahrtsausschusses
3) *Konfliktgegenstand*	Staatshaushalt, Steuerlast, Abgabenlast, politische Einflussmöglichkeiten (Abstimmungsmodus)	Gleichheitsbegriff, Zensus- oder allgemeines Wahlrecht, Rolle des Monarchen	materielle Gleichheit, Fortführung der Revolution	Fortbestand bzw. Beendigung der Ergebnisse der Revolution, formale und faktische Macht im Staat
4) *Konfliktgegner/ Trägergruppen der Revolution*	„Dritter Stand" sowie aufgeklärte Teile der ersten beiden Stände [vs. König, Konservative]	Städtische Massen (Sansculotten) unter gemäßigter (Girondisten) und zunehmend radikaler Führung (Jakobiner) [vs. Feuillants, Girondisten]	Städtische Massen unter Führung radikaler Jakobiner [vs. gemäßigte Kräfte]	Gehobenes Bürgertum, Revolutionsarmee [vs. „Royalisten"]
5) *Interessen/Ziele*	Steuergerechtigkeit, Minderung der Abgabenlast, politische Teilhabe	Allgemeines Wahlrecht, Bekämpfung von Armut, Aufhebung des Königtums	Bekämpfung von Feinden der Revolution, materielle Gleichheit, Sieg über die europäischen Monarchien	„Ruhe und Frieden", Sicherheit des Eigentums

	Die Phasen der Französischen Revolution			
6) *Machtmittel*	Verweigerung der Teilnahme an den Generalständen, Demonstrationen, Straßenproteste	Aufstände der Massen in Paris, revolutionäre Gewalt, Volksjustiz	Terror	Revolutionsarmee als Ordnungsfaktor
7) *Konfliktverlauf*	vgl. Kasten SB, S. 244	vgl. Kasten SB, 247	vgl. Kasten SB, 248	Vgl. Kasten SB, 250
8) *Konfliktlösung*	Fraglich: scheinbarer Sieg der liberalen Kräfte? (Nationalversammlung, Verfassung, Erklärung der Menschen- und Bürgerrechte)	Fraglich: scheinbarer Sieg der radikalen Kräfte? (allgemeines Wahlrecht, Nationalkonvent)	Entfremdung der Jakobiner von der Bevölkerung, Hinrichtung Robespierres, Ende des Wohlfahrtsausschusses	Ende der Revolution: Verlust politischer Mitbestimmung des Volkes, fortdauernde Aufhebung der Ständegesellschaft, Code civil

Zur Aufgabenstellung im Thema S. 252 – 254: Die Erklärung der Menschen- und Bürgerrechte vom 26. August 1789

A. Zur Analyse und Interpretation der Quelle

Der Inhalt der Artikel könnte jeweils mit folgendem Stichwort benannt werden:

zu Aufgabe 2
S. 252

Art. Nr.	Stichwort
1	Freiheit und Gleichheit
2	Grundlegende Menschenrechte
3	Nation/Souveränität
4	Freiheit
5	Rolle des Gesetzes
6	Gleichheit vor dem Gesetz
7	Verbot von Willkür
8	Verbot rückwirkender Geltung von Gesetzen
9	Unschuldsvermutung
10	Meinungs- und Religionsfreiheit
11	Rede- und Pressefreiheit
12	Streitmacht (zum allgemeinen Vorteil)
13	Gerechte Abgaben- (Steuer-)Belastung
14	Demokratische Kontrolle der Steuererhebung
15	Rechenschaftspflicht der Verwaltung/der Beamten
16	Verfassungsgrundsätze: Grundrechte und Gewaltenteilung
17	Eigentumsrecht

zu Aufgabe 3 S. 252

Beispielhaft könnten folgende Zusammenhänge hergestellt werden:

1) Menschenrechte als Antwort auf politische Ohnmacht		
Art. 6: Gleichheit vor dem Gesetz	a) Absolutistische Herrschaft: keine bzw. sehr eingeschränkte Möglichkeiten, an der Gesetzgebung mitzuwirken; dies gilt insbesondere für den Dritten Stande, im Zuge der Errichtung der absolutistischen Monarchie aber zunehmend auch für die ersten beiden Stände.	b) Alle Bürger sind berechtigt, an der Gesetzgebung mitzuwirken. Die Bestimmung lässt offen, ob dies „persönlich" oder „durch Vertreter" geschieht.
Art. 14: Demokratische Kontrolle der Steuererhebung	a) Ungerechtigkeiten des Steuersystems in der absolutistischen Ständegesellschaft	b) Recht der Bürger, die Steuern festzulegen und deren Verwendung zu überprüfen

2) Menschenrechte als Antwort auf gesellschaftliche Ungleichheit		
Art. 4: Freiheit	a) Z. B. Erfahrung adeliger Privilegien in der Ständegesellschaft, die den Freiheitsraum des Dritten Standes einschränkte (z. B. Jagdrecht)	b) Grenzen der Freiheit müssen begründet, für alle gleich und gesetzlich festgelegt sein
Art. 6: Gleichheit vor dem Gesetz	a) Bestimmte staatliche Ämter waren entweder käuflich (z. B. Steuereintreiber) und/oder von Standeszugehörigkeit (z. B. hohe Beamte, Offiziere) abhängig.	b) Gleicher Zugang aller Bürger zu allen Ämtern
Art. 13: Gerechte Abgaben-(Steuer-)Belastung	a) Ungleiche Steuerlast durch adelige Privilegien; Abgaben- bzw. Frondienstlasten für Angehörige des Dritten Standes (abhängige Bauern)	b) Gleiche Verteilung der allgemeinen Abgabe auf alle Bürger „unter Berücksichtigung ihrer Möglichkeiten"

3) Menschenrechte als Antwort auf staatliche Willkür und Unterdrückung		
Art. 3: Nation	a) Z. B. Erfahrung willkürlicher/ überhöhter Festsetzung von Abgaben durch Gutsherren oder Steuereintreiber	b) Nation wird als einzig legitimer Ursprung staatlicher Maßnahmen festgelegt.
Art. 7: Verbot von Willkür	a) Z. B. Erfahrung willkürlicher Verhaftungen	b) Verhaftungen nur auf gesetzlicher Grundlage erlaubt, Bestrafung ungesetzlicher Verhaftungen

B. Hinweise zu den Arbeitsanregungen

1. Siehe oben: Lösungen Aufgabe 2.
2. Siehe oben: Lösungen Aufgabe 3.

Zur Aufgabenstellung im Thema S. 255 – 258: Menschenrechte – auch für Frauen?
Zeitgenössische Vorstellungen über die Reichweite der Menschenrechte

A. Positionsplakate und Diskussion zum Thema „Gelten Menschenrechte auch für Frauen?" (Frauenrechte, Geltungsbereich der Menschen- und Bürgerrechte)

Die Positionsplakate sollten die Ergebnisse der Quelleninterpretation (s. u.: Aufgaben zu M1 und zu M2, SB-S. 258) darstellen. Methodische Hinweise zur Gestaltung eines Positionsplakats: SB-S. 308. Zur Strukturierung der Textwiedergabe bietet sich der Dreischritt Position – Begründung – Folgerungen an.

Die beiden Positionsplakate könnten etwa folgenden Inhalt haben:

Olympe de Gouges	Pariser Sicherheitsausschuss
Äußere Daten: Autorin: Olympe de Gouges Veröffentlichungszeitpunkt: 1791 Textsorte: öffentliches Dokument, normative schriftliche Quelle Unmittelbarer historischer Kontext: liberale Phase der Revolution; 2 Jahre nach Beginn der Revolution, der Gründung der Nationalversammlung und der Erklärung der Menschen- und Bürgerrechte von 1789 Adressaten: Nationalversammlung, politische Öffentlichkeit **Position:** Menschen- und Bürgerrechte sollen in gleicher Weise für Frauen und Männer gelten. **Begründung:** – Frauen und Männer sind von Natur aus gleich und frei. – Die Gleichberechtigung von Frauen und Männern entspricht der Vernunft. **Folgerungen:** – Gleiche Mitbestimmungs- und Mitwirkungsrechte – Gleichheit vor dem Gesetz – Soziale und materielle Gleichbehandlung – Gleicher Zugang zu öffentlichen Ämtern – Freiheit von Unterdrückung in den privaten Beziehungen	**Äußere Daten:** Autor: Pariser Sicherheitsausschuss Veröffentlichungszeitpunkt: 1793 Textsorte: öffentliches Dokument, normative schriftliche Quelle Unmittelbarer historischer Kontext: Phase der Konventsherrschaft; Klima des Terrors gegen „Feinde der Revolution" Adressaten: Nationalkonvent, Öffentlichkeit **Position:** Frauen und Männer haben unterschiedliche Aufgaben in der Ordnung der Gesellschaft. **Begründung:** – Frauen und Männer sind von Natur aus unterschiedlich. – Die Natur setzt den Frauen „gebieterisch" Grenzen. **Folgerungen:** – Gleiche Mitbestimmungs- und Mitwirkungsrechte – Gleichheit vor dem Gesetz – Soziale und materielle Gleichbehandlung – Gleicher Zugang zu öffentlichen Ämtern – Freiheit von Unterdrückung in den privaten Beziehungen

Die Diskussion im Kursgespräch könnte folgende Fragestellungen bzw. Aspekte aufnehmen:

→ Was bedeutet die Tatsache, dass beide Positionen die „Natur" als zentralen argumentativen Bezugspunkt zur Begründung aufnehmen? → „Natur" erweist sich (zumindest in der historisch-zeitgenössischen Perspektive) nicht als objektiver Bezugspunkt für „vernünftiges" Handeln, sondern wird interessengeleitet interpretiert, während die Argumentation (zumindest in M2) ihr zugleich zwingenden, gesellschaftlich-politisch nicht überschreitbaren, „objektiven" Charakter zuweist.

→ Kontinuität und Wandel: Tradierte Rollenbilder überdauerten offensichtlich den politisch-gesellschaftlichen Wandel der Revolution, der ansonsten sehr tief greifend war. Auf der anderen Seite zeigt die „Erklärung der Rechte der Frau und Bürgerin", dass die Kontinuität der tradierten Frauenrolle nicht ungebrochen war, sondern zugunsten einer Bewegung zur Gleichberechtigung der Frau massiv und grundlegend infrage gestellt wurde.

→ Historischer Hintergrund: Die „Erklärung der Rechte der Frau und Bürgerin" entstand in der gedanklichen und gesellschaftlich-politischen Aufbruchstimmung der ersten, liberalen Phase der Revolution. Die repressive Reaktion des Sicherheitsausschusses in der radikalen Phase der Revolution zeigt das Interesse politisch führender Kreise im Nationalkonvent an der Aufrechterhaltung patriarchalischer Herrschaftsstrukturen.

→ Reichweite der Menschenrechte: Die zeitgenössische Auseinandersetzung um Frauenrechte zeigt, dass Menschenrechte – trotz ihres universalen Anspruchs – historischen Ursprungs sind und dass ihre Formulierung und ihre konkrete Füllung Ergebnis historischer Auseinandersetzungen sind.

→ Gegenwartsbezug: Hier könnte gefragt werden, inwieweit heute die Gleichberechtigung von Mann und Frau einerseits auf der grundrechtlichen Ebene (vgl. Art. 3, GG) und andererseits auf der Ebene der Verwirklichung und Umsetzung der Grundrechte (ggf. am Beispiel einer aktuellen gesellschaftspolitischen Auseinandersetzung, wie um die Frauenquote, das Familienrecht etc.) erreicht ist. Auch könnte die Frage erörtert werden, ob die damalige zeitgenössische Diskussion heute überwunden ist oder ob Spuren davon bis heute eine Rolle spielen (z. B. in der Verwendung von „Natur" als Argumentationsfigur in genderpolitischen Diskussionen).

B. Hinweise zu den Arbeitsanregungen

M1
S. 258

1. a) Männer üben eine „tyrannische Herrschaft" über das weibliche Geschlecht aus (in „krasser Unwissenheit", „degeneriert", „blind" etc.). Diese Herrschaft ist widernatürlich, denn in der Natur leben die Geschlechter ohne Unterschied in einer „harmonischen Gemeinschaft" zusammen (naturrechtliche Begründung).

b) *Motive:* „Unkenntnis, Vergessen oder Missachtung" der Frauenrechte führen zu öffentlichem Elend und „Korruptheit der Regierungen".
Ziele: Erinnerung an die Rechte der Frauen/Achtung der Machtausübung von Frauen/unangreifbare Grundsätze als Grundlage für Beschwerden (Rechtssicherheit)/Erhaltung der Verfassung und der „guten Sitten".

c) Tipp: Vergleich

Art. Nr.	Erklärung der Rechte der Frau und Bürgerin (1791)	Allgemeine Menschenrechtserklärung (1789)
1	Freiheit ist Naturrecht der Frau, Gleichheit gegenüber dem Mann, soziale Unterschiede nur „im allgemeinen Nutzen"	Freiheit und Gleichheit
2	Menschenrechte gelten für Frauen und Männer gleichermaßen.	Grundlegende Menschenrechte
3	Die Nation besteht aus Frauen und Männern.	Nation/Souveränität
4	Die Freiheit der Frau wird durch die Tyrannei des Mannes eingeschränkt. Die Schranken der Freiheit der Frau müssen unter der Maßgabe des Naturrechts und der Vernunft neu bestimmt (aufgehoben?) werden.	Freiheit
5	Kein Zwang durch unnatürliche oder unvernünftige Gesetze (z. B. solche, die Frauen diskriminieren?)	Rolle des Gesetzes
6	Bürgerinnen sollen ebenso wie Bürger an der Gestaltung von Gesetzen beteiligt sein und zu allen Ämtern zugelassen werden.	Gleichheit vor dem Gesetz
7	Keine Sonderrechte für Frauen	Verbot von Willkür
8	Strafen für Frauen müssen legal sein und dürfen nicht rückwirkend verhängt werden.	Verbot rückwirkender Geltung von Gesetzen
9	Frauen unterliegen dem Recht mit „großer Strenge".	Unschuldsvermutung
10	Meinungsfreiheit auch für Frauen. Frauen müssen gleichermaßen das Recht haben, das „Schafott" wie die „Tribüne" zu besteigen.	Meinungs- und Religionsfreiheit
11	Freiheit der Meinungsäußerung gilt auch für die Bezeugung der Vaterschaft (ohne Konsequenzen aus einem „barbarischen Vorurteil" = Unterstellung einer falschen Vaterschaftsklage)	Rede- und Pressefreiheit
12	Rechte der Frau gelten allgemein und dürfen nicht zu einem „persönlichen Vorteil" missbraucht werden.	Streitmacht (zum allgemeinen Vorteil)
13	Gleiche Beiträge zu Abgaben und gleicher Nutzen für Frauen	Gerechte Abgaben- (Steuer-)Belastung

Art. Nr.	Erklärung der Rechte der Frau und Bürgerin (1791)	Allgemeine Menschenrechtserklärung (1789)
14	Bürgerinnen und Bürger haben das gleiche Recht zur politischen Mitbestimmung und zur Festlegung von Steuern.	Demokratische Kontrolle der Steuererhebung
15	Rechenschaftspflicht für Frauen	Rechenschaftspflicht der Verwaltung/der Beamten
16	Verfassung ist nichtig, wenn die „Mehrheit der Individuen, die die Nation darstellen" (= Frauen) nicht mitgewirkt haben.	Verfassungsgrundsätze: Grundrechte und Gewaltenteilung
17	Eigentums- und Erbrecht für beide Geschlechter, „einzeln oder gemeinsam"	Eigentumsrecht

2. Die Zusammenfassung der Position der Autorin sollte folgende wesentliche Elemente enthalten:
- Die Gleichberechtigung der Frau wird erstens naturrechtlich und zweitens nach Maßgabe der Vernunft (Bezug zur Aufklärung) begründet.
- Die Verweigerung der Gleichberechtigung wird als „Tyrannei" angesehen.
- Unter Gleichberechtigung wird verstanden: gleiche Mitbestimmungs- und Mitwirkungsrechte, Gleichheit vor dem Gesetz, soziale und materielle Gleichheit, gleicher Zugang zu öffentlichen Ämtern, Freiheit von Unterdrückung in den persönlichen Beziehungen zwischen den Geschlechtern (u. a. Ehe, Vater- bzw. Mutterschaft, Erbrecht).
- Argumentativ bezieht sich die Autorin auf die Formulierung der Menschenrechtserklärung von 1789, indem sie sie dem Inhalt nach konsequent auf beide Geschlechter bezieht. Sie stellt die Widerrechtlichkeit der Verweigerung von Frauenrechten also bloß, indem sie sie am aufgeklärten Maßstab der Menschenrechtserklärung von 1789 misst.

M2 S. 258

1. a) Zuordnung:

Rolle der Frau:	Erziehung der Kinder, Führung des Haushalts
Rolle des Mannes:	Künste und schwere Arbeiten; Landwirtschaft, Handel, Schifffahrt, Reisen, Krieg Anstrengungen des Geistes, Studien (Bildung)

b) Argumentation: Natürliche Bestimmung der Frauenrolle als Teil der „allgemeinen Ordnung der Gesellschaft"/eigene Art von Beschäftigung in einem „unüberwindbaren Kreis"/Grenzen der Natur/ Frauen sind nicht zu „hohen Vorstellungen und ernsthaftem Nachdenken" fähig

c) „Natur" ist der zentrale Begriff in der Argumentation der Autoren: Aus von der „Natur" abgeleiteten geschlechtsspezifischen Eigenschaften des Mannes (u.a. stark, robust, kühn, mutig, widerstandsfähig; Kraft, Intelligenz, Kompetenz) und der Frau (hier allerdings kaum konkretisiert) werden gesellschaftliche Rollen zwingend abgeleitet.

2. Die Zusammenfassung sollte folgende wesentliche Elemente enthalten:
Frauen und Männer sind von Natur aus mit unterschiedlichen Eigenschaften ausgestattet, die ihnen zwingend und begrenzend soziale und politische Rollen in der Gesellschaft zuweisen. Dem Mann gehört die Sphäre der Bildung, Politik und beruflichen Tätigkeit, der Frau die Sphäre des Haushalts und der Erziehung.

Zur Aufgabenstellung im Thema S. 259 – 261: „Der Zenit des französischen Ruhms" – Zeitgenössische Vorstellungen über die Menschenrechte in der Revolution

Zur Interpretation der Karikaturen

Die Interpretation der Karikaturen M1–M3 sollte bildgestützt (Projektion z.B. per Beamer oder Overhead-Projektor) erfolgen und zum Beispiel die folgenden Elemente enthalten (Darstellung beruhend auf dem Methodenschema SB-S. 260):

M1 S. 261	1. Schritt: Leitfrage	
	Leitfragen festlegen	Welche Positionen vertraten Zeitgenossen während der Französischen Revolution zum Thema Menschenrechte?
	2. Schritt: Analyse	
	Äußere Merkmale beschreiben	**Den Autor der Karikatur vorstellen:** unbekannt **Die Bildgattung bestimmen:** politische Karikatur **Entstehungsort und -zeit bestimmen:** Frankreich, Entstehungszeit vermutlich die Anfangszeit der Revolution (siehe unten) **Die Adressaten bestimmen:** die französische Öffentlichkeit
	Karikatur beschreiben und erläutern	**Die Überschrift und den Bildaufbau erläutern:** Drei Personen im Vordergrund/eine liegend und eine Kette zerreißend, zwei stehend und erschrocken zurückweichend/neben der liegenden Person Säbel, Waffen/im Hintergrund zwei Gebäude. **Die geschichtliche Situation (das Thema) der Karikatur erläutern:** Beschreibung der Ständegesellschaft. **Die Bedeutung der einzelnen Bildelemente entschlüsseln:** liegender Mann: Dritter Stand/Ketten: Beschränkungen und Benachteiligungen der Ständegesellschaft, politische Unmündigkeit bzw. fehlende Partizipation/Zerreißen der Ketten: Aufhebung der Ständegesellschaft (Beschlüsse der Nationalversammlung vom 4./5.8.1789)/Waffen: (potenzielle) Machtmittel der Revolution, Gewaltbereitschaft/stehende Männer: Erster und Zweiter Stand, Angst vor dem „Erwachen" (= Revolution) des Dritten Standes/Gebäude: Bastille (Hinweis auf Bastillesturm vom 14.7.1789), Versailles (Schloss? Ballhaus?) (Hinweis auf die Nationalversammlung).
	3. Schritt: Interpretation	
	Ebene 1: Karikatur deuten	**Die Botschaft des Autors zusammenfassend herausarbeiten:** Macht und Möglichkeiten des Dritten Standes/Feier der Revolution, des Bastillesturms, der Nationalversammlung. **Die Wirkung der Karikatur auf den Betrachter aufzeigen:** Der Dritte Stand wird noch liegend (unterdrückt), zugleich sehr kraftvoll im Moment seiner Befreiung (Kette) und in seinen Möglichkeiten (Waffen) dargestellt. Die ersten beiden Stände erscheinen entsprechend ängstlich, zurückweichend und hilflos. Die Gebäude im Hintergrund stellen einen eher dezenten Verweis auf die historischen Ereignisse am Anfang der Revolution dar. Offensichtlich ist die Sympathie des Karikaturisten für die Revolution. **Die sachliche Angemessenheit der Karikatur prüfen:** Die Karikatur beschreibt den Beginn der Revolution angemessen, indem sie die Aufhebung der Ständegesellschaft zu Beginn der Revolution auf die „Kraft" des Dritten Standes (z.B. Bevölkerungsanteil, Aufklärung, usw.) zurückführt. **Die Aussage der Karikatur vor ihrem historischen Hintergrund beurteilen:** Z.B.: Spiegel der optimistischen Aufbruchstimmung zu Beginn der Revolution, Aufhebung der ständischen Privilegien als zentrale Leistung der liberalen Phase, inhaltlicher und ursächlicher Zusammenhang mit der Erklärung der Menschen- und Bürgerrechte vom 26.8.1789.
	Ebene 2: Zusammenfassende Antwort auf die Leitfrage(n)	**Welche Positionen vertraten Zeitgenossen während der Französischen Revolution zum Thema Menschenrechte?** Der Karikaturist feiert die Aufhebung der Ständegesellschaft und die Durchsetzung der Bürger- und Menschenrechte als Erfolg der Revolution.

M2 S. 261	1. Schritt: Leitfrage	
	Leitfragen festlegen	Welche Positionen vertraten Zeitgenossen während der Französischen Revolution zum Thema Menschenrechte?
	2. Schritt: Analyse	
	Äußere Merkmale beschreiben	**Den Autor der Karikatur vorstellen:** unbekannt **Die Bildgattung bestimmen:** politische Karikatur **Entstehungsort und -zeit bestimmen:** Frankreich, Entstehungszeit: Ende des 18. Jahrhunderts, vermutlich vorrevolutionäre Zeit (etwa Einberufung der Generalstände) oder Anfangszeit der Revolution (siehe unten) **Die Adressaten bestimmen:** die französische Öffentlichkeit

	Karikatur beschreiben und erläutern	**Die Überschrift und den Bildaufbau erläutern:** Drei Personen: ein gebückter, alter Mann, der sich auf eine Hacke stützt und der auf seinem Rücken zwei weitere Männer trägt; unten auf dem Boden: Vögel, die Körner picken, und Hasen, die an einem Kohlkopf knabbern. **Die geschichtliche Situation (das Thema) der Karikatur erläutern:** Beschreibung der Ständegesellschaft. **Die Bedeutung der einzelnen Bildelemente entschlüsseln:** gebückter Mann: Dritter Stand, Bauern/gebückte Haltung: Last der Privilegien der ersten beiden Stände (Steuern, Abgaben, Frondienste u. a.)/sitzende Männer: Erster und Zweiter Stand/Kleidung und Haltung: Standesattribute (violett: hoher Klerus, Schwert: Zweiter Stand), Reichtum, Ausbeutung, Ignoranz, Überheblichkeit/Hacke: Landarbeit/Vögel und Kaninchen: Anspielung auf das Privileg des Jagdrechts, das dazu führt, dass die Erträge der Bauern von wilden Tieren gefährdet werden.
	3. Schritt: Interpretation	
	Ebene 1: Karikatur deuten	**Die Botschaft des Autors zusammenfassend herausarbeiten:** Ungerechtigkeit der Ständegesellschaft, Leid der Bauernschaft. **Die Wirkung der Karikatur auf den Betrachter aufzeigen:** Drastische Darstellung des Leids der Bauernschaft und der Ungerechtigkeiten der Ständegesellschaft/Mitleid mit der Bauernschaft/Ablehnung bzw. Feindschaft gegen die ersten beiden Stände. **Die sachliche Angemessenheit der Karikatur prüfen:** sachlich korrekt und nachvollziehbar. **Die Aussage der Karikatur vor ihrem historischen Hintergrund beurteilen:** Z. B.: pointierte Kritik der Ständegesellschaft/Reichtum und Luxus der ersten beiden Stände auf Kosten der Ausbeutung des Dritten Standes ist eine angemessene und nachvollziehbare Wertung.
	Ebene 2: Zusammenfassende Antwort auf die Leitfrage(n)	**Welche Positionen vertraten Zeitgenossen während der Französischen Revolution zum Thema Menschenrechte?** Der Karikaturist kritisiert die Ungerechtigkeiten der Ständegesellschaft bzw. die ständischen Privilegien der ersten beiden Stände scharf. Mit dieser Kritik an den Unrechtserfahrungen der Ständegesellschaft und an dem Leid der bäuerlichen Landbevölkerung bereitet er das Verständnis der Menschenrechte vor.
M3 **S. 261**	**1. Schritt: Leitfrage**	
	Leitfragen festlegen	Welche Positionen vertraten Zeitgenossen während der Französischen Revolution zum Thema Menschenrechte?
	2. Schritt: Analyse	
	Äußere Merkmale beschreiben	**Den Autor der Karikatur vorstellen:** J. Gillray [Erläuterung: James Gillray (1757–1815), englischer Karikaturist] **Die Bildgattung bestimmen:** politische Karikatur **Entstehungsort und -zeit bestimmen:** Frankreich, Entstehungszeit: 1793 **Die Adressaten bestimmen:** die englische (und europäische) Öffentlichkeit
	Karikatur beschreiben und erläutern	**Die Überschrift und den Bildaufbau erläutern:** Ein sehr „volles" Bild, bestehend aus vielen Einzelheiten (dazu siehe unten: Bedeutung der Bildelemente)/im Vordergrund eine Kirchenwand mit zwei Laternen, drei gehängte Personen, eine Person, die mit nacktem Hintern auf der Laterne sitzt/im Hintergrund eine Guillotine mit umstehender Menschenmenge sowie brennende Gebäude. Bildunterschrift: „The Zenith of French Glory: The Pinnacle of Liberty. Religion, Justice, Loyalty & all the Bugbears of Unenlightened Minds, Farewell!" **Die geschichtliche Situation (das Thema) der Karikatur erläutern:** Beschreibung der Merkmale der Phase der Konventsherrschaft (SB, S. 248f.). **Die Bedeutung der einzelnen Bildelemente entschlüsseln:** Geige spielende Person: Sansculotte (phrygische Mütze = Symbol der Freiheit, nach zeitgenössischer Auffassung ursprünglich in der Antike von freigelassenen Sklaven getragen)/Geige spielen: Totentanz, Hohn/nacktes Hinterteil: Respektlosigkeit (evtl. auch „Verdunklung", weil der Sansculotte über dem Lampenschirm sitzt? = Gegenteil der Lichtmetapher der Aufklärung)/zerrissene Kleidung: soziale Lage, Armut der städtischen Unterschichten bzw. der Sansculotten/

Karikatur beschreiben und erläutern	blutige Dolche am Rücken: Mord, Gewalt/erhängte Geistliche (zwei Priester und eine Nonne) an der Kirchenwand: Terror gegen Geistliche, den Ersten Stand/Jakobinermütze über dem Bischofsstab: Sieg der Jakobiner über die Kirche/Waage an der hinteren Laterne: Ungerechtigkeit, Rechtlosigkeit (Ungleichgewicht der Waage)/Guillotine: Terror/Krone auf dem Fallbeil: Verweis auf die Hinrichtung Ludwigs XVI. am 17.1.1793/Frau im Fenster: Verweis auf Marie-Antoinette/bewaffnete Menge: Verweis auf den Massencharakter der Revolution/Flammen, Rauch im Hintergrund: Gewalt.
3. Schritt: Interpretation	
Ebene 1: Karikatur deuten	**Die Botschaft des Autors zusammenfassend herausarbeiten:** Scharfe Kritik an der Terrorherrschaft, die von der sozialen Gruppe der Sansculotten getragen sei; Kritikelemente im Einzelnen u. a.: Gewalt und Mord, Respektlosigkeit, Rechtlosigkeit, willkürlicher (gehängte Kleriker) und planvoller (Guillotine) Terror, Zerstörung bzw. Verhöhnung des Gedankenguts der Aufklärung. **Die Wirkung der Karikatur auf den Betrachter aufzeigen:** Drastische Darstellung der Terrorherrschaft, die als Groteske inszeniert wird. **Die sachliche Angemessenheit der Karikatur prüfen:** sachlich korrekt und nachvollziehbar. **Die Aussage der Karikatur vor ihrem historischen Hintergrund beurteilen:** Wesentlich ist, dass die Karikatur von einem Briten gezeichnet und veröffentlicht wurde. Es handelt sich also um eine Kritik aus dem Ausland. Dies ist insofern nichts Ungewöhnliches, als die Ereignisse in Frankreich damals in ganz Europa mit großer Aufmerksamkeit beobachtet wurden. Sie ist dennoch bezeichnend, weil die Karikatur vor dem Hintergrund des zeitgenössischen parlamentarischen Selbstverständnisses Großbritanniens gesehen werden muss. Die scharfe Verurteilung der Terrorherrschaft ist sachlich nachvollziehbar und durch eine vielschichtige Symbolik dargestellt. Als fraglich angesehen werden kann die pauschale Anklage an die „Sansculotten", die in dieser pauschalen Form auf der einen Seite nicht mit dem Meinungsspektrum der Pariser Bevölkerung und dem Jakobinerclub und auf der anderen Seite auch nicht mit den führenden Politikern des Wohlfahrtsausschusses gleichgesetzt werden können.
Ebene 2: Zusammenfassende Antwort auf die Leitfrage(n)	**Welche Positionen vertraten Zeitgenossen während der Französischen Revolution zum Thema Menschenrechte?** Der Karikaturist kritisiert die Terrorherrschaft des Nationalkonvents scharf als massive Verletzung und bewusste Verhöhnung der Menschenrechte. Insofern handelt es sich um ein engagiertes Plädoyer für die Menschenrechte. Für den Karikaturisten bilden sie den zentralen Maßstab für die Beurteilung politischer und gesellschaftlicher Verhältnisse. Auf diese Weise wendet er sich gegen eine Verherrlichung revolutionärer Veränderungen nach dem Motto „Der Zweck heiligt die Mittel".

Zur Aufgabenstellung im Forum S. 262 – 266: „Denn jene Begebenheit ist zu groß ..."

Historiker über die Bedeutung der Französischen Revolution in der Geschichte

A. Stafettenvortrag und Urteilsbildung

Beispiele für mögliche Visualisierungen als Grundlage für den Stafettenvortrag:

zu Aufgabe 3
S. 262

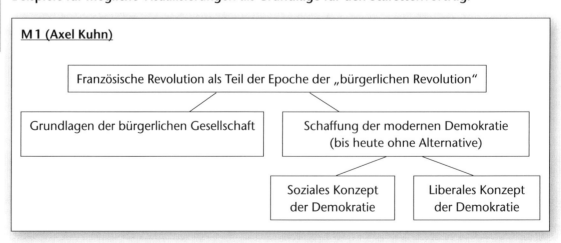

M 2 (Hans-Ulrich Thamer)

- Französische Revolution als „epochales Ereignis" mit Wirkung bis in die Gegenwart
  - Nicht „Geburt der bürgerlichen Gesellschaft": Industrialisierung begann früher und endete später
  - Aber: Hohe Wirkungsmacht im „Politischen": Verfassungen, demokratische Kultur, Legitimation von Herrschaft
- Polarisierende Wahrnehmung in der Nachwelt durch „Janusgestalt" der Revolution
  - Dynamik des Umbruchs ↔ Radikalisierung und Gewalt als Mittel der Politik
- = Kontroverser Bezugspunkt politischer Orientierung
- = Verschränkung von Gegenwarts- und Vergangenheitsdeutung

M 3 (Ernst Schulin)

- Sehr hohe, kaum vergleichbare Wirkung der Französischen Revolution bis in die Gegenwart
  - Entwicklung der modernen Demokratie, z. B.
    - Zerstörung des Ancien Regime
    - Bewusstsein politischer Demokratie
  - Entwicklung des modernen Nationalstaats, z. B.
    - moderner Nationalismus
    - zentraler Regierungsapparat
  - Etablierung des Bürgertums als bestimmender Gesellschaftsschicht, z. B.
    - Ablösung der Aristokratie
    - Eigentumsrecht
    - wirtschaftliche Freiheit
    - soziale Mobilität
- Aufnahme der Bedeutung der Revolution durch das im 19. Jahrhundert vorherrschende Bürgertum
  - Revolution als Anfang des eigenen Aufstiegs
    - Anfangszeit der Revolution: Sturz des Absolutismus, Abschaffung der Ständeprivilegien, Verfassung = bestärkend
  - Zwiespältige Frage nach der Durchsetzung der bürgerlichen Ideale
    - Weiterer Gang der Revolution: Schreckensherrschaft, Direktorium, Napoleon = gefährdend

zu Aufgabe 5 S. 262

Folgende Ansätze zur Bildung von Sachurteilen sind denkbar:
- Bewertung der Schlüssigkeit der vorliegenden Sachurteile.
- Vergleich der drei vorliegenden Sachurteile, z. B.: bemerkenswerte Übereinstimmung in der Einschätzung der langfristigen Bedeutung der Revolution/inhaltliche Übereinstimmungen: bürgerliche Gesellschaft und politische Demokratie/Übereinstimmung in der Betonung der ambivalenten Rezeption in der bürgerlichen Gesellschaft.
- Bewertung der behaupteten langfristigen, bis in die Gegenwart reichenden Folgen der Revolution aus Sicht der Erfahrungswelt der Schülerinnen und Schüler in einfacher Form (z. B. M1: zwei Modelle der Demokratie, M2: Elemente demokratischer Politik und Kommunikation, M3: Rezeption von Gewalt als Mittel der Politik).

B. Hinweise zu den Arbeitsanregungen

M1 S. 264

1. **Die Zusammenfassung sollte im Kern enthalten:** Französische Revolution als bedeutendstes Ereignis in der Epoche der „bürgerlichen Revolution" (1776–1849), die bis heute von großer Bedeutung für die bürgerliche Gesellschaft und unser Verständnis von Demokratie ist.
2. **Folgende Stichworte sollten genannt werden:** Französische Revolution legte die Grundlagen der bürgerlichen Gesellschaft/Aufbruch in die moderne Demokratie, zu der es bis heute keine Alternative gibt/einzigartige zweite, radikale Phase der Revolution, die in späteren Revolutionen (1830, 1848/49) nicht wiederholt wurde/Modell für (bis heute konkurrierende) Demokratiekonzepte (liberales und soziales Konzept).

M2 S. 265

1. **Die Zusammenfassung sollte im Kern enthalten:** Die Französische Revolution war ein epochales Ereignis mit tiefen Spuren in ganz Europa, deren historisch-politische Bedeutung bis in die Gegenwart reicht. Sie bedeutete nicht die „Geburt der bürgerlichen Gesellschaft" (Z. 33f.) bzw. den Durchbruch zur industriellen Moderne. Ihre Wirkungsmacht liege in der Entwicklung neuer Formen des Politischen (Verfassung, Menschenrechte, Formen der demokratischen Kultur). In der Nachwelt kam es zu einer tiefen Polarisierung in der Wahrnehmung der Revolution.
2. **Folgende Stichworte sollten genannt werden:**
- *Zur Bedeutung der Revolution:* „Motor des Verfassungswandels" (Z. 9f.)/"Laboratorium der Moderne" (Z. 11) durch die Entwicklung unterschiedlichster Verfassungsformen/Entwicklung der Grundlagen bürgerlicher Eigentums- und Gesellschaftsverfassung/Entwicklung einer demokratisch-politischen Kultur/Durchbruch zu politischer Freiheit/Politisierung der Gesellschaft/„Ideologisierung der politischen Sprache" (Z. 23) und damit Demonstration der „Selbstgefährdung der demokratischen Ordnung" (Z. 24f.).
- *Zur These, die Französische Revolution sei nicht als die „Geburt der bürgerlichen Gesellschaft" (Z. 33 f.) anzusehen:* Dieser Prozess habe bereits früher begonnen und sei wesentlich später geendet (Z. 35ff.), manche Historiker hielten die Französische Revolution sogar für einen Hemmfaktor im Prozess der Industrialisierung.
- *Zur Begründung der Wirkungsmacht der Französischen Revolution im Politischen:* Entwicklung von Verfassungen/neue Formen der Legitimation von Herrschaft/Proklamation von Menschen- und Bürgerrechten/Entwicklung einer demokratisch-politischen Kultur/neue Formen politischer Repräsentation und Integration (z. B. Rituale, Kommunikationsformen)/Übersetzung des abstrakten Prinzips der Volkssouveränität in die politische Praxis.
- *Zur Begründung der These von einer Polarisierung in der Wahrnehmung der Revolution:* Janusgestalt der Revolution = Dynamik und Beschleunigung des Umbruchs vs. Radikalisierung und Gewalt als Mittel der Veränderung = kontroverser Bezugspunkt politischer Orientierung in der Nachwelt.
3. **Die Erläuterung sollte im Kern darstellen:** Die Janusgestalt der Revolution (s. o.) führte zu einer polarisierenden Wahrnehmung der Revolution in der Nachwelt, auf deren Grundlage jede Generation ihre jeweilige Gegenwart (unter Rückgriff auf die Vergangenheit) deutete.

M3 S. 266

1. **Die Zusammenfassung sollte im Kern enthalten:** Durchgehende, in ihrer Stärke „kaum vergleichbare" (Z. 33ff.) Wirkung bis in die Gegenwart durch die Entwicklung der Demokratie, des modernen Nationalstaats und der Etablierung des Bürgertums als bestimmende Gesellschaftsschicht. In der Nachwelt des 19. Jahrhunderts wurde die Revolution nicht einhellig, sondern immer wieder neu interpretiert.
2. **Folgende Stichworte sollten genannt werden:**
- *Zur These der durchgehenden Bedeutung der Französischen Revolution bis in die Gegenwart:* Zerstörung des Ancien Régime/Bewusstsein politischer Demokratie/fester, einheitlicher und zentraler

Regierungsapparat/moderner Nationalismus (z. B. allgemeine Schulpflicht, Wehrpflicht)/Bürgertum als politisch bestimmende Gesellschaftsschicht (Eigentumsrecht, wirtschaftliche Freiheit, soziale Mobilität).
- *Zur ständigen Neuinterpretation der Revolution im 19. Jahrhundert:* Europäisches Bürgertum sah die Revolution als Anfang des eigenen Aufstiegs (Ablösung der Vorherrschaft der Aristokratie), aber nicht unbedingt als entscheidende Durchsetzung der bürgerlichen Ideale (Anfang der Revolution: Sturz des Absolutismus, Abschaffung der Ständeprivilegien, Verfassung), sondern auch als deren Gefährdung im weiteren Gang der Revolution (Schreckensherrschaft, Direktorium, Napoleon).

S. 267–284 TK 4: Die Durchsetzung der Menschenrechte bis in die Gegenwart

2.1. Zur Konzeption

Das vierte Teilkapitel „Die Durchsetzung der Menschenrechte in der Gegenwart" (S. 267 ff.) gibt im Informationstext (S. 268 ff.) einen gerafften Überblick über die Entwicklung der Menschenrechtsdiskussion und -realität vom 18. bis zum 21. Jahrhundert. Im Mittelpunkt des ersten Themas (S. 272 ff.) steht das für die Gegenwart wichtigste Menschenrechtsdokument, die „Allgemeine Erklärung der Menschenrechte" der Vereinten Nationen (1948). Das folgende Thema (S. 275 ff.) sowie das Forum (S. 281 ff.) eröffnen kontroverse Frage- und Urteilshorizonte zu zwei zentralen Themen der aktuellen Menschenrechtsdiskussion: die Frage nach der Gültigkeit des universellen Anspruchs der Menschenrechte und die Debatte um die sogenannte Schutzverantwortung im internationalen Recht.

2.2. Hinweise zur Unterrichtsgestaltung

Unabhängig davon, wie ausführlich im ersten Teilkapitel durch Bildbetrachtung gegenwärtige Herausforderungen der Menschenrechtspolitik bearbeitet wurden, bietet sich im Anschluss an die beiden ersten Phasen der Entwicklung der Menschenrechte (Ideengeschichte der Aufklärung + nationalstaatliche Umsetzung in den USA und Frankreich) wiederum ein bildlicher Einstieg an: Die Fotos auf S. 269, 275, 281 im Schülerband öffnen den Blick für Herausforderungen der Gegenwart: neue Ansprüche auf Teilhabe von Völkern und Gesellschaftsgruppen sowie die Diskussion um den gewaltsamen Schutz von Rechten.
Als obligatorisch erscheinen die AEMR und die aktuelle Debatte um die universelle Gültigkeit. Im Mittelpunkt der Behandlung der AEMR steht die Interpretation dieser Erklärung als Grundlage der Menschenrechtspolitik der Gegenwart. Der erste Teil des Infotextes kann zur Klärung des historischen Kontextes genutzt werden.
Im Anschluss an die Interpretation der AEMR kann der Infotext mit seinen Arbeitsanregungen eingesetzt werden, um die Entwicklung bis in die Gegenwart zu skizzieren und die Problemdiskussion (Teilaufgabe 5) zu eröffnen. Als Arbeitsform bietet sich die vorbereitende Partnerarbeit an. An diese Phase schließt sich die aktuelle Debatte (S. 275 ff.) an. Das Schülerbuch enthält Empfehlungen zur Methode.
Die Materialien des Forums könnten bei entsprechender Zeitknappheit als Grundlage für einen Impulsvortrag mit anschließender Kurzdiskussion genutzt werden. Auch eine schriftliche Erörterung als Angebot zur Differenzierung wäre denkbar.

2.3. Hinweise zu Fragen und Aufgaben

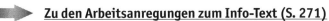
Zu den Arbeitsanregungen zum Info-Text (S. 271)

1. Kommentierte Stichwortliste: Die AEMR garantiert fundamentale bürgerliche, politische und soziale Rechte:
- Garantien zum Schutz der menschlichen Person: Recht auf Leben, Verbot der Sklaverei, Verbot der Folter usw. → Abwehrrechte gegenüber dem Staat, Schutz vor bedrohlicher und unkontrollierter Willkür der Macht.
- Garantie der Freiheitsrechte: Abwehr- und Teilnahmerechte: Meinungsfreiheit, Religionsfreiheit, Recht auf Eigentum → Mitgestaltung des Staates, damit dieser die Rechte garantiert.

- Garantie wirtschaftlicher, sozialer und kultureller Rechte: Recht auf soziale Sicherheit, Arbeit, Nahrung, Gesundheit → Teilhaberechte → Gewährleistung von Lebensbedingungen, die eine Wahrnehmung der anderen Rechte erst ermöglichen.

2. **Folgende Aspekte in der Erörterung sollten berücksichtigt werden:**
- Bahnbrechende Bedeutung: Internationalisierung des Schutzes der Menschenrechte → Verantwortungsübertragung auf Völkergemeinschaft.
- AEMR als Bezugspunkt für regionale Übereinkommen und Pakte.
- AEMR als Orientierung für den Einzelnen, um Rechte zu beanspruchen.

3. **Organe und Instanzen zur Durchsetzung der Menschenrechte:**

1948	Allgemeine Erklärung der Menschenrechte	Ideale, ohne Verträge zur Absicherung und Durchsetzung
1946	UN-Menschenrechtskommission	Ausarbeitung von Standards, u. a. in Vorbereitung der AEMR
1950	Europäische Menschenrechtskonvention, Durchsetzung mithilfe des Straßburger Gerichtshofs für Menschenrechte	
1993	Hochkommissar für Menschenrechte	Koordination der Menschenrechtsaktivitäten der UN
1998	Weltstrafgericht	
2002	Internationaler Strafgerichtshof in Den Haag	Verfolgung von Verbrechen gegen die Menschlichkeit und Kriegsverbrechen
2006	Ersetzung der Menschenrechtskommission durch den Menschenrechtsrat mit Sitz in Genf	Bericht über Lage der Menschenrechte

4. **Stufen der Menschenrechtsentwicklung:**

18. Jh.:	Philosophische Begründung der Menschenrechte in der Aufklärung: Naturrecht
18. u. 19. Jh.: Juni 1776: 4.7.1776:	Politische Umsetzung der Menschenrechte in Nationalstaaten → Umsetzung des moralischen Anspruchs in Grundrechte: Virginia Bill of Rights Amerikanische Unabhängigkeitserklärung
26.8.1789:	Erklärung der Menschen- und Bürgerrechte in Frankreich → **Anspruch auf Gültigkeit über den Nationalstaat hinaus** (nach Fritzsche, S. 24 ff.)
20. Jh.: 26.6.1945:	Charta der Vereinten Nationen
10.12.1948:	Allgemeine Erklärung der Menschenrechte → **Internationalisierung der Menschenrechte**
4.11.1950: 22.11.1969: 27.6.1981: 19.9.1993: 12.12.2000:	Europäische Menschenrechtskonvention Amerikanische Konvention über Menschenrechte Afrikanische Charta der Menschenreche Allgemeine Erklärung der Menschenrechte im Islam Charta der Grundrechte der Europäischen Union → **Regionale und kulturell unterschiedliche Interpretation der AEMR**
16.12.1966:	Internationaler Pakt über wirtschaftliche, soziale und kulturelle Rechte + über bürgerliche und politische Rechte → **Stärkung der Teilhaberechte**
September 2000:	Millenniumserklärung der Vereinten Nationen: Bekenntnis zu Armutsbekämpfung, Umweltschutz, Friedenssicherung als → **kollektiv zu sichernde Rechte der Staatengemeinschaften**

5. **Aktuelle Herausforderungen (Thesenpapier):**
- Dritte Generation der Menschenrechte: Verantwortung der Staatengemeinschaften zur Gewährleistung von Frieden und Sicherheit, Umweltschutz und Nachhaltigkeit, Armutsbekämpfung, Sicherung der Individualrechte.
- Konflikt zwischen Zielhorizonten: Einschränkung von Rechten zur Wahrung der Sicherheit, Schutz der Umwelt?
- Konflikt zwischen Anspruch und Wirklichkeit: Hochschätzung von Menschenrechten trotz Durchsetzungsdefiziten → Menschenrechte als weltweit gültiger Orientierungsrahmen.
- Menschenrechte als kontinuierlich weiter zu entwickelnde Rechte: Anpassung von Normen angesichts veränderter Lebensbedingungen (Kommunikation, Mobilität, Technologie ...) → Konflikpotenziale aufgrund divergierender Interessen.

Zur Aufgabenstellung im Thema S. 272-274: Die „Allgemeine Erklärung der Menschenrechte" – Was macht sie so besonders?

A. Lernplakate: Die AEMR – Entstehung, Inhalt, Bedeutung

Entstehungsgeschichte	Inhalt	Entwicklungsstand	Historische Bedeutung
Autor: 8 Männer und Frauen aus Australien, Chile, China, Frankreich, GB, Libanon, USA; durch UN verabschiedet **Adressat:** Alle Staaten der Welt, Weltöffentlichkeit **Historischer Kontext:** Nach dem Zweiten Weltkrieg: Erfahrung des Holocaust; Unrechtserfahrung des Kolonialismus; generell: Erfahrung von Gewalt, Unterdrückung, Unrecht	**Präambel:** Angeborene Rechte als Grundlage von Freiheit, Gerechtigkeit, Frieden; Nichtanerkennung der MR als Grund für Barbarei; Notwendigkeit des Schutzes der MR durch das Recht; Selbstverpflichtung der Staaten auf Durchsetzung der Rechte; AEMR als Ideal aller Völker **Abwehrrechte:** Freiheit, Gleichheit, Vernunftausstattung; Verbot der Diskriminierung, Folter, Sklaverei **Teilnahmerechte:** Freiheit der Mobilität, der Heirat, des Eigentums; Wahlrecht **Teilhaberechte:** Recht auf soziale Sicherheit, Arbeit, Lohn, Erholung, Freizeit, Kultur, Bildung	Menschenbild wie in der Aufklärung; Locke: drei von Natur gegebene Rechte (Leben, Freiheit, Eigentum); Sinn des Staates: Schutz der Rechte → **philosophische Grundlegung** Virginia Bill of Rights und Franz. Rev.: Abwehr- und Teilnahmerechte → **Umsetzung der Aufklärung in nationales positives Recht** **AEMR:** Abwehr-, Teilnahme und erstmals Teilhaberechte → Internationalisierung der Menschenrechte	Lehre aus einzigartigen Unrechtserfahrungen: Holocaust + Kolonialismus Internationalisierung der Menschenrechte Menschenrechte als universaler Maßstab, auf den sich Unterdrückte zum Zweck der Partizipation, Abwehr beziehen weltweite Sensibilität für Unrecht → Änderung der Einstellung Rechtsgrundlage für Einschreiten gegen Rechtsverletzungen

B. Hinweise zu den Arbeitsanregungen

Tabelle: Stichworte zu 1. und 2.:

Präambel	• Würde von Geburt an, unveräußerliche Rechte des Menschen als Grundlage von Freiheit, Gerechtigkeit, Frieden • Verachtung der MR als Weg in die Barbarei • Sicherung der MR als höchstes Streben • Herrschaft des Rechts • Förderung der freundschaftlichen Beziehungen der Nationen • Mit der Unterzeichnung der UN-Charta Bekenntnis zu MR • Mit der Unterzeichnung Verpflichtung zur Einhaltung der MR • Bekenntnis zum gemeinsamen Verständnis der MR

Art. 1	Freiheit, Gleichheit an Würde und Rechten, Vernunft und Gewissen	Art. 16	Recht auf gleichberechtigte und freiwillige Heirat Familie als Grundeinheit
Art. 2	Anspruch auf Rechte ohne Unterschiede	Art. 17	Recht auf Eigentum und dessen Schutz
Art. 3	Recht auf Leben, Freiheit, Sicherheit	Art. 18	Gedanken-, Gewissens- und Religionsfreiheit
Art. 4	Verbot der Sklaverei	Art. 19	Meinungsfreiheit
Art. 5	Verbot der Folter	Art. 20	Versammlungsfreiheit
Art. 7	Gleichheit vor dem Gesetz	Art. 21	Recht auf Wahl und Partizipation
Art. 9	Verbot der willkürlichen Verhaftung	Art. 22	Recht auf soziale Sicherheit, Teilhabe an sozialen und kulturellen Rechten
Art. 10	Rechtmäßigkeit der strafrechtlichen Verfahren	Art. 23	Recht auf Arbeit, freie Berufswahl, gleichen Lohn
Art. 11	Unschuldsvermutung	Art. 24	Recht auf Erholung, Freizeit, geregelte Arbeitszeit
Art. 12	Schutz vor willkürlichen Eingriffen in die Privatsphäre	Art. 25	Recht auf auskömmlichen Lebensstandard
Art. 13	Recht auf Bewegungs- und Aufenthaltsfreiheit	Art. 26	Recht auf kostenlose Bildung
Art. 14	Recht auf Asyl	Art. 27	Recht auf kulturelle Teilhabe

Teilnahmerechte: Art. 13, 16, 17, 21; **Teilhaberechte:** Art. 22–27; die übrigen sind Abwehrrechte.

 Zur Aufgabenstellung im Thema S. 275–280: In der Debatte: Die universelle Geltung der Menschenrechte

Hinweise zu den Arbeitsanregungen

Zusammmenfassung der Erschließungsaufgaben als Grundlage der Positionsplakate:

M1 S. 277	Ein deutscher Historiker: H. A. Winkler	• Menschenrechte = Errungenschaft des Westens auf der Grundlage der Aufklärung • Gegensatz zwischen Ideal und Praxis • MR als Korrektur der Praxis • Bekenntnis der UNO zu weltweiten Gültigkeit: Die Normen von 1776 und 1789 wurden zur Norm der Menschenrechte. • Keine Beschränkung auf den Westen, keine Relativität → bei Nachgiebigkeit Verlust an Glaubwürdigkeit
M22 S. 278	Der Leiter des deutschen Instituts für Menschenrechte: Heiner Bielefeldt	• Negation der Universalität bedeutet Negation der Existenz der Menschenrechte • Kampf um Menschenrechte in allen Kulturen • Die behauptete Unvereinbarkeit von Menschenrechten mit Gemeinschaftsorientierung = Klischee • Durch den Schutz der Würde und der Freiheit des Einzelnen Möglichkeit der Gemeinschaftsorientierung • Gleichheit = Bedingung der Freiheit → Möglichkeit der Mannigfaltigkeit des Lebens • Menschenrechte als Vehikel zur Stiftung von Gemeinsamkeit bei Vielfalt → Würde, Freiheit, Gleichberechtigung als verbindende Norm bei Diversität

M3 S. 279	Der frühere Regierungschef von Malaysia: M. Mohamad – Asiatische Werte	<ul><li>In asiatischer Demokratie: Freiheit von Individuen, aber keine Beeinträchtigung der Mehrheit, der Gemeinschaft, z. B. der Familie</li><li>Anmaßung des Westens, keine Mitbestimmung Asiens → keine Regeln für die Welt</li><li>In Asien Einschränkung der Toleranz → Schutz der Mehrheit, von Wohlstand und Stabilität → Differenz der Moralvorstellungen</li><li>Rechte des Individuums denen der Gemeinschaft untergeordnet → Werteverfall im Westen</li></ul>
M4 S. 280	Eine deutsche Politikwissenschaftlerin: A. Duncker – Menschenrechte und Islam	<ul><li>Position des Islam: AEMR = westliches Ideal</li><li>Höherer Stellenwert der Kollektivrechte</li><li>Wohl der Gemeinschaft (z. B. Familie) mit Vorrang vor Individualrechten</li><li>Ablehnung von abweichenden Lebensentwürfen</li><li>In der Gegenwart auch Zustimmung zur Vereinbarkeit von Scharia und MR (Scharia = kein Gesetzbuch, sondern Zusammenstellung unterschiedlicher Texte, die interpretationsbedürftig sind; Auszüge Koran + Überlieferung der Taten Mohammeds: Regeln für den Alltag: Gebet, Essen, Kleidung, Ehe/Scheidung, Umgang mit Andersgläubigen)</li></ul>
M5 S. 280	Ein Islamwissenschaftler: R. Ghadban	<ul><li>Im Islam Gültigkeit des Gottesrechts: Mensch als Sachverwalter Gottes; Glaube als Wesensmerkmal des Menschen, nicht seine Würde</li><li>Der Frömmste = der Würdigste → Unterwerfung unter die Allmacht Gottes und die Umsetzung der Scharia</li><li>Eingeschränkte Gültigkeit der MR: Recht auf Leben für den Gläubigen</li><li>Scharia als Maßstab für Rechte und Freiheiten</li></ul>

Eine eigene Stellungnahme könnte vor allem auf die differenzierte Position von Bielefeldt abheben: Gleichheit, Freiheit, individuelle Würde bilden keinen Gegensatz zur Gemeinschaftsorientierung; die freie Entscheidung zugunsten solidarischen Handelns stiftet eine größere Dauerhaftigkeit und Nachhaltigkeit; Respekt vor der individuellen Würde sichert den Bestand von Diversität.

Zur Aufgabenstellung im Forum S. 281–284: Menschenrechte verteidigen – notfalls mit Gewalt? Das Prinzip der Internationalen Schutzverantwortung in der Diskussion

A. Erarbeitung der Argumentliste

Diese könnte etwa folgende Elemente enthalten:

für humanitäre Interventionen	gegen humanitäre Interventionen
→ Staatliche Souveränität kann nicht automatisch einem staatlichen Machthaber zugesprochen werden (M1). → Gescheiterte Staaten („failed states") können ihre Bevölkerung nicht schützen (M1). → Diktatoren und Menschenrechtsverletzer können sich nicht hinter dem Prinzip der Volkssouveränität verstecken (M1). → Grausame Folgen des Prinzips der Nichteinmischung in Ruanda (1994) und Srebrenica (1995) (M2) → Imperativ des „Nie wieder!" (M2) → Klare Kriterien für militärische Interventionen (M2)	→ Humanitäre Interventionen schaffen Präzedenzfälle für die Freigabe von Regierungssouveränität (M1). → Humanitäre Interventionen führen zu einer „faktischen Kolonialherrschaft" (M1, Z. 21 ff.), zu einem „Imperium" (M1, Z. 38). → R2P ist zu vage („soft law") (M2). → Gefahr missbräuchlicher Interventionen (z. B. partikulare Machtpolitik) (M2)

B. Hinweise zu den Arbeitsanregungen

Fukuyama:

1. Begründung des Prinzips der Staatssouveränität auf der Grundlage der Nichteinmischung in innere Angelegenheiten.

2. „faktische internationale Kolonialherrschaft über die gescheiterten Staaten der Welt"/"internationale Gemeinschaft" blieb keine „Abstraktion" mehr/Preisgabe von Regierungssouveränität an die internationale Gemeinschaft.
3. Bürgerkriege bzw. Diktaturen in Somalia, Afghanistan, Serbien, Bosnien, Kosovo, Kambodscha, Ost-Timor.
4. Das „internationale Imperium" begründet sich durch eine „große Koalition" (Z. 27) von Staaten, die sich auf „Menschenrechte und Demokratie" (Z. 36f.) beriefen; Urteil Fukuyama dazu: „gut gemeint", führe aber zu weiterer Schwächung des Prinzips der Staatssouveränität und damit der betroffenen Staaten.

M 2
S. 284

Radunski:
1. Erfahrungen: Völkermord in Ruanda (1994), Massaker von Srebrenica (1995)/Motive: „Mahnmale für die Ohnmacht der Völkergemeinschaft" (Z. 31 f.) = Imperativ des „Nie wieder!" (Z. 32) = planmäßige Auseinandersetzung mit der „Legalität und Legitimität humanitärer Militärinterventionen" (Z. 37) (Annan 1998).
2. just cause/right intention/last resort/proportional means/reasonable prospects.
3. Volkssouveränität, Prinzip der Nichteinmischung in die inneren Angelegenheiten eines Staates.
4. Wiedergegebene Kritik: „Soft law" (= vage Norm mit unklarer Verpflichtungskraft), Verdacht „partikularer Machtpolitik" (Z. 72), Gefahr „missbräuchlicher Interventionen" (Z. 65)/Position des Autors: Der Autor stellt das Spannungsverhältnis zwischen den Prinzipien der Schutzverantwortung und der Volkssouveränität/der Nichteinmischung einander gegenüber, ohne es einseitig aufzulösen. Als Lösungsweg legt der Text eine Präzisierung des R2P (Weiterentwicklung des internationalen Rechts) nahe.

S. 285 — Zusammenfassende Arbeitsvorschläge

1. Inhaltliche Hinweise zur Multimedia-Präsentation
Definition: „Menschenrechte" sind fundamentale Rechte, die durch folgende Merkmale gekennzeichnet sind: angeboren und unverlierbar/vorstaatlich/individuell und gleich/universell/unteilbar.
Begründungen: religiöse, naturrechtliche, rechtspositivistische Begründung.
Erläuterung an einem exemplarischen historischen Beispiel: Die Erläuterung könnte etwa am Beispiel der französischen **„Erklärung der Menschen- und Bürgerrechte" (1789)** folgende Elemente enthalten:
Begriff: Die „Erklärung der Menschen- und Bürgerrechte" formulierte die Menschenrechte als fundamentale Rechte. Als historischer Beleg kann angeführt werden, dass die „Erklärung" als erstes Ergebnis der Revolution, unmittelbar nach Aufhebung der ständischen Privilegien und noch vor der Verfassung formuliert wurde. Die Menschenrechtserklärung stellte also das Fundament der neuen Ordnung dar. Als inhaltlicher Beleg kann angeführt werden, dass die Menschenrechte Ausdruck eines neuen, aufgeklärten Menschenbildes sind, das hier in seinen Grundzügen postuliert wird.
Begründungen: Begründungen können der Präambel entnommen und am Quellentext belegt werden, wie folgt:
- Rechtspositivistisch: „in der Erwägung, dass die Unkenntnis, das Vergessen oder Verachten der Menschenrechte die alleinigen Ursachen des öffentlichen Unglücks (…) sind" (Z. 2 ff.);
- Naturrechtlich: „die natürlichen (…) Rechte des Menschen" (Z. 7);
- Religiös: „die (…) heiligen Rechte des Menschen" (Z. 7) [Anmerkung: Die religiöse Begründung ist im Text nicht eindeutig und bedarf der Interpretation. Der Begriff „heilig" kann im Sinne einer Bekräftigung, also im Sinne von „unverletzlich" verstanden werden. Auch die Berufung auf den „Schutz des Höchsten Wesens" (Z. 20 f.) kann zu diesem historischen Zeitpunkt sowohl eine eher traditionelle Gottesvorstellung umfassen, wie sie die zahlreichen Kleriker, die auf der Seite der Nationalversammlung standen, empfunden haben mögen, wie auch eine dezidiert antiklerikale bis antireligiöse Vorstellung, wie sie sich im weiteren Verlauf der Revolution im Kult des „Höchsten Wesens" ausdrückte.

2. Kommentierte Stichwortliste

Grundelemente von Menschenbild und Staatsphilosophie der Aufklärung	
Naturrrecht	Rechte, die dem einzelnen Menschen von Natur aus zukommen, d.h. unabhängig von Geschlecht, Stand usw.; Pflicht des Staates, diese Rechte zu achten, ansonsten illegitimes Handeln. Daneben gibt es die religiöse Begründung, wie z.B. in der amerikanischen Unabhängigkeitserklärung, die den Menschen als Ebenbild Gottes betrachtet, mit eine Würde, die nicht genommen werden kann; wie beim Naturrecht: Menschenrechte in einem über- oder vorstaatlichem Rang
Gesellschafts- und Herrschaftsvertrag	Nach der Theorie des Gesellschaftsvertrages (vor allem Rousseau) schließen sich die Menschen zur Sicherung ihrer Rechte zusammen. Durch den Herrschaftsvertrag treten sie dem Herrscher die Macht ab, um die Naturrechte (bei Locke Recht auf Leben, Freiheit, Eigentum) zu schützen, die dieser nicht antasten darf. Sinn und Zweck des Staates: Sicherung der Rechte des Menschen
Gewaltenteilung	Verfahren zur Verhinderung des Machtmissbrauchs durch den Staat und seine Organe durch Trennung der Aufgaben; drei Säulen des Staates (nach Montesquieu): Legislative/Gesetzgebung + Exekutive (ausführende Gewalt) + Judikative (Rechtsprechung)
Volkssouveränität	(franz. Souveraineté = höchste Gewalt, Staatsgewalt). Legitimation staatlicher Herrschaft durch das Volk, in der Demokratie umgesetzt durch das Wahlrecht

3. Hinweise zur Stafettenpräsentation

Entwicklungsetappen der Wirkmächtigkeit der Ideen der Aufklärung	
Nationalstaatliche Realisation 1776 Virginia Bill of Rights Amerikanische Unabhängigkeitserklärung	Recht auf Gleichheit, Freiheit, Eigentum sowie Glück (pursuit of happiness) und Sicherheit von Natur aus; Festschreibung in der Verfassung Afroamerikaner, Indianer, Frauen = ungleiche Rechte → Widerspruch Andererseits: Menschen- und Bürgerrechte als Bezugsnorm für Freiheits- und Gleichheitsbestrebungen (Aufhebung der Sklaverei)
Anspruch auf Gültigkeit jenseits des Nationalstaats 1789 Erklärung der Menschen- und Bürgerrechte in Frankreich	Menschenrechte als Antwort auf politische Ohnmacht, auf gesellschaftliche Ungleichheit, auf Willkür und Unterdrückung, z.B. Freiheit und Gleichheit, Gleichheit vor dem Gesetz, Verbot von Willkür
Internationalisierung der Menschenrechte im 20. und 21. Jahrhundert 1948	Allgemeine Erklärung der Menschenrechte durch die Vereinten Nationen Abwehr-, Teilnahme- und erstmals Teilhaberechte (wirtschaftliche, soziale und kulturelle Rechte)
Nationale Umsetzung **1949** Gewährleistung der Menschenrechte in der Bundesrepublik	Grundgesetz der Bundesrepublik • Menschen- und Grundrechte Art. 1–19 • Volkssouveränität → Art. 20: Alle Staatsgewalt geht vom Volk aus. • Gewaltenteilung: Legislative – Exekutive – Jurisdiktion • Demokratische Grundordnung → Repräsentativsystem • Sozialstaatsprinzip
September 2000	Millenniumserklärung der Vereinten Nationen: Bekenntnis zu Armutsbekämpfung, Umweltschutz, Friedenssicherung als kollektiv zu sichernde Rechte von Staatengemeinschaften

4. Stichworte zu den historischen Rollenspielen

Zeitgenössische Vorstellungen von der Reichweite von Menschenrechten		
Unabhängigkeit der USA, 1776	– Unabhängigkeitserklärung: Gleichheit aller Menschen, unveräußerliche Rechte, Leben, Freiheit, Glück – Ausgeschlossen von diesen Rechten: Afroamerikaner, Indianer, Frauen	**Auffassungsänderung in mehreren Jahrzehnten:** – **Sklaven als Eigentum:** Eigentumsgarantie durch die Verfassung; Ungleichheit von Natur aus; Abhängigkeit der Sklaven als Akt der Wohlfahrt – **Sklavenbefreiung:** Gleichbehandlung der Menschen in den Rebellenstaaten → Forderung der Unabhängigkeitserklärung → politische Motive: Legitimation der Kriegsführung – **Garantie der Bürgerrechte:** Neuinterpretation des Gleichheitspostulats der Unabhängigkeitserklärung. Aber: keine soziale Gleichheit; Grundsatz: Separate, but equal
Französische Revolution: Menschenrechte – auch für Frauen	**Pariser Sicherheitsausschuss:** Frauen und Männer mit unterschiedlichen Aufgaben, von Natur aus unterschiedlich, Natur setzt Frauen Grenzen	**Olympe de Gouges:** Menschen- und Bürgerrechte für Männer und Frauen, von Natur aus gleich und frei, Gleichberechtigung als Zeichen der Vernunft; Folgerung: gleiche Mitbestimmungs- und Mitwirkungsrechte, Gleichheit vor dem Gesetz, soziale und materielle Gleichbehandlung
Schlussfolgerung	Politisch motivierte Interpretation von Idealen Widerspruch Ideal und Wirklichkeit Dennoch: emanzipatorische Wirkung des Ideals → schrittweise Annäherung → Ideal als Legitimationsgrundlage	

5. Hinweise zur Podiumsdiskussion

Die Podiumsdiskussion sollte in Einzel-, Partner- oder Gruppenarbeit vorbereitet werden, damit die SuS sich auf den Vortrag eines Urteils vorbereiten können. Wichtig ist, dass die Urteile aus heutiger Sicht, gleichzeitig unter Einbezug der zeithistorischen Umstände, vorgetragen werden. Zur Vorbereitung der sich an die Durchführung anschließenden Reflexion sollten die Zuhörer einen Reflektionsbogen erhalten, den sie während der Durchführung ausfüllen können.

Französische Revolution: Urteilsgegenstände und Urteilsaspekte können z. B. sein:
a) Zensuswahlrecht vs. allgemeines Wahlrecht
Mögliche Urteilsaspekte: Zensuswahlrecht als Ausdruck des Selbstbewusstseins/der ökonomischen Bedeutung/der gesellschaftlichen Stellung des Bürgertums innerhalb des Dritten Standes; allgemeines Wahlrecht als Ausdruck der Radikalisierung der Revolution und des Wandels ihrer sozialen Basis (städtische Unterschichten); Zensuswahlrecht als (legitimer?) Ausdruck des materiellen Beitrags zum Staatswesen (Steuern); Zusammenhang zwischen allgemeinem Wahlrecht und allgemeiner Wehrpflicht; allgemeines Wahlrecht als Ausdruck der Menschenrechte (gleiches Teilnahmerecht).
b) Frauenwahlrecht
Mögliche Urteilsaspekte: Kontinuität gesellschaftlicher Rollenbilder bzw. patriarchaler Herrschaftsstrukturen trotz politischer Umwälzungen; argumentativer Bezugspunkt „Natur" als „pseudo-objektives" Kriterium; Rolle der Frauen in der Revolution; Möglichkeiten und Grenzen emanzipatorischen Handelns (z. B. am Beispiel de Gouges); Verhältnis von (biologischer) Differenz und (gesellschaftlicher) Gleichheit.

c) Terror zur Durchsetzung der Ziele der Revolution
Mögliche Urteilsaspekte: Wandel der Zielprioritäten der Revolution bzw. ihrer Trägergruppen; Verlust der Menschenrechte aufgrund der Politik des Terrors („Zweck heiligt die Mittel"); Bedeutung der Bedrohung der Revolution durch Krieg und gegenrevolutionäre Aufstände; „Verselbstständigung" der Revolutionsführung; schneller Bedeutungsverlust der Menschenrechte („auf dem Papier") angesichts von Macht und Gewalt; unzureichende Verankerung der Menschenrechte im Bewusstsein/im Rechtssystem/in staatlichen Institutionen.

USA: Urteilsgegenstände und Urteilsaspekte können zum Beispiel sein:
- Amerika im 18. Jh.: Virginia Bill of Rights, Unabhängigkeitserklärung 1776, Verfassung 1789.
- Erste politische Umsetzung der Ideen der Aufklärung (Locke, Montesquieu) in Form von Grundrechten in einem Nationalstaat → Abwehr- und Teilnahmerechte des Einzelnen; die Idee des „pursuit of happiness" deutet das Konzept der Teilhaberechte an.
- Virginia Bill of Rights und Unabhängigkeitserklärung als Vorbilder für Menschenrechtserklärung der Französischen Revolution → ideologische Kernerrungenschaft des Westens.
- Verweigerung vor allem wichtiger Teilnahmerechte für Frauen, Indianer und Sklaven; dadurch wesentliche Begrenzung der Reichweite der Durchsetzung der Menschenrechte; Begründung: „Natur" und „göttlicher Wille" als pseudo-objektive bzw. nicht hinterfragbare Bezugspunkte.
- Trotz des Widerspruchs zwischen dem Anspruch auf allgemeine Gleichheit und Freiheit einerseits und der Praxis der Ausgrenzung von Gruppen andererseits bedeutet die Kodifizierung einen hoch wirksamen Referenzpunkt für Gleichheitsforderungen → Sklavenverbot und Etappen der rechtlichen Gleichstellung rekurrierten auf die Prinzipien der Unabhängigkeitserklärung und der Verfassung.

6. Tabellarische Übersicht zur Konfliktanalyse
Am **Beispiel der Französischen Revolution** könnten die Kriterien der Konfliktanalyse wie folgt erläutet werden:

	Phasen der Revolution			
Kriterien	*Liberale Revolution*	*Radikalisierung*	*Konventsherrschaft*	*Direktorium*
1) Konfliktursache	Ungerechtigkeiten der Ständegesellschaft	Unsichere Loyalität des Königs, soziale Spaltung der Revolution	Bedrohung der Revolution durch den Krieg, Enttäuschung über Verlauf der Revolution	Stillstand der Revolution, Revolutionsmüdigkeit
2) Konfliktanlass	Haushaltsdefizit, Einberufung der Generalstände	Fluchtversuch des Königs	Bedrohungsgefühl, Angst vor Verschwörung	Machtvakuum nach dem Ende des Wohlfahrtsausschusses
3) Konfliktgegenstand	Staatshaushalt, Steuerlast, Abgabenlast, politische Einflussmöglichkeiten (Abstimmungsmodus)	Gleichheitsbegriff, Zensus- oder allgemeines Wahlrecht, Rolle des Monarchen	Materielle Gleichheit, Fortführung der Revolution	Fortbestand bzw. Beendigung der Ergebnisse der Revolution, formale und faktische Macht im Staat
4) Konfliktgegner/Trägergruppen der Revolution	„Dritter Stand" sowie aufgeklärte Teile der ersten beiden Stände [vs. König, Konservative]	Städtische Massen (Sansculotten) unter gemäßigter (Girondisten) und zunehmend radikaler Führung (Jakobiner) [vs. Feuillants, Girondisten]	Städtische Massen unter Führung radikaler Jakobiner [vs. gemäßigte Kräfte]	Gehobenes Bürgertum, Revolutionsarmee [vs. „Royalisten"]

5) Interessen/ Ziele	Steuergerechtigkeit, Minderung der Abgabenlast, politische Teilhabe	Allgemeines Wahlrecht, Bekämpfung von Armut, Aufhebung des Königtums	Bekämpfung von Feinden der Revolution, materielle Gleichheit, Sieg über europäische Monarchien	„Ruhe und Frieden", Sicherheit des Eigentums
6) Machtmittel	Verweigerung der Teilnahme an den Generalständen, Demonstrationen, Straßenproteste	Aufstände der Massen in Paris, revolutionäre Gewalt, Volksjustiz	Terror	Revolutionsarmee als Ordnungsfaktor
7) Konfliktverlauf	Vgl. Kasten: SB, S. 244	Vgl. Kasten: SB, S. 247	Vgl. Kasten: SB, S. 248	Vgl. Kasten: SB, S. 250
8) Konfliktlösung	Fraglich: scheinbarer Sieg der liberalen Kräfte? (Nationalversammlung, Verfassung, Erklärung der Menschen- und Bürgerrechte)	Fraglich: scheinbarer Sieg der radikalen Kräfte? (allgemeines Wahlrecht, Nationalkonvent)	Entfremdung der Jakobiner von der Bevölkerung, Hinrichtung Robespierres, Ende des Wohlfahrtsausschusses	Ende der Revolution: Verlust politischer Mitbestimmung des Volkes, fortdauernde Aufhebung der Ständegesellschaft, Code civil

Am **Beispiel der amerikanischen Unabhängigkeit** könnten die Kriterien der Konfliktanalyse wie folgt erläutert werden:

Kriterien	
1) Konfliktursache	Konflikt um Expansion, Mitsprache und Wahrung alter Freiheitsrechte; Interesse des Mutterlandes: keine Industrialisierung der Kolonien, Vermeidung von Konkurrenz, Kolonien als Absatzmärkte und Rohstoffquellen; Interessen der Kolonien: Wahrung der eigenen Identität, Selbstbestimmung über wirtschaftliche und politische Ausrichtung, Abwehr von englischen Eingriffen in die Autonomie und Selbstverwaltung.
2) Konfliktanlass	Steuerstreit als Anlass: Englische Forderungen nach Einfuhrzöllen und Abgaben riefen Widerstand hervor; Argument: no taxation without representation → Anspruch auf Vertretung im englischen Parlament. Radikalisierung durch Protestschriften, Boykott englischer Waren und Protestaktionen (1773: Boston Tea Party).
3) Konfliktgegensatz	Neuausrichtung des Verhältnisses von Abhängigkeit und Autonomie vor dem Hintergrund aufklärerischer Ideen der Freiheit und Selbstbestimmung, der Volkssouveränität im Sinne der Einsetzung und Kontrolle der Regierung durch die Regierten und nicht durch eine andere Macht; es war kein sozialrevolutionärer Aufstand.
4) Konfliktgegner/Trägergruppen der Revolution	England und die amerikanischen Kolonien, unterstützt von Frankreich; revolutionäre Führer: Mitglieder der sozialen und politischen Elite.
5) Interessen/Ziele	Sicherung der Unabhängigkeit auf der Grundlage der Prinzipien der Selbstbestimmung; keine Änderung der Gesellschaftsordnung oder gar soziale Umwälzung.
6) Machtmittel	Militärische Auseinandersetzung, im amerikanischen Hinterland z. T. als brutaler Guerilla- und Bürgerkrieg; Fluchtbewegungen.
7) Konfliktverlauf	Kriegsbeginn 1775; George Washington als Oberbefehlshaber; mit franz. Unterstützung Sieg in der Schlacht von Yorktown 1781. Im Frieden von Paris (1883) anerkannte England die Unabhängigkeit der USA.

8) Konflikt-lösung	Der Unabhängigkeitskrieg nach außen war verquickt mit der amerikanischen Revolution nach innen; der militärische Sieg ermöglichte die völkerrechtliche Unabhängigkeit als Voraussetzung für die Verfassungsrevolution als welthistorisches Ereignis: Gründung eines großen Flächenstaates in der Form einer föderativ organisierten Republik – mit der Volkssouveränität als neuartiger Legitimationsbasis, mit schriftlicher Verfassung auf der Grundlage von Gewaltenteilung sowie Garantie der Menschen- und Bürgerrechte (nach Wehler).

7. Längsschnitt

Der Schüler/die Schülerin kann mehrere Beispiele anführen:

Zeitgenössische Erfahrung, Werthaltung, Interessen	Weiterentwicklung der Menschenrechte
Herrschaftsform des Absolutismus: König von Gottes Gnaden, Ständeordnung, politische Machtlosigkeit der Bürger, gesellschaftliche und soziale Ungleichheit	Theorien der Aufklärung: Gesellschafts- und Herrschaftsvertrag zwischen Untertan und Herrscher, vorstaatliche Rechte des Individuums (Gleichheit, Freiheit, Eigentum), Kontrolle der Herrschaft durch Gewaltenteilung
	Französische Menschenrechtserklärung: Postulat von Freiheit/Gleichheit, Mitwirkung an der Gesetzgebung, Gleichheit der Abgaben → Freiheit vom Staat und Freiheit im Staat
Abhängigkeitserfahrung der britischen Kolonien in Amerika: Intervention des Mutterlandes England ohne Mitwirkung der Kolonien	Unabhängigkeitserklärung der USA auf der Grundlage der Ideen der Aufklärung: Gleichheit, Freiheit, Recht auf Glück; erste nationalstaatliche Umsetzung der Menschenrechte in der Verfassung bei Akzeptanz gesellschaftlicher Ausgrenzung von Minderheiten (afroamerikanische Bürger, Indianer) und Frauen
Ungleichheit von Minderheiten und Frauen in den USA	Menschenrechte als Bezugsnorm: rechtliche Gleichstellung
Einzigartige Verbrechen des Nationalsozialismus und Abwurf der Atombombe Erkenntnis, dass Freiheitsrechte nur nutzbar sind, wenn menschenwürdige soziale und ökonomische Existenz gesichert	Sicherung von Frieden und Freiheit und Schutz des Bürgers durch eine weltweite Organisation und Gültigkeit von Rechten: Allgemeine Erklärung der Menschenrechte 1948 Menschenrechte der zweiten Generation: wirtschaftliche, soziale und kulturelle Rechte; Internationalisierung der Menschenrechte durch die AEMR
AEMR als Ideal	Völkerrechtliche Verträge zur Umsetzung der Rechte, Ausbau der internationalen Organisationen, regionale Abkommen
Massive Menschenrechtsverletzungen in Form eines Völkermordes	Prinzip der internationalen Schutzverantwortung: militärische Intervention in unabhängigen Nationalstaaten zum Schutz der Menschen
Weltumspannende Bedrohungen wie Rohstoffknappheit, Klimawandel, Armut	Staatengemeinschaft als Träger der Menschenrechtspolitik

8. Hinweise zur Expertenrunde

Die genannte These sollte benannt, kurz erläutert und an einem historischen Beispiel diskutiert werden.

These: Menschenrechte sind eine Antwort auf historische Unrechtserfahrungen.

Erläuterung: Heiner Bielefeldt wendet sich damit gegen ein ahistorisches Verständnis der Menschenrechte, nach dem die Menschenrechte sich gewissermaßen zwangsläufig und unabhängig von konkreten historischen Prozessen entwickelt hätten. Sie sind in ihrer Entstehung vielmehr in den Prozess der europäischen Moderne und der Aufklärung einzuordnen. Dieser Entstehungszusammenhang tut dem universellen Anspruch der Menschenrechte keinen Abbruch.

Diskussion am Beispiel der Französischen Revolution: Die „Erklärung der Menschen- und Bürgerrechte" (1789) spiegelt die Unrechtserfahrung des französischen Absolutismus und der Ständegesellschaft wider. Siehe dazu auch die Ergebnisse von Aufgabe 3, SB, S. 252; beispielhaft könnten folgende Zusammenhänge hergestellt werden:

1) Menschenrechte als Antwort auf politische Ohnmacht		
Art. 6: Gleichheit vor dem Gesetz	a) Absolutistische Herrschaft: keine bzw. sehr eingeschränkte Möglichkeiten, an der Gesetzgebung mitzuwirken; dies gilt v. a. für den Dritten Stand, im Zuge der Errichtung der absolutistischen Monarchie aber zunehmend auch für die ersten beiden Stände.	b) Alle Bürger sind berechtigt, an der Gesetzgebung mitzuwirken; die Bestimmung lässt offen, ob dies „persönlich" oder „durch Vertreter" geschieht.
Art. 14: Demokratische Kontrolle der Steuererhebung	a) Ungerechtigkeiten des Steuersystems in der absolutistischen Ständegesellschaft	b) Recht der Bürger, die Steuern festzulegen und deren Verwendung zu überprüfen

2) Menschenrechte als Antwort auf gesellschaftliche Ungleichheit		
Art. 4: Freiheit	a) Z. B. Erfahrung adeliger Privilegien in der Ständegesellschaft, die den Freiheitsraum des Dritten Standes einschränkten (z. B. Jagdrecht)	b) Grenzen der Freiheit müssen begründet, für alle gleich und gesetzlich festgelegt sein.
Art. 6: Gleichheit vor dem Gesetz	a) Bestimmte staatliche Ämter waren entweder käuflich (z. B. Steuereintreiber) und/oder von Standeszugehörigkeit (z. B. hohe Beamte, Offiziere) abhängig.	b) Gleicher Zugang aller Bürger zu allen Ämtern
Art. 13: Gerechte Abgaben-(Steuer-)Belastung	a) Ungleiche Steuerlast durch adelige Privilegien; Abgaben- bzw. Frondienstlasten für Angehörige des Dritten Standes (abhängige Bauern)	b) Gleiche Verteilung der allgemeinen Abgabe auf alle Bürger „unter Berücksichtigung ihrer Möglichkeiten"

3) Menschenrechte als Antwort auf staatliche Willkür und Unterdrückung		
Art. 3: Nation	a) Z. B. Erfahrung willkürlicher/ überhöhter Festsetzung von Abgaben durch Gutsherren oder Steuereintreiber	b) Nation wird als einzig legitimer Ursprung staatlicher Maßnahmen festgelegt.
Art. 7: Verbot von Willkür	a) Z. B. Erfahrung willkürlicher Verhaftungen	b) Verhaftungen nur auf gesetzlicher Grundlage erlaubt, Bestrafung ungesetzlicher Verhaftungen

9. Hinweise zur Pro- und Kontra-Debatte

Die Debatte könnte z.B. von folgenden Argumenten ausgehen:

Pro (= Menschenrechte können jederzeit und überall universelle Gültigkeit beanspruchen.)	Contra (= Menschenrechte können nicht jederzeit und überall universelle Gültigkeit beanspruchen, sondern sind in ihrem jeweiligen historischen und kulturellen Zusammenhang zu definieren.)
• Die Charta der Vereinten Nationen legt die Universalität der Menschenrechte fest, sie ist auch von heutigen Gegnern der Universalität der Menschenrechte unterzeichnet worden. • Auch für den Westen bedeutet der universelle Anspruch der Menschenrechte eine Selbstverpflichtung. • Der Westen gäbe seine Glaubwürdigkeit auf, wenn er auf den universellen Anspruch der Menschenrechte verzichten würde. • Ein kulturrelativistisches Verständnis der Menschenrechte würde diese der politischen Willkür preisgeben und sie damit unwirksam machen. • Den universellen Anspruch der Menschenrechte zu bestreiten, heißt die Existenz von Menschenrechten zu bestreiten. • Nach einem kulturrelativistischen Verständnis der Menschenrechte würden diese nur für Menschen im westlichen Kulturkreis gelten, während Menschen in anderen Kulturkreisen von ihnen ausgeschlossen wären. • Universale Menschenrechte bedeuten keine kulturelle Uniformität, sondern sind im Gegenteil Grundlage für Unterschiedlichkeit und gleichberechtigte Freiheit, auch für verschiedene Formen der Vergemeinschaftung. • Menschenrechte sind notwendig, um die Aufgaben, die sich aus der kulturellen Vielfalt in der globalisierten Welt ergeben, zu lösen.	• Die Idee und die konkrete Füllung der Menschenrechte sind im Zusammenhang der europäischen Moderne entstanden und nicht auf andere Kulturkreise übertragbar. • Menschenbilder sind historisch gewachsen und kulturell unterschiedlich – entsprechend sind auch die Menschenrechte je nach Kulturkreis unterschiedlich definiert (z. B. „asiatische Werte", „Allgemeine Erklärung der Menschenrechte im Islam"). • Religiöse Vorstellungen setzen dem Menschenrechtsverständnis Grenzen. • Amerikaner und Europäer sind nicht die „besseren Menschen". • Der universelle Anspruch des (europäischen) Menschenrechtsverständnisses ist Ausdruck einer eurozentrierten Sichtweise/des Versuch kultureller Dominanz/des westlichen Imperialismus.

Klausurentraining

Vorbemerkung

Das Klausurentraining stellt anhand von Beispielen grundsätzliche Formen der zentralen Aufgabenformate für Klausuren in der Oberstufe vor. Ziel ist es, Anregungen und Hilfen für die Einübung unterschiedlicher Aufgabentypen anzubieten.

Allgemeine Hinweise zu den Klausurbeispielen

Die vorgestellten Klausurvorschläge mit ihren Lösungshinweisen verstehen sich als exemplarische Aufgabenbeispiele, die von den unterrichtenden Lehrerinnen und Lehrern an die jeweiligen individuellen sequenziellen unterrichtlichen Voraussetzungen angepasst werden sollten. Die Klausurbeispiele decken die im Kernlehrplan Geschichte (s. KLP, S. 48) ausgewiesenen zwei Aufgabentypen ab, die als schriftliche Leistungsüberprüfung vorgesehen sind. In der Materialauswahl und der Aufgabenkonstruktion orientieren sich die Vorschläge an den Aufgabentypen A und B, die für schriftliche Klausuren vorgesehen sind. Ihre leitmediale Funktion ist es, Entscheidungs- und Orientierungshilfen für die Anlage und Abfassung schriftlicher Überprüfungen von Lernergebnissen durch Klausuren anzubieten. Dabei knüpfen die Klausurbeispiele inhaltlich-thematisch an die Inhaltsfelder 1–3 des Kernlehrplans (s. KLP, S. 19–24) an, wie sie im Lehrwerk „Zeiten und Menschen" inhaltlich und methodisch umgesetzt werden.

Typ A

Amerigo Vespucci: Waldindianer in Brasilien

Typ A

Salih Güldiken: Erinnerungen

Typ B

Die Schrecken der Kreuzzüge

Typ A

Die Kreuzzugsbewegung

Typ A

Bossuet: Über absolute Herrschaft

Typ A

Karikatur: „Vive le Roi, Vive la Nation"

Planungsaufgabe Klausur

Das Grundprinzip der materialfunktionalen Gebundenheit der Arbeitsanweisungen

Grundanforderungen an die Arbeitsanweisungen

- Da es sich um einen materialgebundenen Aufgabentyp handelt, müssen sich die einzelnen Arbeitsanweisungen in ihrer Gesamtheit zentral auf das zu interpretierende Quellenmaterial beziehen.
- Transparente Stringenz des Zusammenhangs von vorgelegtem Material und den einzelnen Arbeitsanweisungen ist zwingend gefordert. D.h. die einzelnen Teiloperationen müssen in ihrer Gesamtheit auf das Quellenmaterial bezogen und geeignet sein, dieses interpretierend zu erschließen. Arbeitsanweisungen, die auf vom Material losgelöste Sachdarstellungen abzielen, sind nicht zulässig.
- Die einzelnen Arbeitsanweisungen müssen in ihrer Anlage und Abfolge einen klar erkennbaren inneren logisch-systematischen Zusammenhang im Sinne stringent gestufter interpretatorischer Teiloperationen aufweisen, sodass die interpretatorische Einheit der Aufgabenstellung in ihrer Gesamtheit gewährleistet ist und erkennbar wird.
- Die Arbeitsanweisungen sind sprachlich insbesondere im Bereich der Operatorenwahl so zu formulieren, dass für die Schülerinnen und Schüler bei allen Teilaufgaben klar und eindeutig erkennbar wird,
  - welcher Umfang bzw. welche Differenziertheit der Darstellung erwartet wird,
  - welche inhaltlich-thematischen Perspektiven zu behandeln sind,
  - welche methodische Vorgehensweise gefordert ist.

Inhaltlich-thematischer Bezugspunkt der Arbeitsanweisungen: das jeweilige Quellenmaterial in seinen spezifischen inhaltlichen Aussagen und Strukturen.

Kriteriumsorientierte Bezugsgrundlage der Arbeitsanweisungen:
- *Anforderungsbereiche I, II, III:* Die Teilaufgaben müssen in ihrer Gesamtheit deutlich erkennen lassen, dass methodische und inhaltliche Leistungen in allen drei AFB eingefordert werden. Es ist nicht zwingend, kann aber hilfreich sein, die Zahl der Arbeitsanweisungen an den drei AFB zu orientieren.
- *Fach- und materialgerechte Interpretationssystematik:* Eine Beschränkung der Teiloperationen auf die interpretatorischen Grundschritte wie Analyse – Sachurteil – Werten ist empfehlenswert.

(entnommen aus: Schriftenreihe Schule in NRW, Nr. 4714/1, Sekundarstufe II Gymnasium/Gesamtschule, Aufgabenbeispiele Geschichte; herausgegeben vom Ministerium für Schule und Weiterbildung, Wissenschaft und Forschung des Landes Nordrhein-Westfalen, Ritterbach-Verlag/Frechen, S. 15)

Klausurvorschlag I
Interpretation einer sprachlichen historischen Quelle

1. Text

Amerigo Vespucci: Waldindianer in Brasilien

Zunächst also zu den Menschen: Wir fanden in jenen Regionen eine so große Menge Menschen, die niemand zählen konnte (wie es in der Apokalypse[1] heißt) – und zwar Menschen, die sanft und umgänglich sind. Alle, beiderlei Geschlechts, laufen nackt umher, ohne irgendeinen Körperteil zu bedecken; und wie sie aus dem Leib der Mutter kommen, so gehen sie bis zu ihrem Tod. Ihre Leiber sind nämlich groß, athletisch, wohlproportioniert und neigen zu rötlicher Färbung […]. Weiters haben sie langes und schwarzes Haar. Sie sind beim Laufen und Spielen flink und haben edle und anmutige Gesichtszüge, die sie allerdings selbst verunstalten. Denn sie durchbohren sich Wangen und Lippen sowie Nasen und Ohren. Und glaubt nicht, dass diese Löcher klein wären oder dass sie nur eines hätten! Ich sah nämlich einige, die allein schon im Gesicht sieben Löcher hatten, von denen jedes eine Pflaume fassen mochte. Sie verschließen diese Löcher mit blauen, marmornen und kristallenen Steinen sowie besonders schönen aus Alabaster[2] und mit glänzend weißen Knochen und anderen nach ihrer Art kunstvoll gearbeiteten Stücken. Wenn ihr nun diesen so ungewohnten und monströsen[3] Brauch sehen könntet, nämlich dass ein Mensch allein in seinen Wangen und Lippen sieben Steine trägt, von denen einige eine halbe Handbreit lang sind, so würdet ihr nicht wenig staunen […].

Sie haben keine Tuche, weder aus Wolle noch aus Leinen noch aus Baumwolle (weil sie diese auch nicht benötigen), und sie besitzen keine persönlichen Güter, sondern alles gehört der Gemeinschaft. Sie leben ohne König zusammen, ohne Staat, und jeder ist sein eigener Herr. Sie nehmen so viele Frauen, wie sie wollen. Und der Sohn beschläft[4] die Mutter und der Bruder die Schwester und der Cousin die Cousine und jeder Mann jede Frau, die sich ihm bietet. Sie lösen die Ehe, sooft sie wollen, und beachten in diesen Dingen keine Regel. Außerdem haben sie kein Gotteshaus und halten sich an keine Religion. Dennoch sind sie keine Götzendiener[5] […].

Es gibt unter ihnen weder Kaufleute noch irgendeinen Handel. Ihre Stämme führen untereinander Krieg ohne Technik, ohne Taktik. Die Ältesten lenken bei ihrer Art Versammlungen die jungen Männer zu dem, was sie selbst beabsichtigen, und feuern sie zu Kriegen an, in denen sie einander grausam abschlachten. Und wen sie im Kriege gefangen nehmen, den behalten sie bei sich, freilich nicht um sein Leben zu schonen, sondern um ihn später zum Zwecke der eigenen Ernährung zu töten. Sie pflegen nämlich einander (und besonders die Sieger die Besiegten) aufzuessen, und Menschenfleisch ist bei ihnen eine allgemein übliche Speise.

(Brief des Amerigo Vespucci an Lorenzo di Pier Francesco de Medici, 1502; zit. nach: Robert Wallisch, Der Mundus Novus des Amerigo Vespucci, Wien 2002, S. 19–21)

Erläuterungen zum Text:
[1] Apokalypse: prophetische Schrift über das Weltende, geheime Offenbarung im Neuen Testament
[2] Alabaster: marmorähnliche, reinweiße, durchscheinende Art des Gipses
[3] monströs: ungeheuerlich, unglaublich, empörend
[4] beschlafen: mit jemandem Geschlechtsverkehr haben
[5] Götzendiener: jemand, der heidnische Götter verehrt

Hinweise zum Autor und zur Materialgrundlage:
Amerigo Vespucci (1454–1512), in Florenz geborener Kaufmann, Seefahrer und Entdecker, nach dem der neue Kontinent Amerika benannt wurde, nahm zwischen 1499 und 1502 an mehreren portugiesischen Expeditionen nach Amerika teil, von denen er nach Europa berichtete. Kein anderer Text über Amerika fand im 16. Jahrhundert eine derartige Verbreitung wie der Brief an Lorenzo di Pier Francesco de Medici.

Aufgabenstellung:

1 Analysieren Sie die Quelle,
  a) indem Sie die äußeren Textmerkmale beschreiben,
  b) die Hauptaussagen strukturiert mit eigenen Worten zusammenfassend wiedergeben.

2 Erläutern Sie, in welcher Form zeittypische Vorurteile und Stereotype bezüglich der Wahrnehmung von Fremden durch die Europäer in der frühen Neuzeit in diesem Bericht deutlich werden.

3 Beurteilen Sie, inwieweit die Sichtweise Vespuccis als tragfähige Grundlage geeignet ist, die Lebensweise der brasilianischen Waldindianer angemessen darzustellen.

2. Hinweise für Lehrkräfte

2.1 Bezüge zum Kernlehrplan

Inhaltsfeld 1: Erfahrung mit Fremdsein in weltgeschichtlicher Perspektive

Kompetenzen:
Sachkompetenz: Die Schülerinnen und Schüler analysieren multiperspektivisch die Wahrnehmung der Fremden und das jeweilige Selbstbild, wie sie sich in Quellen zu den europäischen Entdeckungen, Eroberungen oder Reisen in Afrika und Amerika in der frühen Neuzeit dokumentieren.
Urteilskompetenz: Die Schülerinnen und Schüler erörtern beispielhaft Erkenntniswert und Funktion europazentrischer Weltbilder in der Neuzeit.
Methodenkompetenz: Die Schülerinnen und Schüler wenden aufgabengeleitet, an wissenschaftlichen Standards orientiert, grundlegende Schritte der Interpretation von Textquellen (sowie der Analyse von und kritischen Auseinandersetzung mit historischen Darstellungen) fachgerecht an (MK 6).

2.2 Hinweise zu unterrichtlichen Voraussetzungen und zur Aufgabenstellung

Methodische Voraussetzungen: Die Schülerinnen und Schüler müssen in der aufgabengeleiteten Analyse schriftlicher historischer Quellen geübt sein (vgl. SB, S. 290f., S. 292f.). Vermittelt sein muss auch die Kompetenz des Beurteilens und Bewertens (SB, S. 298f.). Dies ist eine grundlegende Voraussetzung für die Bearbeitung der Teilaufgabe 3 mit dem Operator „Beurteilen Sie …".
Inhaltliche Voraussetzungen: Die Schülerinnen und Schüler sollten aus dem Infoteil die Passagen „Die Begegnung mit dem Fremden – Selbst- und Fremdbilder" (SB, S. 19–21) und „Die Europäer in den neuen Welten – der Fremde als Exot" (SB, S. 54–58) sowie das Thema „Europäer und Indianer – Perspektiven gegenseitiger Wahrnehmung" (SB, S. 59–64) gründlich erarbeitet haben. Dabei sollten im Unterricht vor allem die Aspekte Stereotypen und Vorurteile, ihre Ausprägungen und das Zustandekommen und daraus sich ergebende Folgen und Handlungsweisen schwerpunktmäßig problematisiert und diskutiert worden sein.

3. Vorschlag für einen möglichen Erwartungshorizont für die Lösung und Bewertung

Teilaufgabe 1a und b

	Anforderungen	max. erreichbare Punktzahl
	Der Schüler/die Schülerin …	
1	benennt den Autor, den Seefahrer und Entdecker Amerigo Vespucci, und benennt die Adressaten, Lorenzo di Pier Francesco de Medici (im engeren Sinne) sowie die gelehrte europäische Öffentlichkeit (im weiteren Sinne).	
2	charakterisiert die Quellengattung als Brief auf der Grundlage eigener Erfahrungen.	
3	nennt das Erscheinungsjahr (1502).	
4	arbeitet das Thema der Quelle heraus: z. B. Darstellung der Lebensweise der brasilianischen Waldindianer.	
5	arbeitet die Intention des Autors heraus: „Information" der gelehrten europäischen Öffentlichkeit über die Lebensweise der neu entdeckten Menschen in der Neuen Welt und ihre Einschätzung aus der Sicht eines europäischen Reisenden in die „Neue Welt".	

	Anforderungen	max. erreichbare Punktzahl
	Der Schüler/die Schülerin …	
6	fasst die Hauptaussagen strukturiert und mit eigenen Worten zusammen, indem er/sie beispielsweise folgende Aspekte benennt: • Die Menschen sind sanft und umgänglich; sie haben keine Kleidung und verbringen ihr gesamtes Leben nackt; sie sind körperlich wohlproportioniert und stark; sie haben eine rötliche Hautfarbe; sie verunstalten ihre Gesichter, um sich mit ungewöhnlichen Dingen zu schmücken. • Sie führen ein sexuell ausschweifendes Leben; sie haben keine Kaufleute und besitzen keine persönlichen Güter; sie leben ohne staatliche Ordnung, allerdings spielen die Alten eine besondere Rolle; sie sind Kannibalen.	

Teilaufgabe 2

	Anforderungen	max. erreichbare Punktzahl
	Der Schüler/die Schülerin …	
1	• erläutert in knapper Form, was unter Vorteilen und Stereotypen zu verstehen ist. • erläutert, inwieweit in dem vorliegenden Quellenauszug zeittypische Vorurteile und Stereotype der frühen Neuzeit bei der Beschreibung der Lebensformen der brasilianischen Waldindianer deutlich werden; auf folgende Aspekte könnte z. B. schwerpunktmäßig eingegangen werden: – Zeittypische Stereotype und Vorurteile finden sich hinsichtlich der Beschreibung des Wesens und des Zusammenlebens der Waldindianer in Hinsicht auf den „edlen Wilden": Aussehen, Sanftmütigkeit, naturnahes Leben ohne einengende Gesellschafts- und Wirtschaftsstrukturen. – Zeittypische Stereotype und Vorurteile finden sich aber auch gleichermaßen in deutlich negativ eingestufter Weise als befremdliche Lebensweise: Waldindianer als sexuell völlig ungezügelte Menschen; als Menschen mit abstoßenden Sitten und Gebräuchen (Schmuck); vor allem aber auch die Beschreibung der Waldindianer als grausame Menschen, die sogar Kannibalen sind.	

Teilaufgabe 3

	Anforderungen	max. erreichbare Punktzahl
	Der Schüler/die Schülerin …	
1	**beurteilt** die Angemessenheit der Darstellung der Lebensweise. Dabei kann er/sie <u>zustimmend</u> verweisen auf • das Bemühen des Autors, eine durchaus differenzierte Sichtweise auf die Waldindianer einzunehmen, in der positive und negative Aspekte angesprochen werden. Er/sie sollte allerdings z. B. gleichermaßen <u>relativierend</u> darauf verweisen, dass • als Ganzes betrachtet die Beschreibung der Lebensformen und Verhaltensweisen dem für die frühe Neuzeit typischen Darstellungsmuster basierend auf Vorurteilen und Stereotypen erfolgt; • die Darstellung einseitig perspektivisch als Sichtweise der Europäer einzustufen ist; • die kulturellen Hintergründe der indianischen Sitten und Gebräuche unzureichend in den Blick genommen und eingebracht werden; • die unhinterfragte Überlegenheit der europäischen Kultur als allein gültige Norm das Kriterium der Sichtweise und Einschätzung des Autors ist; • die Tragfähigkeit als (Informations-)Quelle darauf beschränkt ist, Standpunkt, Blickwinkel auf zeitgenössischer Ebene aus der Perspektive kultureller Überlegenheit zu verdeutlichen; • der Erkenntniswert der Darstellung als ein exemplarisch-typisches Zeugnis nach zeitgenössischen Wertmaßstäben einzustufen ist.	

	Anforderungen	max. erreichbare Punktzahl
	Der Schüler/die Schülerin …	
2	erfüllt ein weiteres aufgabenbezogenes Kriterium.	

Darstellungsleistung

	Anforderungen	max. erreichbare Punktzahl
	Der Schüler/die Schülerin …	
1	strukturiert seinen/ihren Text schlüssig, stringent sowie gedanklich klar und bezieht sich dabei genau und konsequent auf die Aufgabenstellung.	
2	bezieht beschreibende, deutende und wertende Aussagen schlüssig aufeinander.	
3	belegt seine/ihre Aussagen durch angemessene und korrekte Nachweise (Zitate, Bezüge u. a.).	
4	formuliert unter Beachtung der Fachsprache präzise und begrifflich differenziert.	
5	schreibt sprachlich richtig (Grammatik, Orthografie, Zeichensetzung) sowie syntaktisch und stilistisch sicher.	

Klausurvorschlag II
Interpretation einer sprachlichen historischen Quelle

1. Text

Salih Güldiken: Erinnerungen

Als wir mit dem Zug aus München in Köln ankamen, war es mitten in der Nacht. Das Deutsche Rote Kreuz war da, sie haben alles vorbereitet. Ein Mann hat unsere Namen von einer Liste abgelesen. Wir wurden in Gruppen aufgeteilt. Unsere Gruppe wurde in Häuser gebracht, die im Ersten Weltkrieg gebaut worden waren. Ford hatte sie für die Türken, die als Gastarbeiter kamen, gemietet [...]. Wir schliefen in Etagenbetten. Die anderen in meinem Zimmer haben oft in anderen Schichten gearbeitet. Sie kamen also nach Hause, wenn ich gerade schlief. Ich konnte überhaupt nicht mehr ruhig schlafen. Schlimm war auch, dass es im Winter schon wieder dunkel war, wenn wir von der Arbeit kamen [...].

Wir konnten überall türkisch reden. Mit dem Deutschen hatten deshalb viele auch nach Jahren noch Probleme. Wegen der Sprache konnten die deutschen und die türkischen Kollegen auch nicht wirklich miteinander befreundet sein. Aber ich wusste: ‚Wenn ich nicht am Fließband bleiben will, wenn ich aufsteigen will, muss ich Deutsch können' [...].

1972 wurde ich zum ersten Mal in den Betriebsrat¹ gewählt. Ein paar Jahre später, 1978, haben sie zu mir gesagt: ‚Hier gibt es etwa 7000 Türken. Wir haben vor, Kollege Güldiken, dich in den Aufsichtsrat zu bringen.' Sechs, sieben andere türkische Kollegen standen außerdem zur Wahl. Ich wurde dann das erste türkische Mitglied im Aufsichtsrat eines deutschen Unternehmens [...].

Meine Aufgabe war es, das den Menschen zu erklären, ob sie nun Italiener, Türken oder Deutsche waren: Jeder soll seine Arbeit machen. Wenn einer ein Problem hat, soll er mir das sagen, dann sprechen wir darüber, zusammen mit dem Meister. Aber das ist unsere Arbeit, hier verdienen wir unser Brot. Wenn unsere Autos sich gut verkaufen, bekommen wir auch gutes Geld dafür. Deshalb müssen wir aufpassen [...]. Die türkischen und italienischen Arbeiter haben nicht immer das gleiche Geld verdient wie die deutschen Kollegen. Aber das geht auch nicht. Wenn wir aus der Türkei kommen, hier anfangen zu arbeiten, können wir nicht sofort das Gleiche verdienen wie ein deutscher Kollege, der schon seit zehn Jahren hier arbeitet. Das geht erst mit der Zeit [...]. Ich persönlich brauche keinen Gebetsraum, aber für viele der Kollegen war das wichtig. Ich habe deshalb zu meinem Meister gesagt: ‚Kommen Sie in der Mittagszeit mal runter in die Halle und schauen Sie selbst!' Dort saßen überall die türkischen Kollegen und beteten zwischen den herumfahrenden Gabelstaplern. Ich erklärte unserem Meister: ‚Ich weiß, dass das hier keine Moschee ist. Aber wie kann ich dulden, dass die Menschen sich in Gefahr bringen, wenn sie in der Halle beten müssen, weil sie keinen anderen Raum haben?' – Er hat das sofort verstanden.

(„Das mit dem großen Streik war nicht meine Idee." Als Betriebsrat bei Ford in Köln – Salih Güldiken; zit. nach: Jeanette Goddar/Dorte Huneke (Hg.), Auf Zeit. Für Immer – Zuwanderer aus der Türkei erinnern sich, Bonn 2011, S. 112–115)

Erläuterung zum Text:
¹ Betriebsrat: Vertretung der Arbeitnehmer in großen Firmen, die Mitbestimmungsrechte u. a. bei der Gestaltung der Arbeitsvorgänge besitzt

Hinweise zum Autor und zur Materialgrundlage:
Salih Güldiken, geb. 1937, kam 1962 aus Istanbul nach Köln. In Deutschland wollte er ursprünglich so lange bleiben, bis er genug Geld für ein Auto verdient hatte. Nach der Arbeit am Fließband, als Dolmetscher und schließlich als Betriebs- und Aufsichtsrat bei Ford in Köln ist er dort am Ende seines Berufslebens in Rente gegangen.

Die Lebenserinnerungen Salih Güldikens sind dem Buch „Auf Zeit. Für immer" entnommen, in dem deutsche und türkischstämmige Autorinnen und Autoren in Reportagen, Interviews und biografischen Berichten Männer und Frauen der ersten und zweiten Migrantengeneration und ihre Gedanken, Hoffnungen, Gefühle, Sorgen und Befürchtungen darstellen.

Aufgabenstellung:

1 Analysieren Sie die Quelle,
a) indem Sie die äußeren Textmerkmale beschreiben,
b) die Hauptaussagen strukturiert zusammengefasst wiedergeben.

2 Erläutern Sie, inwiefern die Schilderungen im Text typische Merkmale der „Gastarbeiterproblematik" in Deutschland spiegeln.

3 Bewerten Sie die Einstellung und Verhaltensweise Güldikens unter dem Aspekt Integration.

2. Hinweise für Lehrkräfte

2.1 Bezüge zum Kernlehrplan

Inhaltsfeld 1: Erfahrung mit Fremdsein in weltgeschichtlicher Perspektive

Kompetenzen:
Sachkompetenz: Die Schülerinnen und Schüler stellen an ausgewählten Beispielen die Loslösung der von Arbeitsmigration Betroffenen von ihren traditionellen Beziehungen und die vielfältige Verortung in ihre neue Arbeits- und Lebenswelt an Rhein und Ruhr dar.
Urteilskompetenz: Die Schülerinnen und Schüler erörtern kritisch und vor dem Hintergrund differenzierter Kenntnisse die in Urteilen über Menschen mit persönlicher oder familiärer Zuwanderungsgeschichte enthaltenen Prämissen.
Methodenkompetenz: Die Schülerinnen und Schüler wenden aufgabengeleitet, an wissenschaftlichen Standards orientiert, grundlegende Schritte der Interpretation von Textquellen (sowie der Analyse von und kritischen Auseinandersetzung mit historischen Darstellungen) fachgerecht an (MK 6).

2.2 Hinweise zu unterrichtlichen Voraussetzungen und zur Aufgabenstellung

Methodische Voraussetzungen: Die Schülerinnen und Schüler müssen in der aufgabengeleiteten Analyse und Interpretation schriftlicher historischer Quellen geübt sein (vgl. SB, S. 290f., S. 292f.). Vermittelt sein muss auch die Kompetenz des Beurteilens und Bewertens (SB, S. 298f.). Dies ist eine grundlegende Voraussetzung für die Bearbeitung der Teilaufgabe 3 mit dem Operator „Bewerten Sie …". Methodisch sollte ihnen der Stellenwert von Fallbeispielen und das Umgehen damit bekannt sein.
Inhaltliche Voraussetzungen: Die Schülerinnen und Schüler sollten die Doppelseite „Im Fokus: Fremdsein als Einheit von Nähe und Ferne" (SB, S. 16/17), den Infoteil „Begegnung mit dem Fremden – Selbst und Fremdbilder" (hier SB, S. 19–21), den Infoteil „Fremdsein, Vielfalt und Integration – Migration am Beispiel des Ruhrgebiets im 19. und 20. Jahrhundert" (SB, S. 70 – 75) sowie die zugehörigen Themen (SB, S. 76–84) gründlich bearbeitet haben. Ein unterrichtlicher Schwerpunkt sollten dabei insbesondere Fragen der Gastarbeiterproblematik unter den Stichworten Integrationsproblematik, Schwierigkeiten, Chancen, Bedingungen für eine gelingende Integration gewesen sein.

3. Vorschlag für einen möglichen Erwartungshorizont für die Lösung und Bewertung

Teilaufgabe 1a und b

	Anforderungen	max. erreichbare Punktzahl
	Der Schüler/die Schülerin …	
1	benennt den Autor, den türkischen Migranten Salih Güldiken, und benennt als Adressaten die interessierte deutsche Öffentlichkeit, d.h. sowohl die deutschen Mitbürger als auch die türkischen Landsleute.	
2	charakterisiert die Quellengattung als eine Form von Autobiografie, in der türkische Mitbürger ihre Erinnerungen und Wahrnehmungen darlegen und Bilanz ziehen.	
3	nennt das Erscheinungsjahr 2011 und den Erscheinungsort Bonn.	
4	arbeitet das Thema der Quelle heraus: z. B. Beschreibung der Probleme sowie beobachtbarer Erfolge bei der Integration von Migranten.	
5	arbeitet die Intention des Autors heraus: Information über die Probleme bei der Integration sowie Aufzeigen von Merkmalen und Beispielen einer gelingenden Integration.	

	Anforderungen	max. erreichbare Punktzahl
	Der Schüler/die Schülerin ...	
6	beschreibt und erläutert die folgenden Hauptaussagen der Quelle: • Unterbringung und Arbeitsbedingungen sind für die neu ankommenden Arbeitsmigranten sehr belastend; • Sprachschwierigkeiten müssen gemeistert werden, um Integration zu ermöglichen; • Salih Güldiken steigt im Betrieb auf, wird zuerst Betriebs- und schließlich sogar Aufsichtsrat; • Ansprüche der Migranten können nur schrittweise umgesetzt werden, es gibt aber auch Erfolge (Lohn, Einrichtung eines Gebetsraums).	

Teilaufgabe 2

	Anforderungen	max. erreichbare Punktzahl
	Der Schüler/die Schülerin ...	
1	erläutert die im Text gespiegelten typischen Merkmale der „Gastarbeiterproblematik", indem folgende Probleme und Lösungsbeispiele und -möglichkeiten für eine gelingende Integration der Arbeitsmigranten in die neue Gesellschaft an Beispielen verdeutlicht werden: • Problematisch für eine gelingende Integration sind die Art der Unterbringung, die zu einer Separierung der Migranten führt; die Form der Arbeit (Schichtarbeit), die eine Art Vereinzelung hervorbringen kann; die mangelnde Sprachkenntnis und der damit verbundene Rückzug in eine Art von „Parallelgesellschaft"; fehlende Möglichkeiten, die eigene Kultur und Religion zu leben. • Lösungsmöglichkeiten für eine gelingende Integration verlangen Bereitschaft und Anstrengungen auf beiden Seiten, in der aufnehmenden Gesellschaft und bei den Zuwanderern. **Aspekte, auf die eingegangen werden könnte:** – Erlernen der deutschen Sprache; – Mitarbeit in der Gewerkschaft (z. B. Wahl in den Betriebsrat); – Eingliederung in existierende Betriebsabläufe bzw. Anpassung an vorgegebene Verhältnisse; – Kommunikationsfähigkeit anderen Gruppen gegenüber; – Übernahme von Verantwortung (z. B. sich in den Aufsichtsrat eines deutschen Unternehmens wählen zu lassen); – die Ausübung eigener kultureller und religiöser Praktiken zu leben und tolerant und verträglich in die aufnehmende Gesellschaft zu integrieren (z. B. Schaffung eines eigenen Gebetsraums als ein Beispiel).	

Teilaufgabe 3

	Anforderungen	max. erreichbare Punktzahl
	Der Schüler/die Schülerin ...	
1	• kommt zu einer positiven Bewertung der Einstellungen und Verhaltensweise Salih Güldikens als ein weitgehend gelungenes Beispiel eines Integrationsprozesses, der durch individuelle Anstrengungen und ein ausreichend großes Maß an gegenseitiger Solidarität gekennzeichnet ist. **Mögliche Gesichtspunkte für eine zustimmende Argumentation:** – Erfolg im Beruf und bei der Vertretung eigener Interessen über die Wahl als Betriebsrat bis hin zum Mitglied des Aufsichtsrates; – Erlernen der Sprache der neuen Heimat als Voraussetzung für Integration;	

	Anforderungen	max. erreichbare Punktzahl
	Der Schüler/die Schülerin …	
	– Solidarität als Voraussetzung (ein anderes vergleichbares Beispiel als Beleg wären die „Ruhrpolen"); – Durchsetzung der Akzeptanz der eigenen Kultur bei Anerkennung der Unterschiede, Anpassung an bestehende Strukturen. • kann ausgehend von dem Beispiel weiterführend relativierend darauf verweisen, dass Integration nicht mit Assimilation gleichgesetzt werden kann und sollte. **Was zum Beispiel bedeuten würde:** – Vergessen der eigenen Wurzeln, – Gleichgültigkeit gegenüber zentralen Aspekten der eigenen Kultur, – fraglose Übernahme bestimmter Werte der Arbeitsethik u. Ä. • kann darauf verweisen, dass Leistungsfähigkeit und -bereitschaft eines speziellen Einzelnen nicht generalisiert und für alle als beispielhaft vorgestellt werden können.	

Darstellungsleistung

	Anforderungen	max. erreichbare Punktzahl
	Der Schüler/die Schülerin …	
1	strukturiert seinen/ihren Text schlüssig, stringent sowie gedanklich klar und bezieht sich dabei genau und konsequent auf die Aufgabenstellung.	
2	bezieht beschreibende, deutende und wertende Aussagen schlüssig aufeinander.	
3	belegt seine/ihre Aussagen durch angemessene und korrekte Nachweise (Zitate, Bezüge u. a.).	
4	formuliert unter Beachtung der Fachsprache präzise und begrifflich differenziert.	
5	schreibt sprachlich richtig (Grammatik, Orthografie, Zeichensetzung) sowie syntaktisch und stilistisch sicher.	

Klausurvorschlag III
Analyse von Sekundärliteratur und kritische Auseinandersetzung mit ihr mit gegliederter Aufgabenstellung

1. Text

Die Schrecken der Kreuzzüge

Zwar war Jerusalem schon seit dem Jahr 638 unter islamischer Herrschaft. Doch christliche Pilger konnten – von wenigen kurzen Unterbrechungen abgesehen – die heiligen Stätten ungehindert besuchen. Und auch die
5 Seldschuken, die jetzt hier regieren, machen den Pilgern keine größeren Schwierigkeiten. Doch der Papst, der von einem heiligen Krieg träumt, bauscht die Mühsale und Gefahren auf, die im 11. Jahrhundert den Reisenden auf dem langen Weg von Europa nach Palästina
10 drohen, und macht die Ungläubigen, die Muslime, dafür verantwortlich.
„Deus lo vult", rufen die Teilnehmer des Konzils enthusiastisch, „Gott will es", dass wir das Kreuz nehmen. Im Jahr darauf setzt sich das Kreuzfahrerheer, zusammen-
15 gewürfelt aus Rittern halb Europas, in Bewegung. Angetrieben von einer fatalen Mischung aus religiöser Inbrunst, Abenteuerlust und Gewinnstreben. Die Kirche hat jedem Teilnehmer den vollkommenen Ablass versprochen – die Befreiung von den Höllenstrafen für
20 alle Sünden, aber auch das freie Eigentum an allem, was er im Heiligen Land erobern würde. [...]

Sie foltern und morden im Namen Gottes
Unauslöschlich ins kollektive Bewusstsein der islamischen Gegner eingebrannt bleibt die Grausamkeit
25 der katholischen Kämpfer. 1098 nehmen Kreuzritter die Stadt Maara ein. Den Verteidigern haben sie Schonung versprochen, falls sie sich ergeben. Doch dann bringen sie alle um. Drei Tage, schreibt Ibn Al-Athir, ging das Töten. Raoul von Caen hält aufseiten der Fran-
30 ken das Geschehen für die Nachwelt fest: *„In Maara kochten unsere Leute die erwachsenen Heiden in Kesseln, zogen die Kinder auf Spieße und aßen sie geröstet."* [...]
Nachdem es den Kreuzrittern am 15. Juni 1099 gelungen ist, die Mauern Jerusalems zu überwinden, erobern
35 sie die Stadt im Straßenkampf. Doch dann morden sie weiter, metzeln Frauen und Kinder nieder. Am nächsten Morgen lebt in Jerusalem kein Muslim mehr und auch kein Jude. Die jüdische Gemeinde hatte sich in die Hauptsynagoge geflüchtet. Doch die Juden gelten als Helfershelfer der Ungläubigen. Die Synagoge wird
40 in Brand gesteckt, die Insassen verbrennen lebendigen Leibes. Am Morgen nach dem Massaker versammeln sich die Sieger in der Grabeskirche, Tränen in den Augen, Seufzer auf den Lippen. *„Aber nicht aus Angst oder Betrübnis, sondern aus glühender Andacht"*, wie ein
45 christlicher Chronist klarstellt. [...]

Der großmütige Kalif
Die arabische Geschichtsschreibung wird in der Folge nicht müde zu betonen, wie anders sich Kalif Omar, der zweite Nachfolger Mohammeds, benommen hatte, der
50 638 als Sieger ins damals christliche Jerusalem einzog. Auf seinem berühmten weißen Kamel war er in die Stadt geritten, der griechische Patriarch ging ihm entgegen. Als Erstes versichert Omar dem besorgten Patriarchen, Leben und Besitz aller Bewohner würden ver-
55 schont. Dann lässt er sich die Grabeskirche zeigen. Da kommt die Stunde des Gebets, und Omar fragt, wo er seinen Teppich ausbreiten könne. Der Patriarch antwortet, das solle er gleich hier in der Kirche tun. *„Wenn ich das mache, könnten sich die Muslime morgen diesen Ort*
60 *aneignen mit der Begründung, dass ich hier gebetet habe"*, antwortet Omar und kniet außerhalb des Gotteshauses nieder.
Selbst in der aggressivsten Zeit des Sendungsbewusstseins, dem Jahrhundert nach Mohammeds Tod, beweist
65 der Islam religiöse Toleranz. Als die Reiterheere der ersten Kalifen den Vorderen Orient erobern, durch Nordafrika stürmen und schließlich die Westgoten in Spanien besiegen, wird die christliche und jüdische Bevölkerung zwar unterworfen, aber weder ausgerottet noch zwangsbe-
70 kehrt. [...] Den Kreuzfahrern, die nach der Eroberung des Heiligen Landes im Küstenstreifen zwischen Syrien und dem Sinai mehrere Kleinstaaten einrichten – wichtigster ist das Königreich Jerusalem –, ist diese Toleranz fremd. Als Erstes verbieten sie Muslimen und Juden, je wieder in
75 der Heiligen Stadt zu wohnen. [...].

(Teja Fiedler, Die Schrecken der Kreuzzüge, in: Stern, 24.10.2001, ISLAM-SERIE/TEIL I [Titelthema])

Hinweise zum Autor und zum Zeitpunkt der Textentstehung:
Teja Fiedler, 1943 geboren und in Niederbayern aufgewachsen, studierte in München Geschichte und Germanistik. Als Stern-Korrespondent berichtete er viele Jahre aus Rom, Washington, New York und zuletzt aus Mumbai/Indien. Die „Islam-Serie" in der Zeitschrift „Stern" entstand nur wenige Wochen nach den Anschlägen auf das World Trade Center in New York.

Aufgabenstellung:

1 Analysieren Sie den Textauszug, indem Sie
   a) den Textauszug vorstellen;
   b) in Form einer strukturierten Textwiedergabe die Hauptaussagen und den gedanklichen Aufbau mit eigenen Worten zusammengefasst wiedergeben.

2 Charakterisieren Sie das vom Verfasser im Text vermittelte Bild der Christen und der Muslime und ordnen Sie die Diskussion zu diesem Thema in die ereignisgeschichtlichen Vorgänge des Jahres 2001 ein.

3 Setzen Sie sich kritisch mit der Funktion dieser „Bilder" und ihren möglichen Wirkungen in der breiteren Öffentlichkeit auseinander.

2. Hinweise für Lehrkräfte

2.1 Bezüge zum Kernlehrplan

Inhaltsfeld: Islamische Welt – christliche Welt: Begegnung zweier Kulturen in Mittelalter und früher Neuzeit

Kompetenzen:
Sachkompetenz: Die Schülerinnen und Schüler erklären die Kreuzzugsbewegung von unterschiedlichen gesellschaftlichen, sozialen, politischen und individuellen Voraussetzungen her.
Urteilskompetenz: Die Schülerinnen und Schüler erörtern aus zeitgenössischer und heutiger Perspektive kritisch und differenziert die Begründung für Krieg und Gewalt.
Methodenkompetenz: Die Schülerinnen und Schüler wenden aufgabengeleitet, an wissenschaftlichen Standards orientiert, grundlegende Schritte (der Interpretation von Textquellen sowie) der Analyse von und kritischen Auseinandersetzung mit historischen Darstellungen fachgerecht an (MK 6).

2.2 Hinweise zu unterrichtlichen Voraussetzungen und zur Aufgabenstellung

Methodische Voraussetzungen: Die Schülerinnen und Schüler müssen in der aufgabengeleiteten Analyse von und der kritischen Auseinandersetzung mit historischen Darstellungen geübt sein (vgl. SB, S. 290 f., S. 294 f.).
Inhaltliche Voraussetzungen: Die Schülerinnen und Schüler sollten die Doppelseite „Im Fokus: 9/11– Ein Tag im September ..." (SB, S. 88 f.) zur Kenntnis genommen haben. Sie müssen den Infotext des Teilkapitels „Die Kreuzzüge – Krieg im Namen Gottes" (SB, S. 146–154) und die zugehörigen Themen (SB, S. 155–168) gründlich erarbeitet haben. Bearbeitet sein sollte auch das Thema „Zusammenleben der Kulturen" (SB, S. 161 ff.).
Hilfreich als Orientierungswissen sind Grundkenntnisse über die islamische Welt vor den Kreuzzügen (SB, Info S. 105 ff.) und Kenntnisse, die im Rahmen einer Bearbeitung des Themas zum Dschihad (SB, S. 116 ff.) und des Themas zu Vorstellungen des „gerechten Krieges" (SB, S. 142–145) erworben worden sind.

3. Vorschlag für einen möglichen Erwartungshorizont für die Lösung und Bewertung

Teilaufgabe 1a und b

	Anforderungen	max. erreichbare Punktzahl
	Der Schüler/die Schülerin ...	
1	beschreibt in der Vorstellung des Textes den Autor Teja Fiedler als Publizisten.	

	Anforderungen	max. erreichbare Punktzahl
	Der Schüler/die Schülerin …	
2	stellt als Erscheinungsort die Zeitschrift „Stern" und als Erscheinungsdatum den 24.10.2001 vor (Hinweis auf den unmittelbaren Kontext „11. September" u. die dadurch ausgelöste verstärkte Diskussion um Islam u. Islamismus).	
3	charakterisiert die Textsorte: nicht wissenschaftliche Darstellung, publizistischer Text zu einem historischen Thema in einer seriösen Zeitschrift.	
4	bestimmt als Adressaten ein breites historisch interessiertes Publikum/historische Laien.	
5	benennt das Thema des Textes: die Brutalität der christlichen Kreuzfahrer im Vergleich zur eher moderateren, religiös-tolerant anmutenden Vorgehensweise der Muslime.	
6	arbeitet die Intention heraus: Relativierung der weitverbreiteten eindimensionalen Sichtweise der islamischen Gewalt.	

Teilaufgabe 2

	Anforderungen	max. erreichbare Punktzahl
	Der Schüler/die Schülerin …	
1	charakterisiert das vom Verfasser im Text vermittelte Bild der Christen und der Muslime. **Elemente, die das Bild der Christen prägen:** • die negative Darstellung des Verhaltens u. auch des Charakters des Papstes (Vortäuschung falscher Tatsachen zur Beschuldigung der Muslime); • die negative Darstellung der Kreuzritter (niedere Beweggründe, Brutalität); • Charakterisierung der Kreuzritter durch direkte Werturteile (Morden, Metzeln, Massaker). **Elemente, die das Bild der Muslime prägen:** • religiöse Toleranz bzw. Respekt vor dem Glauben der Feinde selbst in der Phase der Expansion im 8. Jahrhundert; • Schutz von christlichen Gotteshäusern; • positive Darstellung der Muslime (Toleranz, Menschlichkeit, Großmut) bezieht sich nicht nur auf die unterworfenen Christen, sondern auch auf Angehörige der jüdischen Religion; • einzelne negative Verhaltensweisen (aggressives Sendungsbewusstsein) werden als vorübergehende historische Phase relativiert.	
2	ordnet das Bild in die Diskussion zu diesem Thema in die ereignisgeschichtlichen Vorgänge des Jahres 2001 ein: **Hinweis auf** • den unmittelbaren Kontext „11. September" (Anschläge auf das World Trade Center in New York); • die unmittelbaren Folgen der Anschläge (Krieg gegen den Terrorismus); • die dadurch ausgelöste verstärkte Diskussion um Islam u. Islamismus.	

Teilaufgabe 3

	Anforderungen	max. erreichbare Punktzahl
	Der Schüler/die Schülerin …	
1	setzt sich kritisch mit der Funktion dieser „Bilder" und ihren möglichen Wirkungen in der breiteren Öffentlichkeit auseinander. **Dabei könnte er/sie auf folgende Aspekte eingehen:** • Schwarz-Weiß-Malerei ohne angemessene Berücksichtigung des historischen Kontextes, die die Voraussetzung für ein „Verstehen" ist, das der Bewertung nach heutigen Wertmaßstäben vorausgehen sollte;	

Anforderungen	max. erreichbare Punktzahl
• die bis heute wirkende Verankerung der Gräueltaten der Christen im kollektiven Bewusstsein der Muslime, die als verständliche Traumatisierung erscheint; • historischer Rückblick als Versuch einer „Entschärfung" des Konflikts zwischen Christen und Muslimen; • der Artikel reagiert auf Bilder, die im christlichen Westen nach den Anschlägen vom 11. September entwickelt bzw. verstärkt wurden (rücksichtslose Gewalttätigkeit der Muslime auch gegenüber Zivilisten, Frauen und Kindern, unerbittlicher Hass auf den christlichen Westen); • durch die Verallgemeinerung dieser Bilder stieg die ablehnende Haltung gegenüber den Muslimen im Westen; • Artikel bemüht sich daher um eine Relativierung dieses negativen Islam-Bildes, arbeitet allerdings mit ähnlichen Mitteln, indem den hergebrachten Bildern die entgegengesetzten Stereotype entgegengesetzt werden; • hier ist Detailkritik an der Darstellung möglich, z. B. durch den Vergleich mit dem im Unterricht behandelten Thema „Zusammenleben der Kulturen? Leben in den Kreuzfahrerstaaten" (SB, S. 161 ff.).	

Darstellungsleistung

	Anforderungen	max. erreichbare Punktzahl
	Der Schüler/die Schülerin …	
1	strukturiert seinen/ihren Text schlüssig, stringent sowie gedanklich klar und bezieht sich dabei genau und konsequent auf die Aufgabenstellung.	
2	bezieht beschreibende, deutende und wertende Aussagen schlüssig aufeinander.	
3	belegt seine/ihre Aussagen durch angemessene und korrekte Nachweise (Zitate, Bezüge u. a.).	
4	formuliert unter Beachtung der Fachsprache präzise und begrifflich differenziert.	
5	schreibt sprachlich richtig (Grammatik, Orthografie, Zeichensetzung) sowie syntaktisch und stilistisch sicher.	

Klausurvorschlag IV
Interpretation einer sprachlichen historischen Quelle

1. Text

Die Kreuzzugsbewegung

Bewegt beriefen der Papst und die ganze Römische Kirche ein allgemeines Konzil an der Grenze von Spanien oder, wie einige sagen, in Paris ein[1]; auch er selbst kam auf einem überaus mühsamen Weg dorthin und erläuterte mit beredtem Mund dem zahlreichen Volk, das sich dort eingefunden hatte, und den Gesandten der verschiedenen Reiche alles, was soeben berichtet wurde, und noch vieles mehr.

Bald brachen Tausende in Tränen aus, und in verschiedenen Sprachen erhoben sich die Klagen zum Himmel; ihnen allen gewährte der erhabene Lehrer[2] Nachlass der Sünden für den Fall, dass sie unter Aufgabe ihres ganzen Besitzes einmütig das Kreuz nach dem Vorbild Christi trügen und ihren in Not befindlichen Mitchristen Hilfe brächten. Infolge dieses Versprechens erhoben sich die Herzen aller, und etwa 100 000 Mann wurden auf einmal für das Heer Christi bezeichnet [...].

Durch die wunderbare und unwägbare Anordnung Gottes wuchsen so viele Glieder Christi, verschieden nach Sprache, Stämmen und Völkern, plötzlich in gemeinsamer Liebe glühend, zu dem einen Körper Christi zusammen, alle unter dem einen König Christus, die einzelnen Völker jedoch unter einzelnen Führern [...].

Die Westfranken[3] ließen sich leicht gewinnen, ihr Land zu verlassen; denn seit Jahren suchten Bürgerkrieg, Hungersnot und Sterblichkeit Frankreich schwer heim [...]. Die Völker der übrigen Nationen und andere Personen erklärten, abgesehen von dem Erlass des Papstes seien sie durch Propheten, die unter ihnen aufstanden, durch himmlische Zeichen und Erscheinungen zum Land der Verheißung gerufen worden, andere dagegen sagten, sie hätten sich durch irgendwelche ungünstigen Umstände zu solchen Gelübden veranlasst gesehen; denn ein großer Teil von ihnen machte sich mit Frauen und Kindern und seiner ganzen Habe auf den Weg.

Den Ostfranken[4] dagegen, den Sachsen, Thüringern, Bayern und Alemannen drang diese Posaune kaum ins Ohr; es lag vor allem an dem Schisma[5] zwischen der königlichen und der geistlichen Gewalt, das seit der Zeit Papst Alexanders bis heute uns den Römern und ebenso die Römer uns verhasst und zu Feinden gemacht hat. Daher hat fast das gesamte deutsche Volk zu Beginn dieses Zuges in Unkenntnis über dessen Ursache alle die, die durch sein Land zogen, die Reiterscharen, das Fußvolk, die Bauern, Frauen und Kinder als in einem unerhört törichten Wahn befangen verhöhnt, weil sie ungewisses an Stelle der Gewissheit auf sich nahmen, in leerem Wahn das Land ihrer Geburt verließen, ein ungewisses Land der Verheißung mit eindeutigem Risiko erstrebten, sich von ihrem Eigentum lossagten und fremdem nachjagten. Aber wenn unser Volk auch viel überheblicher ist als die übrigen, so beugte sich dennoch das deutsche Ungestüm, da Gottes Erbarmen verheißen war, dem Wort dieser Botschaft, von den vorüberziehenden Scharen über den Sachverhalt völlig belehrt.

(Zit. nach: F. Schmale/I. Schmale-Ott (Hg.), Frutolfs und Ekkehards Chroniken und die anonyme Kaiserchronik, Darmstadt (WBG) 1972, S. 137–141)

Erläuterungen zum Text:
[1] Tatsächlich fand das Konzil in der südfranzösischen Stadt Clermont statt.
[2] der Papst
[3] Franzosen
[4] Bezeichnung für die Deutschen
[5] eigentlich Kirchenspaltung, hier im Sinne von Streit zu verstehen

Hinweise zum Autor und zum Zeitpunkt der Textentstehung:
Der Autor, Ekkehard von Aura, ist seit 1113 Abt des Klosters Aura. Er äußert sich in seiner Chronik über die Reaktion des Papstes auf das Hilfeersuchen der Byzantiner im Jahre 1095.

Aufgabenstellung:

1 Analysieren Sie den Quellenauszug, indem Sie
  a) die äußeren Textmerkmale beschreiben,
  b) das Thema sowie die Intention der Quelle benennen,
  c) die Hauptaussagen und den gedanklichen Aufbau strukturiert mit eigenen Worten zusammengefasst wiedergeben.

2 Ordnen Sie die Quelle in den historischen Kontext ein und erläutern Sie ausgehend vom Text den dort angesprochenen Konflikt zwischen Königtum und Papsttum.

3 Beurteilen Sie die Beschreibung der Sachverhalte zur Entstehung des Ersten Kreuzzugs in dieser Chronik.

2. Hinweise für Lehrkräfte

2.1 Bezüge zum Kernlehrplan

Inhaltsfeld: Islamische Welt – christliche Welt: Begegnung zweier Kulturen in Mittelalter und früher Neuzeit

Kompetenzen:
Sachkompetenz: Die Schülerinnen und Schüler beschreiben das Verhältnis von geistlicher und weltlicher Macht im lateinisch-römischen Westen sowie im islamischen Staat zur Zeit der Kreuzzüge. Die Schülerinnen und Schüler erklären die Kreuzzugsbewegung von unterschiedlichen gesellschaftlichen, sozialen, politischen und individuellen Voraussetzungen her.
Urteilskompetenz: Die Schülerinnen und Schüler erörtern aus zeitgenössischer und heutiger Perspektive kritisch und differenziert die Begründung für Krieg und Gewalt.
Methodenkompetenz: Die Schülerinnen und Schüler wenden aufgabengeleitet, an wissenschaftlichen Standards orientiert, grundlegende Schritte der Interpretation von Textquellen sowie der Analyse von und kritischen Auseinandersetzung mit historischen Darstellungen) fachgerecht an (MK 6).

2.2 Hinweise zu unterrichtlichen Voraussetzungen und zur Aufgabenstellung

Methodische Voraussetzungen: Die Schülerinnen und Schüler müssen in der aufgabengeleiteten Analyse und Interpretation schriftlicher historischer Quellen geübt sein (vgl. SB, S. 290f., S. 292f.). Vermittelt sein muss auch die Kompetenz des Beurteilens und Bewertens (SB, S. 298f.). Dies ist eine grundlegende Voraussetzung für die Bearbeitung der Teilaufgabe 3 mit dem Operator „Beurteilen Sie ...".

Inhaltliche Voraussetzungen: Die Schülerinnen und Schüler sollten die Darstellungsteile „Zusammenprall der Kulturen: Die Kreuzzüge" (SB, S. 147–154), „Könige, Kaiser, Päpste: Staat und Religion am Vorabend der Kreuzzüge" (SB, S. 121–128) sowie die beiden Themen „Fallanalyse: Der Investiturstreit – ein Schlüsselereignis für das Verhältnis zwischen geistlicher und weltlicher Macht" (SB, S. 129ff.) und „‚Gott will es!'? Eine Rede, die die Welt des Mittelalters veränderte" (SB, S. 155ff.) gründlich bearbeitet haben.

3. Vorschlag für einen möglichen Erwartungshorizont für die Lösung und Bewertung der Schülerleistungen

Teilaufgabe 1a und b

	Anforderungen	max. erreichbare Punktzahl
	Der Schüler/die Schülerin ...	
1	benennt den Autor Ekkehard von Aura, Abt im Kloster Aura.	
2	charakterisiert die Quellengattung als Chronik.	
3	benennt die Entstehungszeit (frühes 12. Jahrhundert).	
4	arbeitet das Thema der Quelle heraus: Schilderung der Entstehung der Kreuzzugsbewegung.	
5	arbeitet die Intention des Autors heraus: Zustimmung zur Idee der Kreuzzüge.	

	Anforderungen	max. erreichbare Punktzahl
	Der Schüler/die Schülerin ...	
6	gibt Inhalt und gedanklichen Aufbau des Textes wieder und verweist dabei etwa auf die **Hauptaussagen zu folgenden Aspekten:** **Reaktion des Papstes auf die Berichte aus dem Osten:** <ul><li>Einberufung einer Synode;</li><li>Versprechen eines Sündenerlasses für Teilnahme an einem Kreuzzug.</li></ul> **Wirkung der Papstrede in Frankreich:** <ul><li>Aufbruch eines riesigen Heeres von 100 000 Mann;</li><li>Einigung der Christen unter dem Banner Christi;</li><li>Flucht vor Not, Seuchen und Bürgerkrieg als Motive bei Westfranken;</li><li>Vorzeichen und Wunder als Mahnungen zum Aufbruch.</li></ul> **Wirkung in Deutschland:** <ul><li>zunächst Verwunderung und Ablehnung, vor allem wegen des „Schismas";</li><li>schließlich doch positive Reaktion der Deutschen wegen des Versprechens von „Gottes Erbarmen".</li></ul>	

Teilaufgabe 2

	Anforderungen	max. erreichbare Punktzahl
	Der Schüler/die Schülerin ...	
1	ordnet die Quelle in den historischen Kontext ein. Folgende Aspekte können unter Herstellung eines Bezuges zur Quelle z. B. angeführt werden: <ul><li>Verschlechterung der christlichen Position im Orient durch die Niederlage der Byzantiner bei Mantzikert 1071 und die Eroberung Jerusalems durch die Seldschuken;</li><li>byzantinisches Hilfeersuchen an den Papst;</li><li>1095 Aufruf des Papstes zum Kreuzzug in Clermont;</li><li>Aufbruch eines professionellen Ritterkontingents sowie eines spontanen „Kreuzzugs der Armen" unter Peter von Amiens;</li><li>Zug der Kreuzfahrer durch das Heilige Römische Reich Deutscher Nation in Richtung Byzanz;</li><li>Pogrome gegen Juden in Deutschland;</li><li>erfolgreicher Verlauf des Ritterkreuzzugs mit der Eroberung Jerusalems im Juli 1099 als Höhepunkt.</li></ul>	
2	erläutert den im Text erwähnten Konflikt zwischen Papsttum und deutscher Krone, indem er/sie z. B. auf folgende Aspekte eingeht: <ul><li>Praxis der Laieninvestitur als Teil des Reichskirchensystems seit dem 10. Jahrhundert;</li><li>theologische Kritik hieran als Folge der Kirchenreform;</li><li>Verschärfung des Konflikts unter Papst Gregor VII., der die Laieninvestitur verbietet;</li><li>Absetzung des Papstes durch Heinrich IV. und Kirchenbann Gregors gegen Heinrich;</li><li>Gang nach Canossa 1077 als Höhepunkt der Auseinandersetzung;</li><li>weiteres Schwelen des Investiturstreits im späten 11. Jahrhundert.</li></ul>	

Teilaufgabe 3

	Anforderungen	max. erreichbare Punktzahl
	Der Schüler/die Schülerin ...	
1	beurteilt die Beschreibung der Sachverhalte der Quelle zum Zustandekommen des Ersten Kreuzzuges, indem er/sie etwa **zustimmend** <ul><li>darlegt, dass Ekkehard die Motivlagen der Kreuzfahrer durchaus realistisch einschätzt (z. B. Flucht vor Not, Versprechen des Sündenerlasses).</li></ul>	

	Anforderungen	max. erreichbare Punktzahl
	• darauf hinweist, dass dieser die politischen Zusammenhänge grundsätzlich korrekt darstellt. **relativierend** • herausstellt, dass Ekkehard prinzipiell davon ausgeht, dass der Kreuzzug Gottes Willen entsprang. • darauf verweist, dass dem Autor die politischen Interessen des Papstes beim Kreuzzugsaufruf offenbar möglicherweise unbekannt waren.	17

Darstellungsleistung

	Anforderungen	max. erreichbare Punktzahl
	Der Schüler/die Schülerin ...	
1	strukturiert seinen/ihren Text schlüssig, stringent sowie gedanklich klar und bezieht sich dabei genau und konsequent auf die Aufgabenstellung.	5
2	bezieht beschreibende, deutende und wertende Aussagen schlüssig aufeinander.	4
3	belegt seine/ihre Aussagen durch angemessene und korrekte Nachweise (Zitate, Bezüge u. a.).	3
4	formuliert unter Beachtung der Fachsprache präzise und begrifflich differenziert.	4
5	schreibt sprachlich richtig (Grammatik, Orthografie, Zeichensetzung) sowie syntaktisch und stilistisch sicher.	4

Klausurvorschlag V
Interpretation einer sprachlichen historischen Quelle

1. Text

Bossuet: Über absolute Herrschaft

Alle Welt beginnt also mit der monarchischen Staatsform, und fast die ganze Welt hat sie als die natürlichste Form beibehalten. Auch hat sie [...] ihren Grund und ihr Vorbild in der väterlichen Gewalt, d. h. in der Natur
5 selber. Die Menschen werden allesamt als Untertanen geboren, und die väterliche Autorität, die sie an den Gehorsam gewöhnt, gewöhnt sie zugleich daran, nur ein Oberhaupt zu kennen.
[...] Wenn die monarchische Staatsform die natür-
10 lichste ist, so ist sie, wie sich von selbst ergibt, die dauerhafteste und damit auch die stärkste. [...] Wenn man Staaten gründet, will man sich vereinigen; niemals aber ist die Einheit besser gewahrt als unter einem einzigen Oberhaupte. [...]
15 [...] Wir haben schon gesehen, dass jede Gewalt von Gott kommt. [...] Die Fürsten handeln also als Gottes Diener und Statthalter auf Erden. Durch sie übt er seine Herrschaft aus. [...] Deshalb ist, wie wir gesehen haben, der königliche Thron nicht der Thron eines Menschen,
20 sondern Gottes selber. [...]
[...] Aus alledem ergibt sich, dass die Person der Könige geheiligt ist; wer sich an ihnen vergreift, begeht ein Sakrileg[1]. Gott lässt sich durch seine Propheten mit heiligem Öl salben, wie er die Priester und seine Altäre
25 salben lässt. Aber auch ohne äußerliche Salbung sind sie geheiligt durch ihr Amt als die Repräsentanten[2] der göttlichen Majestät, die seine Vorsehung bestimmt hat, dass sie seine Absichten erfüllen. [...]
[...] Kommt ihre Gewalt von oben, so dürfen sie doch
30 nicht glauben, sie seien Herren über sie, um nach ihrem Belieben davon Gebrauch zu machen. Vielmehr sollen sie sich ihrer mit Scheu und Zurückhaltung bedienen, als einer ihnen von Gott anvertrauten Sache, über die Gott von ihnen Rechenschaft fordern wird. [...]

Die königliche Gewalt ist absolut[3]. Um diesen Satz ver- 35
ächtlich und untragbar erscheinen zu lassen, bemühen sich manche, eine absolute Regierung mit einer Willkürherrschaft gleichzusetzen. [...]
Ohne diese absolute Gewalt kann er [der König] weder das Gute tun noch das Böse unterdrücken: Seine Macht 40
muss so groß sein, dass niemand hoffen kann, ihm zu entrinnen; der einzige Schutz des Untertanen gegen die Staatsgewalt muss seine Unschuld sein. [...]
[...] Infolgedessen wird derjenige, der dem Fürsten den Gehorsam weigert, nicht etwa an eine andere Instanz 45
verwiesen, sondern als Feind der öffentlichen Sicherheit und der menschlichen Gesellschaft ohne Gnade zum Tode verurteilt. [...] Der Fürst kann sich selber zurechtweisen, wenn er merkt, dass er Böses getan hat; aber gegen seine Autorität kann es kein Heilmittel 50
geben als in seiner Autorität selber. [...]
[...] Niemand kann nach dem, was wir ausgeführt haben, daran zweifeln, dass der ganze Staat in der Person des Fürsten verkörpert ist. Bei ihm liegt die Gewalt. In ihm ist der Wille des ganzen Volkes wirksam. Ihm 55
allein kommt es zu, alle Kräfte zum Wohl des Ganzen zusammenzufassen. [...] Der Fürst muss seine Macht gebrauchen, um in seinem Staat die falschen Religionen zu unterdrücken.

(Jacques-Benigne Bossuet, Die Politik nach den Worten der Heiligen Schrift, 1682; zit. nach: W. Lautemann/M. Schlenke (Hg.), Geschichte in Quellen, Bd. III, München (bsv) 1966 u. ö., S. 450–452; übers. v. F. Dickmann)

Erläuterungen zum Text:
[1] Sakrileg: Vergehen gegen Heiliges
[2] Repräsentant: standesgemäßer Vertreter
[3] absolut: von lat. (legibus) solutus = von den Gesetzen losgelöst, allein Gott verantwortlich

Hinweise zum Autor und zur Materialgrundlage:
Jacques-Benigne Bossuet (1627–1704), Sohn eines Richters aus Burgund, war, ernannt durch Ludwig XIV, französischer Bischof, dann Hofprediger und Erzieher des Thronfolgers am Hofe Ludwigs XIV. Vor allem in dieser Funktion verfasste er mehrere Schriften, u. a. die vorliegende, in der er sich zur königlichen Herrschaft äußert.

Aufgabenstellung:

1 Analysieren Sie den Quellenauszug, indem Sie
   a) die äußeren Textmerkmale beschreiben,
   b) die Hauptaussagen strukturiert mit eigenen Worten zusammenfassend wiedergeben.

2 Erläutern Sie das Menschenbild und Staatsverständnis Bossuets und vergleichen Sie seine Sicht mit den Positionen der Staatsphilosophen der Aufklärung.

3 Beurteilen Sie die Aussagen Bossuets aus Ihrer heutigen Sicht.

2. Hinweise für Lehrkräfte

2.1 Bezüge zum Kernlehrplan

Inhaltsfeld 3: Menschenrechte in historischer Perspektive

Kompetenzen:
Sachkompetenz: Die Schülerinnen und Schüler erläutern wesentliche Grundelemente von Menschenbild und Staatsphilosophie der Aufklärung in ihrem Begründungszusammenhang.
Urteilskompetenz: Die Schülerinnen und Schüler beurteilen die Bedeutung des Menschenbilds und der Staatstheorien der Aufklärung für die Formulierung von Menschenrechten sowie für die weitere Entwicklung hin zu modernen demokratischen Staaten.
Methodenkompetenz: Die Schülerinnen und Schüler wenden aufgabengeleitet, an wissenschaftlichen Standards orientiert, grundlegende Schritte der Interpretation von Textquellen (sowie der Analyse von und kritischen Auseinandersetzung mit historischen Darstellungen) fachgerecht an (MK 6).

2.2 Hinweise zu unterrichtlichen Voraussetzungen und zur Aufgabenstellung

Methodische Voraussetzungen: Die Schülerinnen und Schüler haben die aufgabengeleitete Analyse und Interpretation schriftlicher historischer Quellen eingeübt (vgl. SB, S. 290f., S. 292f.). Vermittelt sein muss auch die Kompetenz des Beurteilens und Bewertens (SB, S. 298f.), eine Voraussetzung für die Bearbeitung der Teilaufgabe 3.
Inhaltliche Voraussetzungen: Der Klausurvorschlag bezieht sich vorrangig auf das TK „Das Zeitalter der Aufklärung – Keimzelle eines neuen Menschenbilds und Staatsverständnisses" (SB, S. 216ff.). Die Schülerinnen und Schüler sollten den Infotext (SB, S. 216ff.) gründlich bearbeitet haben. Weitere Grundlage ist auch die Bearbeitung des Themas „Die Staatstheorien der Aufklärung und ihre Bedeutung" (SB, S. 222ff.). Kenntnisse des Themas zur Unabhängigkeit der USA (SB, S. 226ff.) und des abschließenden Exkurses zur Wirkung der Aufklärung bis in die Gegenwart (SB, S. 236ff.) sind Basis für eine abgewogene Urteilsbildung, die Gegenstand der Teilaufgabe 3 ist.

3. Vorschlag für einen möglichen Erwartungshorizont für die Lösung und Bewertung

Teilaufgabe 1a und 1b

	Anforderungen	max. erreich-bare Punktzahl
	Der Schüler/die Schülerin …	
1	benennt den Autor der Quelle, Jacques-Benigne Bossuet (1627–1704), Sohn eines Richters aus Burgund, französischer Bischof, dann Hofprediger und Erzieher des Thronfolgers am Hofe Ludwigs XIV., und benennt als Adressaten die gebildete französische Öffentlichkeit sowie die Aufklärer im Besonderen.	
2	charakterisiert die Quellengattung als philosophische Abhandlung.	
3	nennt Erscheinungsjahr (1682) und -ort (Frankreich) und stellt begründete Vermutungen an über den Anlass des Erscheinens (z. B. Diskussionen über die Legitimität absoluter Herrschaft vor dem Hintergrund der vermehrten Verbreitung der Ideen der Aufklärer).	
4	arbeitet das Thema der Quelle heraus, z. B.: die Rechtmäßigkeit absoluter Herrschaft als von Gott gewollter Ordnung.	
5	arbeitet die Intention des Autors heraus: Rechtfertigung absoluter Herrschaft vor dem Hintergrund kritischer Gegenentwürfe, argumentative Handreichung für die Thronfolge.	
6	fasst die Hauptaussagen strukturiert und mit eigenen Worten zusammen, indem er/sie folgende Aspekte nennt: • Monarchie als älteste und naturgemäßeste Staatsform, dauerhaft und am besten geeignet; • Monarchie als Inbegriff der väterlichen Autorität; • Fürst ohne Pflicht zur Rechenschaftslegung gegenüber den Untertanen; • Infolge seiner Autorität Generierung des Guten und Beseitigung des Bösen; • Kein weltliches Urteil über den Fürsten, Verantwortung vor Gott; • Bei Ungehorsam keine Gnade, sondern Todesurteil; • Pflicht zur Gerechtigkeit, letztes Urteil nur bei Gott.	

Teilaufgabe 2

	Anforderungen	max. erreich-bare Punktzahl
	Der Schüler/die Schülerin …	
1	erläutert das Staatsverständnis und das Menschenbild des Autors. **Auf folgende Aspekte könnte eingegangen werden:** • Rechtfertigung eines Gottesgnadentums ohne weltliche Machtkontrolle; • Natur- und Gottesbezug als Legitimationsgrundlage > nicht widerlegbare Endbegründung; • Rechtfertigung der Ungleichheit der Menschen: Fürst als Statthalter Gottes, Inhaber der Gewalt ohne Rechenschaftspflicht; • Untertanen durch Geburt mit Gehorsamspflicht und ohne Recht auf Widerstand; • Legitimation aus dem Staatszweck: Durchsetzung des Guten, Wahrung der Einheit.	
2	kontrastiert die Position des Autors zu den Auffassungen der aufgeklärten Philosophen (Beispiel Locke, Montesquieu). Aufgezeigt werden Unterschiede, Abweichungen und Gegensätze einschließlich ihrer Begründungen. **Folgende Aspekte könnten dabei in den Blick genommen werden:** • völlige Umdeutung der Naturlegitimation in der Aufklärung; • Gleichheit, Freiheit, Rechteausstattung des Individuums von Natur aus; • Gesellschafts- und Herrschaftsvertrag: das Volk, nicht der Fürst als Souverän;	

	Anforderungen	max. erreichbare Punktzahl
	• Misstrauen gegenüber Machtmissbrauch > Gewaltenteilung; • Absolutismus als Unrechtserfahrung, die das aufgeklärte Modell zu überwinden versucht.	

Teilaufgabe 3

	Anforderungen	max. erreichbare Punktzahl
	Der Schüler/die Schülerin ...	
1	beurteilt die Aussage Bossuets, indem er/sie z. B. ausführt, dass • die Revolutionen in Amerika und Frankreich Ausdruck eines offensichtlichen Freiheitsbedürfnisses der Menschen sind und die Unhaltbarkeit des Gottesgnadentums belegen; • Alleinherrschaft zu Machtmissbrauch führt, siehe die Herrschaftspraxis und soziale Ungleichheit des Absolutismus; • die Definition des Guten und Bösen durch einen einzelnen Herrscher in Willkür endet; • die Vorstellung von unveräußerlichen, vorstaatlichen Rechten des Individuums dem Staat einen ganz neuen Zweck verleiht: Schutz des einzelnen Bürgers > im Vergleich zur Moderne ist der Absolutismus eine völlig überholte Staatsform. • Zusammengefasst verdeutlicht wird, dass die Argumentation Bossuets auch aus unserer heutigen Sicht den Werten eines demokratischen Gemeinwesens vollständig widerspricht.	

Darstellungsleistung

	Anforderungen	max. erreichbare Punktzahl
	Der Schüler/die Schülerin ...	
1	strukturiert seinen/ihren Text schlüssig, stringent sowie gedanklich klar und bezieht sich dabei genau und konsequent auf die Aufgabenstellung.	
2	bezieht beschreibende, deutende und wertende Aussagen schlüssig aufeinander.	
3	belegt seine/ihre Aussagen durch angemessene und korrekte Nachweise (Zitate, Bezüge u. a.).	
4	formuliert unter Beachtung der Fachsprache präzise und begrifflich differenziert.	
5	schreibt sprachlich richtig (Grammatik, Orthografie, Zeichensetzung) sowie syntaktisch und stilistisch sicher.	

Klausurvorschlag VI
Interpretation einer nichtsprachlichen historischen Quelle

1. Karikatur

„Vive le Roi, Vive La Nation" („Es lebe der König, es lebe die Nation")

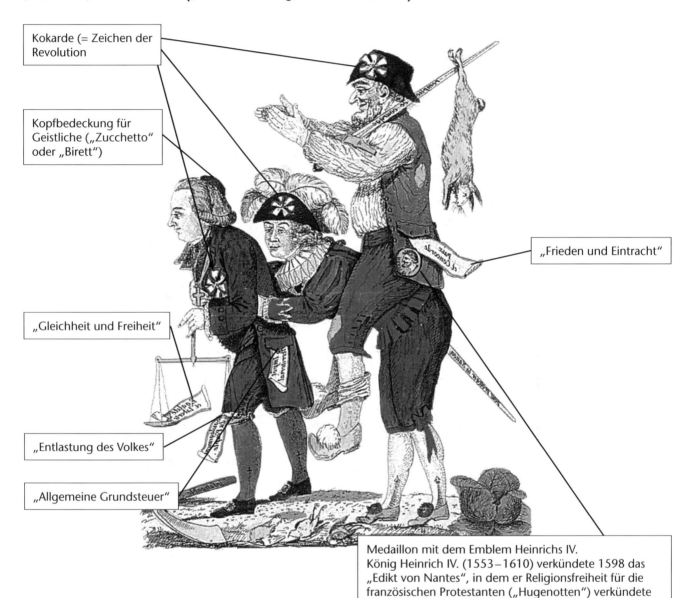

- Kokarde (= Zeichen der Revolution)
- Kopfbedeckung für Geistliche („Zucchetto" oder „Birett")
- „Gleichheit und Freiheit"
- „Entlastung des Volkes"
- „Allgemeine Grundsteuer"
- „Frieden und Eintracht"
- Medaillon mit dem Emblem Heinrichs IV. König Heinrich IV. (1553–1610) verkündete 1598 das „Edikt von Nantes", in dem er Religionsfreiheit für die französischen Protestanten („Hugenotten") verkündete und damit einen langen und blutigen Bürgerkrieg beendete. Er galt deshalb als „guter König", der dem Volk Frieden und Freiheit brachte.

Erläuterungen zur Karikatur:
Bei den um die Zeichnung angeordneten Kästen handelt es sich um eingefügte Erläuterungen zum Verständnis einzelner Elemente der Karikatur. Sie stammen nicht vom Karikaturisten selbst und finden sich im Original nicht.

Hinweise zum Zeichner und zum Material:
Unbekannter Künstler: „Vive le Roi, Vive La Nation" („Es lebe der König, es lebe die Nation"), Frankreich 1789 (Paris, Nationalbibliothek, Katalog Freiheit – Gleichheit – Brüderlichkeit).

Aufgabenstellung:

1 Analysieren Sie die Karikatur,
   a) indem Sie die äußeren Merkmale beschreiben,
   b) die Karikatur beschreiben und erläutern.

2 Ordnen Sie die Karikatur in ihren unmittelbaren situativen historischen Kontext ein.

3 Formulieren Sie die Botschaft des Karikaturisten und beurteilen Sie die Aussage vor ihrem historischen Hintergrund.

2. Hinweise für Lehrkräfte

Hinweis zur Materialgrundlage:
Die Karikatur findet sich im Internet unter folgender Adresse und ist hier downloadbar:
http://www.buehler-hd.de/gnet/neuzeit/frzrev/bmat/feudal3.htm

2.1 Bezüge zum Kernlehrplan

<u>Inhaltsfeld 3:</u> Menschenrechte in historischer Perspektive

<u>Kompetenzen:</u>
Sachkompetenz: Die Schülerinnen und Schüler erklären unter Verwendung von Kategorien der Konfliktanalyse den Verlauf der Französischen Revolution.
Die Schülerinnen und Schüler beschreiben den Grad der praktischen Umsetzung der Menschen- und Bürgerrechte in den verschiedenen Phasen der Französischen Revolution.
Urteilskompetenz: Die Schülerinnen und Schüler beurteilen die Bedeutung des Menschenbildes und der Staatstheorien der Aufklärung für die Formulierung von Menschenrechten sowie für die weitere Entwicklung hin zu modernen demokratischen Staaten.
Die Schülerinnen und Schüler beurteilen Positionen und Motive der jeweiligen historischen Akteure in der Französischen Revolution aus zeitgenössischer und heutiger Sicht.
Methodenkompetenz: Die Schülerinnen und Schüler interpretieren und analysieren sachgerecht unter Anleitung auch nichtsprachliche Quellen (und Darstellungen) wie (Karten, Grafiken, Schaubilder, Bilder) Karikaturen (und Filme). (MK 7)

2.2 Hinweise zu unterrichtlichen Voraussetzungen und zur Aufgabenstellung

Methodische Voraussetzungen: Mit den Schülerinnen und Schülern ist die sachgerechte Analyse und Interpretation einer Karikatur eingeübt worden (methodische Hinweise dazu im SB, S. 260).
Inhaltliche Voraussetzungen: Die vorliegende Karikatur bezieht sich inhaltlich unmittelbar auf die bekannte, früher entstandene und verbreitete Karikatur zur Kritik der Ständegesellschaft (M2, SB, S. 261), deren vorherige Interpretation im Unterricht deshalb Voraussetzung der Klausur ist.
Die Schülerinnen und Schüler verfügen über die notwendigen Informationen zum unmittelbaren historischen Kontext (vorrevolutionäre Situation, Sitzung der Generalstände, Beginn der Revolution und Errungenschaften der ersten, „liberalen" Phase der Revolution (s. SB, S. 242–246) sowie über Informationen zum weiteren Verlauf der Revolution (Fluchtversuch des Königs, Kriegserklärung, Aufhebung des Königtums, Hinrichtung des Königs, Konventsherrschaft, s. SB, S. 246–251).
Als inhaltliche Grundlage sollten die Schülerinnen und Schüler auch das Thema „Die Erklärung der Menschen- und Bürgerrechte vom 26. August 1789" (SB, S. 252ff.) bearbeitet haben.

3. Vorschlag für einen möglichen Erwartungshorizont für die Lösung und Bewertung

Teilaufgabe 1a

	Anforderungen	max. erreichbare Punktzahl
	Der Schüler/die Schülerin ...	
1	stellt bei der Vorstellung der Quelle fest, dass der Künstler unbekannt ist, aber wohl aus Frankreich stammt; benennt als Adressaten die französische Öffentlichkeit, möglicherweise darüber hinaus auch die Öffentlichkeit des Auslands.	
2	charakterisiert die Quellengattung als politische Karikatur.	
3	nennt Erscheinungsjahr (1789) und -ort (Frankreich) und stellt begründete Vermutungen über den Anlass des Erscheinens (z. B. Abschaffung der ständischen Privilegien, Erklärung der Menschen- und Bürgerrechte) an; benennt die bekannte, zeitgenössische Karikatur (SB, S. 261, M 2) zur Kritik der Ständegesellschaft als möglichen inhaltlichen und formalen Bezugspunkt.	
4	arbeitet das Thema der Karikatur heraus, z. B. Aufhebung der Ständegesellschaft durch die „liberale Revolution"; angestrebt wird eine konstitutionelle Monarchie.	
5	arbeitet die Intention des Karikaturisten heraus: Freude über/Befürwortung/Unterstützung der Ergebnisse der „liberalen Revolution" und Appell, sich dafür einzusetzen.	

Teilaufgabe 1 b

	Anforderungen	max. erreichbare Punktzahl
	Der Schüler/die Schülerin ...	
1	beschreibt und erläutert – unter Bezug auf die in Teilaufgabe 1a gegebene Beschreibung – die Bedeutung der Elemente der Karikatur im Zusammenhang, ggf. unter ausdrücklichem Bezug auf die aus dem Unterricht bekannte Karikatur zur Kritik der Ständegesellschaft, z. B.: • Die Karikatur besteht aus einer Zeichnung, einer Überschrift sowie im Bild verteilten Textelementen. • Beschreibung der dargestellten Gesamtsituation (drei Personen) sowie wesentlicher Einzelheiten, wie z. B.: Unterschiedlichkeit der Kleidung, Waage, Hacke, toter Hase, tote Vögel. • Überschrift („Es lebe der König, es lebe die Nation"): König (Monarchie) und Nation (Nationalversammlung) werden als Einheit gesehen und gemeinsam gefeiert (konstitutionelle Monarchie). • Die typische Kleidung erlaubt eine erste Zuordnung der drei dargestellten Personen als Repräsentanten der drei Stände. • Die Anordnung der Personen/Stände ist gegenüber der historisch früheren Karikatur zur Kritik der Ständegesellschaft umgedreht: Erster und Zweiter Stand sind unten, der Dritte Stand sitzt auf dem Zweiten. • Damit wird die Aufhebung der ständischen Privilegien symbolisiert: Der Dritte Stand hat über die ersten beiden Stände, seine ehemaligen Unterdrücker, triumphiert. • Hacke: Der Bauer (Dritter Stand) hat seine Hacke (Belastung durch Arbeit, Frondienst, Abgaben) weggeworfen. • Tote Tiere: Die Tiere, die früher seine Ernte vernichtet haben, sind tot (Ende der Benachteiligung durch ständische Privilegien wie Jagdrecht). • Der Bauer (Dritter Stand) klatscht in die Hände (Freude, Zukunftshoffnung). • Kokarden, Schriftelemente: Die drei Stände sind in Bezug auf die liberalen Ideale der Revolution geeint. • Emblem Heinrichs IV.: Der Bauer glaubt an das Ideal eines „guten Königs".	

Teilaufgabe 2

	Anforderungen	max. erreichbare Punktzahl
	Der Schüler/die Schülerin ...	
1	ordnet die Quelle in ihren situativen Kontext ein. **Folgende Aspekte können z. B. angeführt werden:** • Verlauf der Sitzung der Generalstände, Gründung der Nationalversammlung und Ballhausschwur; • Verlauf der liberalen Revolution (Sturm auf die Bastille, Bauernrevolten, Aufhebung der ständischen Privilegien, Erklärung der Menschen- und Bürgerrechte, Ausarbeitung einer Verfassung).	

Teilaufgabe 3

	Anforderungen	max. erreichbare Punktzahl
	Der Schüler/die Schülerin ...	
1	formuliert die Botschaft des Karikaturisten, z. B.: • Begrüßung und Freude über das Ende der ständischen Privilegien; • Einheit der drei Stände in Bezug auf die Ideale der Revolution; • König und Nation werden als Einheit gesehen.	
2	**beurteilt** die Aussage des Karikaturisten und seine Einschätzung vor ihrem historischen Hintergrund. Dabei kann er/sie **zustimmend** verweisen auf • die Erfolge der liberalen Revolution, wie die Einberufung der Nationalversammlung, die Aufhebung der ständischen Privilegien, die Erklärung der Menschen- und Bürgerrechte, die Ausarbeitung der Verfassung (konstitutionelle Monarchie). Er/sie kann z. B. **relativierend** darauf verweisen, dass • die Einheit der drei Stände in Teilen Wunschdenken war und nicht der Realität entsprach; • die Akzeptanz des Königs im weiteren Verlauf der Revolution schwand, König und Nation keine Einheit mehr bildeten; • Verlauf und Ergebnis der Revolution nicht eindeutig positiv bzw. emphatisch bewertet werden können (terreur, Napoleon).	

Darstellungsleistung

	Anforderungen	max. erreichbare Punktzahl
	Der Schüler/die Schülerin ...	
1	strukturiert seinen/ihren Text schlüssig, stringent sowie gedanklich klar und bezieht sich dabei genau und konsequent auf die Aufgabenstellung.	
2	bezieht beschreibende, deutende und wertende Aussagen schlüssig aufeinander.	
3	belegt seine/ihre Aussagen durch angemessene und korrekte Nachweise (Zitate, Bezüge u. a.).	
4	formuliert unter Beachtung der Fachsprache präzise und begrifflich differenziert.	
5	schreibt sprachlich richtig (Grammatik, Orthografie, Zeichensetzung) sowie syntaktisch und stilistisch sicher.	